外国及中国港澳
商事调解制度汇编

司法部人民参与和促进法治局　编

法律出版社 | LAW PRESS
—— 北京 ——

图书在版编目(CIP)数据

外国及中国港澳商事调解制度汇编 / 司法部人民参与和促进法治局编. -- 北京 : 法律出版社, 2022
ISBN 978 - 7 - 5197 - 6715 - 0

Ⅰ. ①外… Ⅱ. ①司… Ⅲ. ①商业 - 经济纠纷 - 调解(诉讼法) - 司法制度 - 汇编 - 国外②商业 - 经济纠纷 - 调解(诉讼法) - 司法制度 - 汇编 - 香港③商业 - 经济纠纷 - 调解(诉讼法) - 司法制度 - 汇编 - 澳门 Ⅳ. ①D915.109②D927.658.051.14③D927.659.051.14

中国版本图书馆 CIP 数据核字(2022)第 074773 号

外国及中国港澳商事调解制度汇编
WAIGUO JI ZHONGGUO GANGAO SHANGSHI TIAOJIE ZHIDU HUIBIAN

司法部人民参与和促进法治局 编

策划编辑 沈小英
责任编辑 沈小英 刘雪莲
装帧设计 汪奇峰

出版发行 法律出版社
编辑统筹 法治与经济出版分社
责任校对 王 丰 李景美 王语童
责任印制 吕亚莉
经 销 新华书店

开本 710 毫米 × 1000 毫米 1/16
印张 24.5 **字数** 443 千
版本 2022 年 8 月第 1 版
印次 2022 年 8 月第 1 次印刷
印刷 天津嘉恒印务有限公司

地址:北京市丰台区莲花池西里 7 号(100073)
网址:www.lawpress.com.cn
投稿邮箱:info@lawpress.com.cn
举报盗版邮箱:jbwq@lawpress.com.cn

销售电话:010 - 83938349
客服电话:010 - 83938350
咨询电话:010 - 63939796

书号:ISBN 978 - 7 - 5197 - 6715 - 0
定价:128.00 元

凡购买本社图书,如有印装错误,我社负责退换。电话:010 - 83938349

编 辑 说 明

为加强对商事调解制度的研究，我们委托深圳市蓝海法律查明和商事调解中心对国外和我国港澳地区有关商事调解的立法、制度和实践资料等进行了搜集、翻译和研究，在此基础上组织编辑了《外国及中国港澳商事调解制度汇编》。

我们对深圳市蓝海法律查明和商事调解中心以及有关专家的工作深表感谢！编辑中存在的不足之处，敬请读者指正。

司法部人民参与和促进法治局

2022 年 6 月

目　录

美　　国

1998 年替代性纠纷解决法[*]（节选）

第 1 条　简称

本法可被称为“1998 年替代性纠纷解决法”。

第 2 条　政策判定与声明

国会判定——

(1)替代性纠纷解决方式,如果得到法官和律师的支持,并在由法院充分管理的程序中利用受过良好培训的中立评估员,便可能具有各种优势,包括使当事人更加满意、创新解决纠纷的方法及提高达成和解的效率。

(2)特定形式的替代性纠纷解决方式,包括调解、早期中立评估、微型审判及自愿仲裁,可能有助于减少美国国内一些联邦法院目前积压的大量案件,从而使法院能够更有效地处理剩余案件;以及

(3)联邦上诉法院附属调解程序适用的持续增长表明,这种替代性纠纷解决方式在解决联邦初审法院的纠纷案件方面同样有效;因此,地方法院应考虑将调解引入其地方替代性纠纷解决程序。

第 3 条　在所有地方法院授权的替代性纠纷解决程序

《美国法典》第 28 编第 651 条修正如下:

“第 651 条　替代性纠纷解决的授权

(a)定义——本章中,替代性纠纷解决程序包括除主审法官的裁决之外的任何过程或程序,中立第三方通过早期中立评估、调解、微型审判及第 654 ~ 658 条规定的仲裁等程序,参与协助解决争议中的问题。

(b)授权——美国各地方法院应根据本章的规定,基于依第 2071 条(a)款通过的地方规则,授权在所有民事诉讼中使用替代性纠纷解决程序,包括破产中的对抗制诉讼程序,但根据第 654 条规定的情况下获得授权适用的仲裁程序除外。美国各地方法院应根据依第 2071 条(a)款

---

* 1998 年由美国国会通过(截至 2021 年 9 月,以下同)。——译者注

通过的地方规则，制定和实施各自的替代性纠纷解决程序，以鼓励和促进在其地区使用替代性纠纷解决方式。

(c)现有的替代性纠纷解决程序——对于在《1998 年替代性纠纷解决法》颁布之日已实行替代性纠纷解决程序的法院，法院应审查该程序的有效性，并对该程序加以改进以符合本章规定和宗旨。

(d)替代性纠纷解决程序的管理——美国各地方法院应指定一名熟悉替代性纠纷解决实践和程序的专员或司法官员，以实施、管理、监督及评估法院的替代性纠纷解决程序。该专员或司法官员还可负责招聘、筛选和培训律师，使其能在法院的替代性纠纷解决程序中胜任中立评估员与仲裁员。

(e)第 9 编不受影响——本章不应影响《美国法典》第 9 编的规定。

(f)程序支持——联邦司法中心与美国法院行政办公室被授权通过确立地方法院实施的已具有成效的替代性纠纷解决程序中所采用的特别做法以及提供适当且必要的其他支持，以协助地方法院设立和改进替代性纠纷解决程序。"

第 4 条　管辖权

《美国法典》第 28 编第 652 条修正如下：

"第 652 条　管辖权

(a)在合适的案件中考虑使用替代性纠纷解决方式——尽管法律另有规定且除(b)与(c)款规定外，各地方法院应根据依第 2071 条(a)款通过的地方规则，要求所有民事案件的诉讼当事人在诉讼的适当阶段考虑使用替代性纠纷解决程序。各地方法院应向所有民事案件中的诉讼当事人提供至少一种替代性纠纷解决程序，包括但不限于第 654 ~ 658 条授权的调解、早期中立评估、微型审判及仲裁。在某些案件中，任何要求使用替代性纠纷解决方式的地方法院仅限于使用调解、早期中立评估及当事人同意情况下的仲裁。

(b)豁免考虑替代性纠纷解决的诉讼——对于某些不适合使用替代性纠纷解决方式的特定案件或案件类别，各地方法院可豁免适用本条要求。在界定豁免情形时，各地方法院应与律师协会成员协商，包括该地区的美国联邦检察官。

(c)总检察长职权——本条任何内容均不应改变或不应与总检察长

代表美国进行诉讼的权力、基于任何联邦机构的授权在美国法院进行诉讼的权力或总检察长的任何诉讼授权相冲突。

(d)保密条款——在根据本编第131章通过的规则规定本章替代性纠纷解决程序的保密性之前,各地方法院应根据依照第2071条(a)款通过的地方规则,规定替代性纠纷解决程序的保密性,并禁止披露机密的纠纷解决通信。"

第5条　调解员与中立评估员

《美国法典》第28编第653条修正如下:

"第653条　中立评估员

(a)中立评估员名录——授权使用替代性纠纷解决程序的各地方法院应采取适当的程序,使中立评估员可供各方当事人在所提供的各类程序中使用。各地方法院应颁布各自的程序和标准,以决定其中立评估员名录的组成人员。

(b)资质与培训——每一位在替代性纠纷解决程序中担任中立评估员的人员都应具备相应资质并接受培训,以便在适当的替代性纠纷解决程序中担任中立评估员。为此,法院可启用接受过在替代性纠纷解决程序中担任中立评估员培训的治安法官、私人机构的专业中立评估员及其他接受过在替代性纠纷解决程序中担任中立评估员培训的人员等。在根据本编第131章颁布有关取消中立评估员资格的规则之前,各地方法院应根据第2071条(a)款发布与取消中立评估员资格有关的规则(包括适当时,根据本编第455条、其他适用法律及职业责任标准取消相关资格的规则)。"

第10条　仲裁员与中立评估员报酬

《美国法典》第28编第658条修正如下:

"第658条　仲裁员与中立评估员报酬

(a)报酬——地方法院应根据美国司法会议批准的规定,确定每名仲裁员或中立评估员根据本章在每起案件中提供的服务应获得的报酬金额。

(b)交通补贴——根据美国法院行政办公室主任制定的规定,地方法院可报销仲裁员与其他中立评估员在履行本章规定的职责时必然发生的实际交通费用。"

统一调解法*（节选）

第 1 条　标题

本[法]可被引称为"统一调解法"。

第 2 条　定义

在本法中：

（1）"调解"，指调解员促进当事人沟通与协商，协助其就争议事项达成自愿协议的程序。

（2）"调解信息"，指为考虑、进行、参与、启动、继续或重新召集调解或聘请调解员之目的，在调解期间产生或作出的声明，不论其以口头、书面或其他形式作出。

（3）"调解员"，指进行调解的个人。

（4）"非当事人参与人"，指除当事人或调解员外，其他参与调解的人。

（5）"调解当事人"，指参与调解，且其赞成意见是解决争议必要条件的一方。

（6）"人"，指个人、公司、商业信托、地产企业、信托机构、合伙企业、有限责任公司、协会、合资企业、政府；政府分支机构、机构或部门；公共机构，或其他法律或商业实体。

（7）"程序"，指：

（A）司法、行政、仲裁或其他裁判程序，包括相关听证前和听证后动议、会议和证据开示；或

（B）立法听证会或类似程序。

（8）"记录"，指记载于有形媒介或存储于电子或其他媒介中，并能以可感知的形式检索的信息。

（9）"签署"，指：

---

* 2001 年由美国统一州法全国委员会通过，于 2003 年最新修订。——译者注

(A)使用或采用代表当前意志的有形符号以证明某记录的真实性;或

(B)用电子符号、声音或程序或与之形成逻辑关联的,表示当前意志的记录证明某项记录的真实性。

第3条　范围

(a)除(b)或(c)款另有规定外,本[法]适用于以下调解:

(1)法规、法院或行政条例规定调解方进行的调解,或由法院、行政机关或仲裁员要求当事人就有关争议事项提交的调解。

(2)调解当事人和调解员通过在某记录中表明调解信息在调解程序中不应披露,同意进行调解;或

(3)调解当事人使用非专职调解员进行调解,或由非专职调解员发起调解。

(b)本[法]不适用于以下调解:

(1)与集体谈判关系的建立、协商、管理或终止有关的调解;

(2)与根据集体谈判协议悬而未决的争议有关,或作为集体谈判协议规定程序的一部分的,但已在行政机关或法院登记备案的争议产生的调解适用本法;

(3)由可对案件作出裁决的法官主持进行的调解;或

(4)由以卜机关主持进行的调解:

(A)若调解当事人都是学生,由小学或中学主持,或

(B)若所有当事人都是青年矫正机构的矫正人员,由该机构主持。

(C)若当事人事先在签署记录中同意,全部或部分调解不享有特许通信保密权,或程序记录中对此予以体现,则第4~6条规定的特权不适用于调解或各方商定的某一部分的调解。但在进行沟通之前没有实际收到协议通知的人所进行的调解沟通,适用第4~6条规定的特权。

第4条　不予披露信息的特许通信保密权;可采纳性;证据开示

(a)除第6条另有规定外,调解信息具有(b)款所述的特许通信保

密权,在程序中不受披露规定之约束,并不可作为证据采纳,除非如第5条所述该特许通信保密权被放弃或排除。

(b)在某个程序中,下列特权予以适用:

(1)调解当事人可以拒绝披露并阻止任何其他人披露调解信息的情况。

(2)调解员可以拒绝披露并阻止其他人披露该调解员的调解信息。

(3)非调解当事人的参与方可以拒绝披露,并阻止任何其他人披露非调解当事人参与方的调解信息。

(c)在其他方面可被采纳或受证据开示规定约束的证据或信息,不会仅因其在调解过程中被披露或使用,而不具有可采纳性或可不作为证据开示。

第5条　特许通信保密权的放弃与排除

(a)调解程序过程中,如第4条项下之特权为所有当事人以记录或口头方式明确放弃,并且符合下述情况,则该特权可予以放弃:

(1)在调解员享有特权时,由调解员明示放弃;

(2)在非当事人参与人享有特权时,由非当事人参与人明示放弃。

(b)某人如在某程序中披露调解信息或对其作出陈述,损害了其他人的利益,则该人不得主张第4条项下的特权,但该排除的范围仅限于受损害方对陈述或披露作出回应的必要范围。

(c)某人如故意利用调解策划犯罪或试图犯罪,或隐瞒正在进行的犯罪行为或犯法行为,则该人不得主张第4条项下的特权。

第6条　特许通信保密权之例外

(a)对于下述调解信息,不存在第4条项下的特权:

(1)该调解信息存在于某协议中,该协议由协议的所有当事人签署的记录予以证明的;

(2)依照[法律参考文献加入公开记录法案]要求公众有权知悉的,或该调解信息是在对公众公开,或法律要求应当对公众公开的调解会议中作出的;

(3)该调解信息中有提出或说明施加人身伤害或构成暴力罪行

计划的;

(4)该调解信息故意用于策划犯罪、试图犯罪或隐瞒正在进行的犯罪行为或犯法行为的;

(5)该调解信息之提出,是为了证明或反驳针对调解员提出的职业不当行为或玩忽职守诉求的;

(6)除本条(c)款另有规定外,该调解信息之提出是为了证明或反驳基于调解当中的行为,而针对调解当事人、非当事人参与人、当事人代理人提出的职业不当行为或玩忽职守诉求的;或

(7)该调解信息之提出,是为了在儿童或成人保护服务机构作为一方当事人的程序中,证明或反驳有关虐待、无人照管、遗弃或剥削行为诉求的,除非

{替代方案 A:法院将[由州填入内容,如儿童和成人保护]案提交调解,并由公共部门参与。}

{替代方案 B:公共部门参与[由州填入内容,如儿童或成人保护]调解。}

(b)如果法院、行政机关或仲裁员在不公开聆讯后认定,寻求告知的一方当事人或证据的辩护者已经证明证据从其他方面不可取得,并且该证据的必要性实质性超过保护保密性的利益,同时,调解信息之提出:

(1)在重罪[或轻罪]的法院程序中;或

(2)除(c)款另有规定外,在证明撤销或修正之请求或避免由调解产生的合同承担责任之抗辩的程序中。

(c)调解员不可被强制提供证据证明第(a)(6)款或第(b)(2)款所述的调解信息。

(d)如果某调解信息依第(a)款或第(b)款不享有特许通信保密权,则仅不披露例外所必需的部分通信可予接受。依第(a)款或第(b)款证据采纳,不代表证据或任何其他调解信息可为其他任何目的被披露或采纳。

第7条　调解员报告之禁令

(a)除按第(b)款要求外,调解员不可作出报告、评估、估价、建议、

认定或向法院、行政机关或其他可以就调解对象争议作出裁判的权力机关发出有关调解信息。

(b)调解员可以：

(1)披露是否产生调解或调解是否已终止，是否达成和解，以及出席情况；

(2)披露第6条所许可的调解信息；或

(3)向负责保护个人免遭虐待、无人照管、遗弃或剥削的公共部门披露证明某人所受此种非法待遇的调解信息。

(c)违反第(a)款规定的调解信息不可为法院、行政部门或仲裁员所采纳。

第8条　保密性

除非依[法律参考加入公共会议法或公开记录法]规定，否则，在当事人同意范围内或本州其他法律或规则规定范围内，调解信息具有保密性。

第9条　调解员披露利益冲突；背景

(a)某人被请求作为调解员，在接受前，其应：

(1)依具体情况作出合理调查，以确定是否存在某些将使普通正常人认为可能影响调解员公正性的已知事实，包括在调解结果上的经济或个人利益，以及与调解当事人或预计将参与调解之人目前或以前的关系；以及

(2)在接受调解前如实尽快向调解当事人披露此类已知事实。

(b)如果调解员在接受调解后知悉第(a)(1)款所述任何事实，则调解员应如实尽快进行披露。

(c)经调解当事人请求，被请求担任调解员的个人，应披露其调解争议的调解员资格。

(d)违反第[(a)或(b)][(a)、(b)或(g)]款的某人因其违反此类规定而不得主张第4条项下的特权。

(e)第(a)、(b)[以及](c)、[以及][(g)]款不适用于作为法官的个人。

(f)本[法]不要求调解员在背景或职业上具有特殊资格。

[(g)调解员应当是公正的，除非在披露第(a)款和第(b)款所要求

披露的事实后,当事人另有约定。]

第 10 条　参与调解

律师或当事人指定的其他个人可以代理并参与调解。调解之前对代理或参与调解的放弃声明可以撤回。

第 11 条　国际商事调解

(a)在本条中,“示范法”,指联合国国际贸易法委员会于 2002 年 6 月 28 日通过并经联合国大会 2002 年 11 月 19 日决议(A/RES/57/18)推荐的《国际商事调解示范法》,“国际商事调解”,指《示范法》第 1 条定义的国际商事调解。

(b)除(c)和(d)款另有规定外,如果一项调解是国际商事调解,该调解受《示范法》管辖。

(c)除非各方当事人根据本[法]第 3(c)条约定国际商事调解的全部或部分内容不享有特权,否则第 4、5、6 条和本[法]第 2 条中任何适用的定义也适用于调解,《示范法》第 10 条中的任何内容都不会减损第 4、5、6 条之效力。

(d)如果国际商事调解的当事人根据《示范法》第 1 条第(7)款约定不适用《示范法》,则适用本[法]。

模范调解员行为准则*

序　　言

调解被用来解决各种环境中的广泛冲突。本准则旨在为在各种情况下进行调解的人员提供基本道德标准。本准则主要有三个目标:指导调解员的行为;使调解当事人了解相关情况;增强社会对于调解作为争议解决程序的信心。

调解是一种由中立第三人协助争议当事各方交流和协商并促进达成自愿决定的程序。

调解有若干目标,包括为当事人提供问题定性和澄清的机会,了解不同的看法,发现各方利益,探索和评估可能的解决方案,以及(若当事人愿意)达成使双方满意的协议。

注 意 事 项

本准则需从整体上进行阅读和解释。准则出现的先后顺序不代表优先级。

在本准则中,"必须"一词的应用意味着调解员必须遵从描述的行为。"应当"一词的应用意味着在准则中描述的行为是非常可取的,但不是必须的,且只有在非常充分的理由下才能偏离该行为,并需要谨慎判断和决定。

"调解员"一词在其广泛意义下适用,因此也适用于共同调解员模式中的"调解员"。

在提及调解时,本准则不涉及特定的时间参数,因此其不定义具体的调解开始或结束时间。

包括本准则涵盖的事务等调解的多个方面,也受适用法律、判例、

---

* 2005年由美国律师协会、争端解决协会、美国仲裁协会发布。——译者注

规则、其他适用的专业规则、当事人同意的调解规则以及其他当事人之间的协议的影响。这些渊源可能会与本准则产生冲突,并可能会在层级上优先于本准则。但是,调解员在解决这些冲突时应当尽一切可能遵从本准则的精神和目的,以及遵从所有其余与其他渊源不冲突的准则。

除非被法院或其他监管部门采用,本准则不具备法律效力。但是,调解员应注意到本准则被各参与组织采用,可能会被视作调解员注意标准的事实。

准则一　自治

(一)调解员主持调解应当以当事人自治为基础。自治,是指每方当事人在信息充分的前提下和在进行自由选择的基础上,对过程和结果自愿地而非受强制地作出决定。当事人可以在调解的任何阶段行使自治权,包括调解员的选择、调解程序的设计、参加或退出调解程序以及调解结果。

1. 尽管当事人自行决定调解程序的设计是调解的基本原则,调解员也需要根据本准则权衡当事人自治和调解员主持有质量的调解程序的责任。
2. 调解员不能自行保证当事人是在信息充分和自由选择的基础上作出了决定。但是,当合适时,调解员应该使当事人知晓向其他专家咨询从而帮助他们在信息充分的前提下作出抉择的重要性。

(二)调解员不得基于以下原因损害任何一方当事人的自治权:更高的和解率、自身利益、更高的报酬,或者来自法院人员、项目管理人员、提供调解案件的组织、媒体或其他的压力等。

准则二　中立公平

(一)如果调解员不能以中立公平的方式主持调解,其必须拒绝主持该调解。中立公平意味着远离偏爱、偏私或偏见。

(二)调解员必须以中立公平的方式主持调解,并且避免做出使他人认为有不公平表象的行为。

1. 调解员不应当因为当事人的个人特征、背景、价值观和信仰、在调解中的表现或任何其他理由而做出不公平或存在偏见的行为。

2. 调解员不应当赠予或接收礼物、恩惠、借款或其他可能引起对调解员实际或潜在不公平质疑的有价值的物品。
3. 调解员可以接收或赠予用来辅助调解或尊重习俗的最低限度的礼物或附带物品或服务,前提是这些行为不会引起对调解员实际或潜在不公平的质疑。

(三)无论何时,只要调解员不能以中立公平的方式主持调解,其都必须退出调解。

准则三　利益冲突

(一)调解员在调解过程中和调解结束后都必须避免出现利益冲突或使人认为存在利益冲突的表象。利益冲突可能源自调解员与案件实体问题有牵连,也可能源自调解员与一方当事人之间存在的某种关系,无论是过去的还是当前的关系,人身还是职业关系,只要能够引起对调解员公正性的合理质疑均视为利益冲突。

(二)调解员必须进行合理的调查,以确定是否有任何理性人认为可能会对调解员造成潜在或实际利益冲突的事实。调解员为完成潜在利益冲突的合理调查而采取的必要行为可能会根据实际情况有所不同。

(三)调解员必须尽快披露所有实际和潜在的利益冲突,这些利益冲突是调解员有理由知道的,并可能合理地产生对调解员公正性的疑问。披露之后,如果所有当事人均同意其留任的,调解员可以继续主持调解程序。

(四)如果调解员在接手调解案件之后,发现了任何对调解员服务造成潜在或实际利益冲突的事实,必须立即披露。披露之后,如果所有当事人均同意其留任的,调解员可以继续主持调解程序。

(五)如果调解员的利益冲突被合理地视为破坏了调解的公正性,则调解员应退出或拒绝继续进行调解,无论各方是否有明确的愿望或协议。

(六)在调解结束后,调解员不得与任何一方当事人另行建立某种可能影响调解程序公正性的关系。如果调解员与一方当事人或其他参与调节的个人或组织建立了某种私人的或职业的关系,在判断该关系是否产生了一项潜在的或实际的利益冲突时,调解员应当考虑以下各种因素：距离调解结束的时间，关系的性质以及提供的是何种服务。

准则四　能力

（一）调解员必须具备必要的能够满足当事人合理期望的能力才可以主持调解。

1. 只要各方对调解员的能力和资格感到满意，任何人均可被选为调解员。培训、调解经验、技能、文化理解能力和其他素质往往是调解员能力的必要条件。主动提出担任调解员的人，会让人产生这样的期望：此人能够胜任调解员的工作。一个人提出担任调解员，就会让人期望他有能力进行有效的调解。
2. 调解员应当参加培训项目和相关活动来巩固和提升其关于调解的知识和技巧。
3. 调解员应当为当事人提供有关调解员培训、教育、经验和主持调解的方法有关的信息。

（二）如果调解员在调解过程中认为其无法胜任该调解工作，则该调解员必须在可行的情况下立即与当事人就该问题进行讨论，并采取适当措施解决这一问题。这些措施包括但不限于退出调解或者请求适当帮助。

（三）如果调解员主持调解的能力因毒品、酒精、药物治疗等受到影响，则该调解员不得主持调解。

准则五　保密

（一）调解员必须对在调解过程中获得的所有信息予以保密，除非获得当事人同意或者基于法律要求。

1. 如果调解当事人同意调解员可以披露在调解过程中获得的信息，那么调解员可以这么做。
2. 调解员不得与任何非调解参与方传达有关当事人在调节中行为方式的信息。若需要，调解员可以报告当事人是否出席了预定的调解以及当事人是否达成解决方案。
3. 如果调解员参与调解教学、研究或评估的活动，调解员应当保护当事人的匿名性并遵守当事人对保密责任的合理期盼。

（二）调解员在调解中与任何人进行私下会议后，在未经该当事人同意的情况下，不得将在私下会议中获取的任何信息直接或间接地传达给任何其他人。

（三）调解员必须提高当事人对其在调解过程中获得的信息的保密程度的理解和认识。

（四）根据调解中的具体情形，当事人可以改变其对调解员保密的预期。当事人可以制定自己的保密规则，或者接受一套公认的调解员或调解组织的保密规则。

准则六　程序质量

（一）调解员必须遵守本行为准则并采用能够增进勤勉、及时、安全、适当参与者在场、当事人参与、程序公正、当事人能力以及所有参加人之间的相互尊重的行为方式。

1. 只有当调解员准备好投入有效调解所需的注意力时，其才能同意主持调解。
2. 只有当调解员能够满足当事人对调解时长的合理期盼时，其才能接受调解案件。
3. 人员在调解中出席或缺席取决于当事人和调解员的协议。当事人和调解员可以协议规定其他人不应当参与特定或全部会议。
4. 调解员应当促进双方或多方当事人之间的诚实和坦率。调解员不得在调解中故意歪曲任何重要事实或情形。
5. 调解员的角色与其他专业人士的角色有很大不同。将调解员和其他专业人士角色混淆会产生问题，因此调解员应当与其他专业人士的角色区分开来。调解员只有在符合本准则要求的情况下，才可以提供其通过培训或者过往经验积累的其他除调解外的专业意见。
6. 调解员不得将其进行的调解以外的争端解决程序称为调解，以获得与调解有关的规则、法规或其他管理机构的保护。
7. 调解员可酌情建议当事人考虑通过仲裁、咨询、中立评估或其他程序解决其纠纷。

8. 未经当事人同意,调解员不得在同一事务中承担其他纠纷解决的职责。在提供这种服务之前,调解员应当将程序变化的影响告知当事人并获得当事人的同意。承担这种角色的调解员承担着不同的职责和责任,这些职责和责任可能受其他标准的约束。
9. 如果调解被用来推进刑事行为,必要时,调解员应当采取合理措施,包括推迟、退出或终止调解。
10. 如果一方当事人在理解程序、关键事项或和解选项时表现出困难,或在参与调解上存在困难,调解员应当研究具体情况和可能的解决办法或调整措施,从而为当事人理解、参与和实行自治提供可能。

(二)如果调解员被告知当事人之间存在家庭虐待或暴力,那么调解员必须在必要时采取适当措施,包括推迟调解、退出调解或者终止调解。

(三)如果调解员认为包括调解员在内的参与人的行为违反了本准则,那么调解员必须在必要时采取适当措施,包括推迟调解、退出调解或者终止调解。

准则七　广告宣传

(一)调解员在宣传自己的资格、经验、服务和收费时,必须实事求是,不得误导消费者。

1. 调解员不应当在任何形式的沟通中(譬如通过名片宣传、信纸宣传或者网上通信平台渠道宣传)作出任何对结果的承诺。
2. 调解员只能在某一政府主体或民间组织有公认的调解员资格认定程序,且授予该调解员相关资格的情况下,才能声称其符合该主体或组织的调解员资格。

(二)调解员不得以偏袒一方的方式,或者以其他损害程序公正的方式进行招揽。

(三)调解员不得在宣传材料中或通过其他通信形式向他人透露未经其许可的当事人的姓名。

准则八　报酬和其他费用

(一)调解员必须向当事人或其代理人提供有关调解费用、开支和其他潜在收费项目的真实和完整的信息。

1. 如果调解员收费,调解员需要根据所有相关因素制定收费标准,包括事件的类型和复杂程度、调解员的资格、所需的时间以及此类调解服务的惯常费率。
2. 除非当事人同意采用其他方式,调解员的收费协议必须以书面形式进行。

(二)调解员不得以损害调解员中立公平的方式收取费用。

1. 调解员不应当签订以调解结果或和解金额为条件的收费协议。
2. 虽然调解员可以从当事人处收取不均衡的费用,但调解员不应当允许这种收费安排对调解员公平主持调解的能力产生不利影响。

准则九　调解实践的推广应用

(一)调解员应以推动调解实践的方式行事。调解员能够通过参与以下部分或全部行为来推广本准则:

1. 培养调解领域的多样性。
2. 努力使选择使用调解的人都能获得调解,包括酌情以优惠价格或无偿服务的方式提供服务。
3. 在有机会时参与研究,包括在合适时获得参与方的反馈。
4. 参与外联和教育工作,协助公众提高对调解的理解和认识。
5. 通过培训、指导和构建网络的方式帮助新的调解员。

(二)调解员应当对本领域中存在的不同观点给予尊重,学习其他调解员的优点,与其他调解员共同协作提高调解的专业化程度,为纠纷当事人提供更好的服务。

美国司法仲裁调解服务有限公司国际调解规则*

规则适用

1. 本规则适用于当事人寻求通过调解的方式来解决争议,并通过合同或协议约定适用此规则的情形。当事人可在任何时候约定修改这些规则。

提起调解

2. 争议一方或多方当事人有意提起调解的,可依照本规则向美国司法仲裁调解服务公司(Judicial Arbitration and Mediation Services, Inc., JAMS)提交调解书或书面调解请求。

3. 一方当事人可以请求 JAMS 邀请其他当事人参加调解。在收到该请求后,JAMS 将联系争议其他相关当事人,并试图使该当事人同意参与调解。

4. 调解请求应包含一份争议性质的简要说明。说明还应列出争议全体当事人的联系方式,当事人若有代理律师的,亦应列出联系方式。

指定调解员

5. 收到调解请求后,若各当事人未就其共同选择的调解员向 JAMS 发出共同通知,则 JAMS 将向双方提供一份不少于 5 人的名单,列上在 JAMS 组织看来有资格调解该争议之人。在拟备名单时,JAMS 将考虑到各当事人的国籍、调解所使用的语言、调解的地点以及任何可能需要或有帮助的实质性专门知识。各当事人最多可以排除两个名单上的调解员,并将剩下的调解员按自己的优先顺序编号。根据各当事人所给出的优先顺序,JAMS 将指定调解员。除非各当事人另有约定,否则通常将指定一名调解员。JAMS 可在适当情况下推荐共同调解员。

---

* 该版本基于美国司法仲裁调解服务有限公司网站最新公布版本翻译。——译者注

披露与更换调解员

6. 无论是由各当事人共同选择的，还是由 JAMS 指定的任何调解员，都将向国际调解协会和各当事人披露其是否存在涉及调解结果的任何经济利益或个人利益，以及是否存在任何有理由认为可能使其存在偏见的事实或情况。在收到任何此类信息后，经征求各当事人意见，JAMS 可以更换调解员，优先从各当事人先前给出的可接受的调解员名单中选择。

代理人

7. 任何一方都可选择自己的代理人，该代理人不要求必须为律师。若当事人不是自然人，则应提出一名经其授权的官员、合伙人或其他雇员全程作出争议解决的相关决定。

调解日期、时间和地点

8. 调解员将确定每次调解会议的日期和时间。调解将在各当事人就近的 JAMS 办公室或各当事人与调解员约定的其他地点进行。

调解的进行与调解员的权力

9. 调解员可以在考虑案件情况、各当事人意愿以及迅速解决争议需要的情况下，采用其认为适当的方式进行调解。调解员无权将解决方案强加于各当事人。调解员有权与各当事人举行联合会议和单独会议。应请求，调解员可就争议的适当解决方案提出口头或书面建议。

隐私

10. 调解会议不公开。当事人及其代理人以外的其他人仅在得到当事人的许可及调解员的同意后才能参加。

保密

11. 调解员在任职期间获取的所有信息、记录、报告或其他文件都将保密。调解员不会被强迫泄露这些记录，也不会在任何对抗性诉讼程序或法庭上就调解作证或提供证据。当事人将维护调解的秘密性，在任何仲裁、司法或其他程序中不依据或采用下列保密信息作为证据：

(1) 另一方当事人或调解员在调解过程中发表的意见或提出的建议或提议；

(2) 另一方当事人在调解程序中就争议的实质问题所作出的任何承认；或

(3)另一方当事人已经表示或未表示愿意接受对方或调解员提出的和解提议的事实。在任何仲裁、司法或其他程序中可作为证据的事实、文件或其他物品,不会因其被使用于调解而导致无法被采信。

责任免除

12. JAMS 或任何调解员均不对任何一方当事人根据本规则进行的与调解有关的任何行为或不作为负责。

本规则的解释与适用

13. 本规则与调解员的职责和责任相关的部分,将由该调解员进行解释和适用。本规则中的其他所有程序将由 JAMS 进行解释和适用。

管理费用

14. 除非调解当事人另有约定,JAMS 的所有管理费用和开支,包括但不限于调解员的费用和开支,将由调解当事人平均分担。

调解员在其他司法程序中的角色

15. 除非经全体当事人书面同意,否则调解员不得在与调解所涉争议有关的任何仲裁或司法程序中担任仲裁员或其中任何一方当事人的代理人或律师。

诉诸仲裁或司法程序

16. 当事人承诺,不在调解期间就调解所涉的争议提起任何仲裁或司法程序,但如果一方认为有必要提起仲裁或司法程序以解除时效,包括可能适用的消灭时效,或认为有必要在调解不成功的情况下维护其权利,则可启动此类程序。

准据法与管辖权

17. 调解应以调解发生地的法律为准据,并依照该法律进行解释和生效。调解发生地的法院享有排他性管辖权,以解决任何可能由调解引起的或与之有关的索赔、争议或分歧事项。

调解终止

18. 任何一方均可在任何时候退出调解,并应立即书面通知调解员和其他代理人。发生以下情况的,调解将终止:

(1)一方退出调解;

(2)调解员经斟酌决定退出调解;

(3)书面和解协议已达成。为使当事人考虑具体的建议、获得进一步的信息,或出于调解员认为有助于推进调解进程的任何其他原因,调解员也可以暂停调解。之后,经当事人同意,调解将重新进行。

和解协议

19. 在调解中达成的任何和解内容,在被转化为书面形式并由当事人或其代理人签署之前,不具备法律约束力。

英　国

民事诉讼规则*（节选）

法院管理案件之义务

第1.4条 （1）法院必须通过积极管理案件来完成（公正审理案件）这一目标。

（2）积极管理案件包括：

（e）如果法院认为替代性纠纷解决程序适用于案件，法院应鼓励当事人通过替代性纠纷解决程序处理争议，并推动当事人适用该程序；

（m）为管理案件、实现（公正审理案件）这一目标，法院可以采取任何措施或发布任何法令，包括为帮助当事人解决纠纷而开展早期中立评估；

为诉讼和解而暂停案件

第26.4条 （1）当事人在完成案件分配问题表并提交法院时，可通过书面形式请求法院中止诉讼程序的进行，由当事人尝试通过替代性解决方式或其他方式解决纠纷。

确定诉讼费用时应当考虑的因素

第44.5条

（3）法院还应当考虑

（a）当事人各方的行为，特别是——

（ⅱ）诉讼程序之中或之前，为了通过和解解决纠纷所做的任何努力。

---

* 1998年由英国议会通过。——译者注

诉讼指引—诉前行为及诉前议定书(节选)[*]

第 2 条 未经主事官批准适用诉前议定程序的争议应适用本实践指引。如果当事人故意在诉前议定书或其他准备用于诉讼程序中的文件中作出错误陈述,将可能被视为蔑视法庭。

诉前行为及诉前议定书的目标

第 3 条 在开始诉讼程序之前,法院希望各方当事人充分交换信息,以实现——

(c)不通过诉讼审判程序解决案件纠纷;

(d)考虑通过替代性争议解决方式中的一种来解决纠纷;

和解与替代性争议解决方式

第 8 条 诉讼程序应当为争议解决最后考虑的方式。作为相关的诉前议定书或本实践指引的一部分,当事人应当考虑通过协商或其他替代性争议解决程序而非诉讼程序来解决纠纷。

第 9 条 当事人应当继续考虑在任何阶段,包括诉讼程序启动后,达成和解的可能性。《民事诉讼规则》第 36 节——和解邀约可以在诉讼程序终结前提出。

第 10 条 当事人可以通过协商来解决纠纷或适用以下一种替代性纠纷解决方式解决纠纷,包括——

(a)调解,第三方促使纠纷得到解决;

(b)仲裁,第三方裁决争议;

(c)早期中立评估,第三方针对争议出具专业意见;以及

---

* 由英国上诉法院发布,原文源于英国司法部网站:https://www.justice.gov.uk/courts/procedure-rules/civil/rules/pd_pre-action_conduct。——译者注

(d)申诉计划。

第11条 如果进入诉讼程序,法院可要求当事人提供其考虑适用替代性争议解决程序的证据。如果一方当事人对替代性争议性解决方式的提议沉默或拒绝,则该行为可能被法院认定为不合理行为,可能导致法院要求该方当事人支付额外的法院费用。

遵守本实践指引和诉前议定行为规则

第13条 如果争议进入诉讼阶段,法院会希望当事人已经遵守相关诉前议定行为规则或本实践指引。当法院为管理诉讼诉讼程序发出指示[参见《民事诉讼规则》第3.1(4)条至第3.1(6)条]以及就费用发出法院令时[参见《民事诉讼规则》第44.3(5)(a)条],将考虑当事人未遵守诉前一定行为规则或本实践指引行为。法院会考虑各方当事人是否都实质上遵循了相关诉前议定书中的条款或本实践指引的规定,在争议解决紧急时,不会关注细小的或者技术性侵权(如申请禁令)。

第14条 当一方当事人有以下行为之一时,法院可裁定该当事人未遵循相关规则——

(a)没有提供足够信息以实现本实践指引第3条中的目标;

(b)在诉前议定书中设置的期限,或合理期限中未采取行动;或

(c)不合理地拒绝适用替代性纠纷解决程序,或者未回应适用替代性纠纷解决程序的提议。

第18条 下表列明了应适用强制性诉前议定书的案件纠纷类型以及生效时间。

诉前议定书适用的纠纷类型	生效时间
人身损害	2015年4月6日
医疗纠纷	2015年4月6日
建筑及工程纠纷	2016年9月9日,第2版
诽谤纠纷	2000年10月2日
专家责任纠纷	2000年7月16日
司法审查	2015年4月6日

续表

诉前议定书适用的纠纷类型	生效时间
疾病纠纷	2003 年 12 月 8 日
房屋失修纠纷	2015 年 4 月 6 日
社会福利住房房东占有权纠纷	2015 年 4 月 6 日
按揭购房者占有权纠纷	2015 年 4 月 6 日
商业地产失修	2012 年 1 月 1 日
道路交通事故小额人身损害索赔纠纷	2010 年 4 月 30 日延期至 2013 年 7 月 31 日
雇主责任及公众责任小额人身损害索赔纠纷	2013 年 7 月 31 日

有效争议解决中心示范调解程序*

1. 什么是调解?

调解是一种以保密方式进行的弹性程序,由中立人士积极协助当事各方就争议或分歧达成协商一致,并最终由当事各方对和解的决定和解决方案的条款进行控制。

调解的主要特点包括:

- 引入中立第三方来促进协商;
- 设置迅速,成本低廉,而且在大多数情况下无偏见、不公开;
- 需要当事各方派出得到充分授权和解的代表;
- 富有弹性,调解员可在与当事各方协商后以适合他们的方式来设计和管理调解程序;
- 当事各方在调解中享有控制权(不同于诉讼/仲裁);
- 当事各方能够设计出在诉讼或仲裁等裁决程序中不可能实现的,可能使所有当事方都受益的解决方案(特别是在他们之间有可能存在持续关系的情况下);
- 既适用于国内纠纷,也适用于跨境纠纷,既适用于两方纠纷,也适用于多方纠纷,是否已提起诉讼或仲裁也不影响其适用。

现在,许多商业和政府合同都要求当事各方根据有效争议解决中心(Centre for Effective Dispute Resolution, CEDR)的示范调解程序进行调解。虽然调解本质上富有弹性,但若将本文件所述的示范程序与《CEDR 示范调解协议》一起使用,将提供足够的确定性,使调解程序能够得以建立和使用。

任何与争议有关的预期或现有的诉讼或仲裁可在进入调解后开启或继续,除非当事各方另有约定或法院另有命令。如果未能通过调解达成和解条款,当事各方可以恢复诉讼或仲裁。

---

* 2020 年由英国有效争议解决中心发布。——译者注

2. 申请调解

将争议提交调解员或CEDR进行调解的原因包括：

- 所有当事方自愿申请；
- 当事一方提出申请，要求CEDR确保其他当事方参与调解；
- 在审判或上诉前对诉前议定书、法院规则、法院命令或法官建议作出回应；
- 商业合同或政府合同中的ADR条款规定将调解作为当事人约定的争议解决过程中的一个步骤；
- 某行业或公共部门政策框架中规定适用调解。

向CEDR提交案件的当事各方最好在提交时附上上述任何适当文件或协议的副本。

3. 选择调解员

当事各方可直接选择自己的调解员，也可从任何一个CEDR调解员小组中选择，或者根据当事各方的意愿或按照合同约定或任何相关法院命令的规定，要求CEDR任命一名调解员或推荐多名调解员人选供当事各方选择。如果合同或法院要求当事各方在CEDR的主持下行事，那么当事各方在收到争议通知后14日内未能就调解员人选达成一致时，CEDR将任命一名调解员。

CEDR任命或指定的调解员须具备能为当事各方有效调解争议的相关技能和经验，并将遵守《CEDR中立第三方行为准则》（以下简称《准则》）。如有任何事项可能妨碍指定调解员在调解争议时遵守《准则》（如利益冲突），任何指定调解员及所有参与调解的其他各方须立即向CEDR确认。CEDR或调解员在得知任何此类事项后，应立即通知各方。

如果任何当事方或法院提出要求，或根据任何CEDR争议解决方案的公开条款，CEDR将针对争议任命一名调解员，但前提是该调解员在调解争议时始终能够不受妨碍地遵守《准则》。鉴于CEDR在该领域的发展中所扮演的角色及其专业精神，CEDR可要求当事各方批准任命一名调解观察员出席调解，当事双方对此不承担任何费用，但调解观察员也应在调解过程中遵守《准则》。拟出席调解的任何调解观察员的身份将在调解之前告知当事各方，当事各方有权反对或拒绝任何此类指定或任命。

调解员在调解协议上签字后,任何调解观察员均受其条款约束。在适当情况下,CEDR 可建议(或当事各方同意)启用共同调解员或任命一名中立专家就技术问题向调解员提供意见。如果当事各方选择了共同调解员,则文件中所述调解员,均指所有调解员。而 CEDR 建议将与调解程序相关的文件中的调解员改为调解员们,并且两名调解员都应签署调解协议。适用共同调解员的情况包括:

- 当事方的数量或当事一方的出席者数量决定了启用共同调解员对调解更为有利。
- 需要特定的技术专长。
- 当事各方具有不同的国籍和文化背景。这与对翻译人员的潜在需求无关。
- 当事各方的个人偏好。

4. 调解准备

CEDR 或调解员经同意或任命后,将按照当事各方的要求或约定,或根据任何方案的条款,为调解作出必要的安排,包括:

- 起草调解协议,提交各方批准并编制最终签署表格,如有要求,经各方协商一致后作出修改。
- 汇编出席者的姓名和职责,以便在调解开始之前发布参与者名单。
- 促使各方就调解的日期、开始时间达成一致,并在必要时为调解提供场地安排。
- 根据要求组织各方和调解员之间互换案件摘要和文件包。
- 如有要求,安排任何经各方和调解员同意的调解前会议。

当事各方须:

- 商定调解员的任命,或者挑选或任命调解员的程序。
- 与 CEDR 商定调解的日期、地点和开始时间。
- 商定调解协议的条款。
- 根据 CEDR 的业务条款和条件,按约定向 CEDR 支付费用和开支。
- 各自就调解时处理争议的方式准备和交换一份案件摘要,并争取与所有其他各方就调解所需的文件达成一致。

- 在方便的情况下尽快(通常至少在指定调解日期前一周)将案件摘要和文件包的副本直接发送给调解员或发送至 CEDR 指定的地点,并明确说明:
  - 案件摘要是否已交换。
  - CEDR 或调解员是否及何时实施交换;以及
  - 任何案件摘要或文件的全部或任何部分是否需要保密,仅限 CEDR 和调解员知晓。

(逾期提交文件可能会使人质疑当事方是否真诚参与调解,并会对调解成功的前景产生不利影响)

- 将代表他们参加调解的所有人的姓名和职责通知调解员和 CEDR,以便 CEDR 能在调解前告知所有当事方和调解员;
- 确保有全权解决争议的首席谈判代表参加调解并签署调解协议和任何可能达成的和解协议;
- 或者,将解决争议的权力受到任何限制的情况通知调解员、CEDR 和(除非有非常充分的相反的理由)其他各方,例如,无法律行为能力或者需要部长级委员会、法院或董事会的批准,在这种情况下,首席谈判代表将须有权提出接受任何和解的建议。如果未对解决争议的权力受到限制的情况予以及时披露,则可能会使人质疑当事方是否真诚参与调解,并会对调解成功的前景产生不利影响。

调解员须:

- 确保在调解争议时始终遵守《准则》,一旦出现任何利益冲突或其他相关事项(如有),立即向 CEDR 和(在厘清所有保密要求或保密特权问题后)当事各方报告;
- 参加任何当事各方商定的或调解员提议的关于条款和议程的调解前会议;
- 阅读当事各方在调解前提交的每份案件摘要和文件包;
- 调解前与各方代表取得联系,协助做好调解准备工作并讨论出现的问题。

5. 文件

调解员或 CEDR 视为机密的文件(如律师的意见、未披露的专家报告、证据草稿或为调解员准备的机密简报)必须明确标明为机密文件,未经明确授权不得向他人散发。

调解的优点之一,就是其成功并不依赖于文件的详尽披露。文件包的大小通常相对有限,仅包含关键文件,而案件摘要可以十分简短,并且可由当事各方共同准备。如有需要,当事各方可要求 CEDR 同时交换案件摘要。

虽然为调解目的而产生的文件(如案件摘要)无疑享有在以后其他诉讼中保密的特权,但在调解期间首次出示本可在诉讼中披露的文件这一事实,通常不被赋予保密特权地位。如果出现此类问题,当事各方必须征询法律意见。

6. 调解协议

调解协议为调解提供了必要的法律依据。其签署方(争议各方、调解员和 CEDR)均通过签署同意,调解将按照 CEDR 示范调解程序和《准则》进行。

作为调解准备过程的一部分,调解协议草案将送交各方批准,之后提出的任何修改意见可加以讨论,并可在经各方同意后加入协议。已由 CEDR 代表预先签署的调解协议通常将在调解当日开始时,由各方代表和调解员签署。在当事各方(或 CEDR)任命调解员后,无论调解协议是否已经签署,当事各方、CEDR 工作人员和 CEDR 调解员在调解前的任何联系均将遵守该协议的保密条款。

7. 调解

在调解期间,当事各方通常都有私人空间,用于自己内部的和有调解员参与的秘密协商。此外还应有一个足够大的空间,供所有当事方一起与调解员会面。

调解员将与当事各方协商,主持并负责确定调解程序。

程序可能包含以下环节:

- 在当事各方到达场地后与他们进行初步会谈;
- 参与调解的所有人员集体开会,通常会邀请当事各方在会上作口头陈述;

- 由调解员提议并经当事各方同意后，还会举行一系列非公开会议和集体会议（可能由当事各方的全部或部分团队成员参加）。

专业顾问（尤其是律师）可以参加调解，也通常会参加调解。这些顾问在就事实、证据和法律交换信息和意见方面发挥着重要作用；在谈判中支持其客户（尤其是个人）；就和解的影响向客户提供建议；并起草和解协议及所有同意令。

当事各方或调解员不得以任何形式对调解进行逐字记录或转录，但参与人员可以制作自己的私人记录，而该记录不得向他人披露，即便在之后的任何诉讼或仲裁中也要保密。

调解的持续期间可超过一个正常工作日，重要的是，在调解进行期间，代表各方的关键人员必须在场，或至少应通过电话或视频会议联系。如有任何时间限制，应尽快通知 CEDR 或调解员，因为任何突然的提前离场都可能不利于调解的进行，也会使其他各方感到不被尊重。

8. 调解中的保密事宜

《CEDR 示范调解协议》规定，调解过程中发生的一切（包括和解条款），除非各方另有书面约定，否则当事各方、调解员及 CEDR 均须保密。然而，调解即将进行或已经进行的事实通常无须保密，因为当事一方或另一方可能希望因同意参与调解而居功，或者调解可能是由公开庭审指示进行的。如果当事人希望也对调解正在进行的事实保密，则可以修改协议。

由于调解是在 CEDR 主持下进行的，而 CEDR 又是调解协议的一方，因此 CEDR 也有义务对调解员就案件报告或职业行为问题向 CEDR 提供的信息进行保密。除各方书面同意披露通常属保密的内容外，调解程序也可能在极少数情况下无法保密，例如：

- 法律要求调解员或任何当事方或其代表进行披露；
- 调解员合理地认为，如果不披露有关信息，则很可能对任何一人的生命或安全造成重大损害；或者
- 调解员合理地认为，如果不披露有关信息，则个人很可能遭受刑事诉讼。

这些问题可能与《2002 年犯罪所得法》或相关立法或任何其他立法

规定的义务有关。法定代表人(他们本身可能以自己的身份承担类似的披露义务)必须全权负责向其客户告知在调解中披露任何此类事项的影响。

9. 调解结束

调解可能以多种方式结束:

- 解决全部或部分争议时,必须写下所有约定事项并经各方签字后方具有约束力;
- "原则上解决"争议,并同意在调解日之后起草具有约束力的条款;
- 调解员通知各方,至少目前无法达成和解;
- 一方或多方在达成和解前退出调解;
- 按照各方和调解员同意的时间和条件约定延期调解;
- 调解员根据《准则》规定的强制性和选择性情形而退出调解;
- 如各方要求并经调解员同意,由调解员出示一份摘要或建议文件。

调解员将协助起草任何和解协议,但起草工作通常由代表各方的律师完成。如果尚未就争议提起诉讼,则和解协议(若按此意向起草)将是一份可通过法律诉讼强制执行的合同。如果已就争议提起诉讼,则通常应在调解时或调解后达成同意令,并在随后将其提交有关法庭,按照约定的条件结束诉讼。各方应商定由谁负责提交同意令。

调解未完全解决争议的,调解员可在调解结束后与当事各方联系,看是否有采取进一步行动的可能。许多争议虽然未在调解中解决,但之后往往由于在调解中所发生的或了解到的情况而得到了解决。如果调解员同意在调解后与当事各方保持联系,则调解协议的规定应继续适用于与调解员进行的和(或)有调解员参与的沟通交流之中。

如果未能达成和解,调解员可应要求并经各方和调解员同意,提出不具约束力的意见或建议,以推进该事项。

每次调解后,CEDR 都会尽力与各方取得联系,以获取他们对调解过程本身和(尤其是)调解员的反馈意见。任何有关调解员的反馈意见都将作为调解员持续学习和发展以及 CEDR 质量保证的一部分而被完整地提供给调解员。

10. 投诉

对 CEDR 或由 CEDR 指定的任何调解员提出正式投诉，应按照 CEDR 网站（http://www.cedr.com/complaints）上规定的程序进行。

加　拿　大

安大略省商事调解法*(节选)

2010 年安大略省法律,第十六章
(附录 3)

目的

1. 本法旨在促进使用调解以解决商事纠纷。

适用

2. (1)除第(2)、(4)及(5)款另有规定外,本法适用于在本法生效之日或之后开始的商事纠纷的调解。

协议本法不适用或变更适用

(2)商事纠纷调解的当事人可以,

(a)协议本法案不适用于其调解;或

(b)除第 4(4)、7(5)款另有规定外,在经双方同意变更后适用本法。

适用除外

(4)本法不适用于,

(a)根据或与集体协议形成有关的调解;

(b)不是由个人作为调解员而进行的计算机化或其他形式的调解;

(c)法官或仲裁员在司法或仲裁程序中为促进解决作为诉讼主体的商业纠纷而提起的诉讼;或

(d)根据《法院法》制定的民事诉讼规则中规定的调解程序。

法律冲突等

(5)以下情况时,本法不适用于调解商事纠纷,

(a)本法与另一法案或根据另一法案所制定条例的要求相冲突

---

* 2010 年由安大略省发布。——译者注

或不一致;或

(b)条例排除或变更了本法的适用。

定义

3. 本法中,“商事纠纷”是指当事人之间与商业性质的事项有关的纠纷,无论是否签订合同,如供应或交换货物或服务的贸易交易、分销协议、商业代表或代理、保理、租赁、工程建设、咨询、工程、许可、投资、融资、银行、保险、开发协议与特许权、合资企业、其他形式的工业或商业合作、货物或乘客的运输;

“调解”是指一种协作过程,其中,

(a)商事纠纷的当事人同意请一名中立方,即调解员,以协助各方解决纠纷,且

(b)调解员无权将纠纷的解决方式强加给当事人。

解释

4. (1)本法以 2002 年《联合国国际贸易法委员会国际商事调解示范法》为基础,在解释本法时,必须考虑其国际渊源、促进其适用一致性的需要与遵守诚信原则。

(2)解释本法时,可诉诸于,

(a)联合国国际贸易法委员会第三十五届会议报告;及

(b)2002 年《联合国国际贸易法委员会国际商事调解示范法及其颁布与使用指南》。

(3)如在调解过程中出现本法或条例未明确涵盖的问题,则应按照《国际商事调解示范法》所依据的一般原则解决该问题。

各方不可选择不适用本节

(4)本法适用的调解各方不得排除或变更本节的适用。

调解

调解开始

5. (1)调解自商事纠纷各方同意将纠纷提交调解之日开始。

可被视为拒绝调解邀请的情况

(2)一方当事人邀请另一方当事人参与调解,自邀请发出之日起 30 日内,或在该邀请中规定的期限内,该方未收到同意的,可视为对方拒绝调解邀请。

调解终止

(3)调解于以下日期立即终止,

(a)各方达成和解协议之日;

(b)各方共同向调解员宣布调解终止之日;

(c)调解员在与各方协商后,宣布不再有理由继续进行调解且调解终止之日;及

(d)调解中必须参与的一方,向调解人和对方或其他各方宣布调解终止之日。

一方参与的终止

(4)如一方参与调解并非必须,则在该方终止参与后,调解可继续,以便其他各方继续就仍有争议的问题进行调解。

调解员的指定

6.(1)除第(2)款另有规定外,调解将由双方协议指定的调解员进行。

(2)各方可请求其他个人或实体推荐或指定一名调解员,如果该人或实体同意推荐或指定,则应尽一切努力推荐或指定一名公正独立的个人。

披露义务

(3)被邀请担任调解员的人应,

(a)进行充分调查,以确定自己与该工作是否存在当前或潜在的利益冲突,或是否存在任何可能引起偏见的情况;且

(b)立即向各方披露任何此类利益冲突或情况。

披露义务;调解期间持续履行义务

(4)调解员根据第(3)(b)条的披露义务持续到调解终止。

(5)在担任调解员之前或期间根据第(3)(b)条作出披露的个人,只有在充分披露事实和情况之后获得各方同意,才可担任或继续担任调解员。

解释

(6)鉴于本节宗旨,在以下情形中,个人被视为与调解有利益冲突,

(a)此人与调解结果存在经济或个人利益关系;或

(b)此人与调解一方当事人或与其有关的人存在现有或以前的关系。

经由协议进行调解

7.(1)各方与调解员可就调解的方式达成一致,并可同意遵循一套现有的规则或程序,其他法律、本法或其他法律的任何规定禁止的除外。

调解员决定

(2)如果各方未就调解方式达成一致,调解员可考量各方的任何请求与纠纷情况,包括迅速解决纠纷的需要,以自己认为适当的方式进行调解。

调解员职权

(3)调解员可以,

(a)共同、单独或以任何组合方式与各方会面或沟通;且

(b)在调解的任何阶段提出解决纠纷的建议。

公平对待之义务

(4)调解员应考虑到纠纷情况,在整个调解程序中坚持对各方公平对待。

各方不可不适用第(4)款

(5)各方不得变更第(4)款中调解员的义务,也不得解除调解员遵守该款的义务。

各方之间的信息披露

8.(1)调解员可向一方披露调解员从另一方收到的与调解有关的任何信息,除非该另一方明确要求调解员不得披露该信息。

保密义务

(2)当事方、调解员与其他任何参与调解程序的人员必须对调解有关的信息保密,以下情况除外,

(a)各方同意披露,或者如果信息与调解员有关,调解员同意披露;

(b)法律要求披露;

(c)出于执行或强制执行和解协议的目的,要求披露;

(d)调解员在回应不当行为指控时要求披露;或

(e)为保护任何人的健康或安全,要求披露。

适用除外

(3)对与调解相关信息保密的要求不适用于以下信息,

(a)公开信息;

(b)各方行为并未视为保密的信息;

(c)确定调解员是否未能按照第6(3)款的要求进行披露的相关信息。

信息受理

9.(1)除第(2)、(3)款另有规定外,在仲裁、司法或行政程序中,以下任何形式的信息都不能被泄露或被采纳为证据:

(a)一方发出的调解商事纠纷的邀请、一方是否愿意调解纠纷、双方在调解开始前交换的信息以及调解纠纷的任何协议。

(b)专门为调解准备的文件。

(c)一方在调解过程中就可能的纠纷解决方案所表达的观点或提出的建议。

(d)一方在调解过程中所作的陈述或承认。

(e)调解员所作的纠纷解决声明或建议。

(f)一方表示愿意接受调解员提出的解决方案的事实。

(g)一方或调解员终止调解的事实。

适用的例外情形

(2)第(1)款所述的信息可在以下情形被承认为证据,

(a)依照法律要求;

(b)为执行或强制执行和解协议的目的;

(c)调解员在回应不当行为指控时要求;或

(d)如调解各方均同意,且如果信息与调解员有关,调解员也同意。

适用的例外情形,确定费用

(3)有关调解一方行为或调解员行为的信息可在该纠纷最终解决后进行披露,以确定调解费用或因调解失败而进行诉讼的费用。

调解中使用的其他信息

(4)除第(1)款规定的限制外,为调解以外目的而创建的信息不会仅仅因为在调解中使用而不可采纳。

第(1)、(2)款的适用

(5)无论仲裁、司法或行政程序是否涉及正是或曾是调解对象的纠纷,第(1)、(2)款均适用。

担任调解员和仲裁员

10. 除非调解各方另有约定,否则调解员不得同时担任调解员和仲裁员,或在担任调解员后担任仲裁员,涉及:

(a)作为调解对象的商事纠纷;或

(b)各方之间由同一合同或法律关系、或由相关合同或法律关系引起的另一争议。

有关仲裁或司法程序的协议

11. (1)在调解终止之前,各方可同意不进行仲裁或司法程序。

适用除外

(2)尽管有第(1)款的规定,但如果仲裁员或法院认为有以下情形,则仲裁员或法院可允许诉讼程序进行,并可作出任何必要的命令:

(a)为维护任何一方的权利,诉讼程序是必要的;或

(b)为维持正义,诉讼程序是必要的。

调解不因仲裁等程序的启动而终止

(3)任何仲裁或司法程序的启动本身不应被视为调解商事纠纷协议的终止或调解的终止。

和解协议的约束力

12. 和解协议或调解纪要对签署协议或纪要的调解各方具有约束力。

和解协议的强制执行

定义

13. (1)本节中,“司法常务官”是指高等法院的司法常务官;“和解协议”是指由调解中一个以上的当事方签署的协议,或由一个以上当事方签署的和解纪要,以解决调解中一个或多个

具有争议的问题。

向法官或法院提出申请

(2)如果和解协议的一方不遵守和解协议的条款,另一方希望强制执行该协议,可在通知签署该协议的其他各方后,

(a)根据协议条款向高等法院法官申请判决;或

(b)向高等法院申请授权在法院登记该协议的命令。

民事诉讼规则的适用

(3)根据《法院法》制定的民事诉讼规则适用于根据本节提出的申请。

判决

(4)根据第(2)(a)条提出的申请,法官可根据协议条款作出判决。

命令

(5)根据第(2)(b)条提出的申请,除第(6)款另有规定外,司法常务官须作出命令,授权将该和解协议登记。

(6)如向法院证明以下情况,则不得作出判决或命令,

(a)申请人寻求强制执行和解协议针对的调解方并未签署该协议或同意申请人寻求强制执行的协议条款;

(b)该和解协议是通过欺诈所达成;

(c)和解协议未能准确反映双方在解决协议所涉纠纷时商定的条款。

备案协议的效力

(7)在根据授权协议登记的命令,向司法常务官提交和解协议的真实副本时,

(a)法院登记的和解协议,其效力自登记之日起,与高等法院所作出和登记的判决效力相同;且

(b)登记和解协议与申请登记的费用及附带费用可予追讨,与根据判决须支付的款项一样。

费用

(8)第(7)(b)条中所述费用数额应:

(a)由条例规定或由司法常务官根据条例确定;或

(b)如在向司法常务官提交和解协议时尚无第15(b)条规定下的条例生效,则由司法常务官酌情确定。

调解员费用的执行等

14.(1)如商事纠纷调解中的一方或多方当事人签署了和解协议、和解纪要或其他书面协议或文件,则适用本条。

(a)包含一方或多方承诺支付调解员在调解中履行调解员职能的费用和开支;以及

(b)列明在协议、纪要或其他文件中已商定的应付费用和开支的金额或计算费用和开支的方式、所有费率与其他变量。

第13节适用

(2)如调解员未按照和解协议、和解纪要或其他书面协议或文件获得需支付的费用和开支,并希望强制执行支付,则经必要变更后适用第13节的规定。

条例

15.省督可制定条例,

(a)排除或变更本法的全部或部分内容;

(b)规定一方根据第13(7)(b)条可追讨的费用数额或司法常务官为厘定费用数额而适用的原则;

(c)定义本法中使用但未定义的任何词语或表达;

(d)涉及省督认为需要或适当的任何事项的条例,以有效执行本法宗旨与目的。

16.略(规定本法条款的生效)。

17.略(颁布本法的简称)。

加拿大替代性纠纷解决研究所
加拿大调解规则*

1. 术语解释

1.1　本规则中,除非文中另有所指:

(1)"一天"指24小时的一天,但不包括星期六、星期日或各省相关立法中确立的节日;

(2)"研究所"指加拿大替代性纠纷解决研究所,以及其地区分支机构,研究所前身或其分支机构(如加拿大纠纷解决基金会,加拿大仲裁研究所或加拿大仲裁和调解研究所);

(3)"调解"指使用中立第三方协助各方解决纠纷,但不包括仲裁;

(4)"调解协议"指当事各方与调解员之间签署的书面协议,包含将纠纷提交调解的具体条款;

(5)"调解员"指参与协助各方当事人解决纠纷的中立单人或多人,但不包括仲裁员,除非经各方当事人同意,该仲裁员也担任调解员的角色;

(6)"地区分支"指研究所指定设在地方的替代性纠纷解决(Alternative Dispute Resolution, ADR)组织,专门在某一研究所要求的特定区域提供替代性纠纷解决服务;

(7)"规则"指研究所的《加拿大调解规则》。

2. 适用

2.1　本规则应适用于:

(1)同意适用本规则的各方当事人;

(2)同意依照加拿大纠纷解决基金会的《示范调解程序》进行调解的各方当事人;

---

* 1992年由加拿大替代性纠纷解决研究所发布,于2012年最新修订。——译者注

(3)同意由研究所或加拿大纠纷解决基金会主导调解的各方当事人,不管是否提及上述任一家机构的调解规则。

2.2　各方当事人根据合同或者共同协议约定按照本规则调解纠纷的,应视为将本规则纳入调解协议。

2.3　如果研究所对本规则进行了修订,则适用于任何纠纷的规则应为自调解开始之日起经修订后的规则。

2.4　如果本规则与加拿大任何省或加拿大任何领土的立法或加拿大任何立法或任何此类法律所规定的任何规则或命令相冲突,则本规则应适用,除非双方根据任何此类法律、规则或命令的规定不能合法签订合同。

2.5　不遵守本规则属于违规行为,并不导致调解或调解步骤、文件或和解协议无效。

3. 规则变更

3.1　本规则,包括其后的《附件》,可经双方同意进行变更。

4. 调解的提起

4.1　适用本规则的纠纷可由纠纷的任何一方提起调解。

4.2　如果纠纷的一方或多方希望根据本规则将该纠纷提交调解,则调解应由纠纷的一方或多方向纠纷的其他每一方送达书面调解请求书发起。

5. 调解员的指定

5.1　调解员应经以下程序指定:

(1)与各方当事人同意的提名保持一致;

(2)与各方当事人同意的指定程序保持一致;

(3)与本规则第5.2条规定的程序保持一致。

5.2　如果各方当事人对任何提名或指定程序无法达成一致:

(1)各方当事人应

(i)按照本规则附件一规定的金额向研究所支付费用,以及

(ii)向研究所提交一份涉及纠纷性质及程度的书面声明,包括(但不限于)纠纷的类型,纠纷所涉金额以及纠纷问题的类型;

(2)研究所在收到本规则第5.2(1)条规定的费用及相关材料2周

内,应向各方当事人提供3名提名调解员的简历;

(3)调解员的选任应:

(ⅰ)获得各方当事人一致同意,并应告知研究所其选任结果;

(ⅱ)如果各方当事人不能就调解员达成一致,则由每一方对被提名人进行排名(第三为最高;第一为最低),研究所选择综合排名最高的被提名人(或者,如果各方当事人的排名相等,则由研究所从排名最高的被提名人中进行选择);

(4)研究所应通知依照本规则第5.2(3)条获选的调解员并:

(ⅰ)立即指定该调解员;或

(ⅱ)如果该调解员无法或不愿接受任命,则重复本规则第5.2(2)条和第5.2(3)条规定的程序。

6. 独立和公正

6.1 除非各方当事人在充分披露后另有约定,调解员不得担任调解任何一方的辩护人,并应在调解期间始终:

(1)完全独立;

(2)完全公正;

(3)不受任何个人利益或与调解有关的其他利益冲突影响。

6.2 各方当事人同意调解人不向任何一方提供法律或专业意见。各方同意,调解员可就争议事项发表意见或观点,并可确定评估方法,如果调解员这样做,则不得将其解释为代表一方的主张或向一方提供法律或专业建议。各方应始终完全依赖自己的顾问提供法律和专业建议。各方同意:

(1)研究所既不是任何一方的代理人,也不以任何一方的名义行事;

(2)调解员与研究所为独立合同关系,既非其代表也非其雇员。

7. 潜在不适格披露

7.1 在接受任命之前和接受任命之后,调解员应始终以书面形式向研究所和当事各方披露调解过程中任何可能导致缺乏独立性或公正性或利益冲突的合理担心之情况。如有任何上述情况被披露,研究所应立即通知各方。如果任何一方基于任何此类披露以书面形式向调解员提出异议,调解员应立即退出调解,并应按照本规则第5条任命另一调解员。

8. 对潜在不适格者放弃追究

8.1　根据本规则第7条披露任何情况的调解员，在纠纷各方以书面形式放弃以任何理由反对因披露而引起的缺乏独立性或公正性或利益冲突的权利的情形下，应继续担任调解员。

8.2　各方：

(1)知道或理应知道任何可能导致对调解人缺乏独立性、公正性或利益冲突的情况存在合理担心(不论该情况是否根据第7条披露)；

(2)继续进行调解而未立即以书面形式对该情况提出异议。

应视为放弃对因该情况而产生的缺乏独立性或公正性或利益冲突的任何合理理解提出异议的权利，并已遵守本规则第8.1条之要求。

9. 调解前会议

9.1　除非双方另有约定，调解员应在被任命后迅速安排与各方代表或律师举行会议或电话会议，讨论本规则所列事项以及与调解有关的所有安排，包括但不限于：

(1)交还提供给调解员的书面材料；

(2)公布调解过程中提出的要求或反要求；

(3)和解协议是否要求以书面形式拟就，以及是否应在对各方产生约束前签署。

10. 调解协议

10.1　调解员与各方当事人一道，应准备并签署调解协议，列明下列事项：

(1)各方要求调解员进行调解的条件；

(2)各方一致同意不应适用于本调解事项的规则内容或各方一致同意修订的部分；

(3)各方一致同意应适用于本调解事项的任何补充规则。

10.2　如果各方无法就调解协议达成一致，则附件二所列研究所的《标准调解协议格式》应在双方同意的情况下进行修改。

11. 时间地点

11.1　调解员应在与各方磋商后，确定每次调解会议的时间。所有调解会议应在下列地点之一召开：

(1)示范条款规定的城市和省份,如与调解相关;或者

(2)各方与调解员一致同意的地点。

12. 调解员的权限

12.1 调解员应尽力协助各方圆满解决纠纷,但无权强行解决。调解员有权酌情决定与各方举行联席会议和单独会议。

12.2 如果各方在调解过程中不能达成和解,并且各方和调解员都同意,调解员可以为各方提出不具约束力的和解条件建议。本建议应为调解人寻求可接受的和解条件的合理尝试。

12.3 如果各方同意,调解员可以聘请专家或顾问,并且各方同意支付专家或顾问的费用,除非双方另有约定。

13. 参加调解

13.1 每一方都必须参加调解。拟参加调解的律师、代理人的姓名、地址,必须在第一次调解会议前至少 3 日以书面形式通知调解员和其他各方当事人。如果任何一方有任何其他人员,如专家、顾问或任何其他人员参会,必须在第一次调解会议前至少 3 日将这些人员的姓名和身份告知调解员和其他各方。

13.2 参加调解的各方人员必须具备解决纠纷的权力。

14. 隐私

14.1 调解应当以不公开的方式进行。除非当事各方另有协议,只有本规则第 13 条批准的人方能出席。

15. 保密与披露

15.1 当事各方和调解员应就有效调解所需的文件披露范围达成一致,但调解员无权强制披露任何文件。

15.2 调解员应就调解过程中的保密性质知会各方。

15.3 调解员、各方当事人、其专家和顾问以及陪同调解各方当事人的任何其他人员应保守秘密,不得向任何非当事人披露涉及调解事项创建、披露、收到或作出的所有信息、文件和沟通信息,但以下情况除外:

(1)经各方书面同意;

(2)经具有管辖权的法院命令或法律要求披露;

(3)披露的信息或文件对他人生命构成实际或潜在威胁;

(4)要求调解员拟备的任何报告或摘要;

(5)有关调解的数据是用于研究和教育目的,且披露的信息中不指明当事各方及争议,并不会合理地预期进行任何此类披露;

(6)公众以其他方式可获取的信息或文件。

15.4　调解结束后30日内,调解员应当销毁调解员制作、披露、接收或者提供的与调解有关的一切资料、文件和沟通信息,但当事各方另有约定的除外。

15.5　调解员应以书面形式从调解员聘请的所有专家和顾问以及陪同当事人的任何其他人处获得对本条规定的类似保密义务的承诺。

15.6　调解员应当对调解笔录、记录、档案、资料、文件、沟通信息的保管和处理保守秘密。

15.7　如果调解员与一个或多个当事人举行非公开会议(包括场外会议和核心小组会议),则在开始此类会议之前,应与所有各方讨论此类会议的性质。特别是,调解员应将适用于非公开会议期间披露的信息的保密限制通知各方。

15.8　各方同意,调解会议不影响和解谈判,任何进一步的诉讼或仲裁中均不允许披露调解会议的内容,法律要求的除外。各方同意不传唤或以其他方式要求调解员在今后的任何诉讼中作证或出示记录或笔记。不得保存调解记录。

15.9　各方同意,在随后的仲裁或司法程序中,不得依赖或引入以下任何一种作为证据,通过证据开示程序产生的信息除外:

(1)任何其他方提出的或从任何其他方收到的就纠纷的可能解决方案表达的任何意见、建议或提议;

(2)任何其他方在调解过程中作出的任何承认;

(3)任何其他当事方表示愿意接受调解员提出的和解建议或建议的事实;

(4)调解员提出的建议或发表的意见。

16. 调解中止与终止

16.1　调解员可在下列情况下暂停调解:

(1)一方或多方当事人书面提出暂停请求;

(2)通过发表书面声明表明目前在调解方面的进一步努力将不起作用,调解暂停。

16.2　调解在下列情况下可终止：

(1)当事各方签署了和解协议；

(2)一方或多方发出终止调解的书面声明；

(3)调解员发表书面声明，表示进一步的调解努力在目前没有用处，调解终止。

17. 免责

17.1　对于任何一方在根据本规则进行的调解中的任何作为或不作为，研究所概不负责。在任何情况下，本研究所对任何一方或任何其他人因疏忽或任何其他原因而招致的任何损失或损害概不负责。

18. 费用

18.1　除非各方另有约定，各方应平等承担并支付调解员的费用和所有开支，包括差旅费和房屋租金，以及调解员根据规则第12.3条聘用的任何专家或顾问的费用和开支。此类费用应根据各方签署的调解协议直接支付给调解员。

18.2　各方应向研究所支付附件一中规定的费用。

18.3　调解员可以要求各方当事人支付初始保证金和进一步的保证金，或者保证金，包括按比例分摊的调解费用。

18.4　当事人参加调解的费用，除另有约定外，各自自行承担。

19. 教育目的

19.1　调解员和研究所可出于研究和教育目的披露有关调解的信息和数据，但不得提及各方当事人和纠纷事宜，也不会合理预期会被这种程度的披露识别出来。

附件 A
调解费用表

依照本规则第5.2(a)(ⅰ)条规定选定的调解员，其费用请致电地区分支机构。

附件 B
加拿大替代性纠纷解决研究所
标准调解协议

各方信息

当事方一:地址,电话,传真和邮箱:

当事方二:地址,电话,传真和邮箱:

当事方三:地址,电话,传真和邮箱:

当事方四:地址,电话,传真和邮箱:

调解员:　　　　　地址,电话,传真和邮箱:

纠纷

纠纷简述:

调解

各方应按照本标准调解协议和研究所的《加拿大调解规则》("规则")的规定,尝试通过调解解决纠纷,这些规则作为调解协议的一部分。规则的变化如下:

____

____

调解员

调解员受研究所的《调解员行为准则》约束。

除非各方另有约定，调解员应在调解日期前至少 2 周讨论和安排信息和简报的交流。

费用和开支

各方应自行承担调解过程的费用，并应平等承担和支付调解费用和调解员费用，包括调解员要求的所有押金，除非各方另有约定。

调解员的费用如下：

____

____

____

____

____

取消或延期

各方同意，在调解前 30 个工作日内导致调解取消或延期的任何一方应承担调解员产生的所有费用以及因取消而产生的任何费用。

日期：__________

签名：__________

当事方一

____

当事方二

____

当事方三

____

当事方四

____

调解员

____

加拿大替代性纠纷解决研究所
调解员行为准则*

本《调解员行为准则》(以下简称准则)完全适用于加拿大 ADR 协会(以下简称协会)或其任何地区附属机构的成员,或接受协会任命为调解员的每位调解员。虽然调解员来自不同的专业背景和学科,但每个调解员必须遵守准则,将其作为最低限度。被任命为调解员并不赋予个人永久的权利,但这是一种有条件的特权,可能因违反准则而被撤销。

研究所及其区域附属机构有权调查涉嫌违反准则的行为,并可在调查结果出来之前暂时中止任何调解员或研究所成员资格。如果研究所以其自身名义或根据其任何区域附属机构的建议确定调解员违反了准则,则研究所有权取消其成员资格,或将任何调解员从其名册中除名。研究所的目标是确保投诉得到公平调查。

1. 准则的制定目的

1.1　准则的目的如下:

(1)为调解员的行为提供指导原则;

(2)提升将调解作为解决纠纷程序的信心;

(3)为选择研究所成员作为调解员的社会公众提供保护。

2. 定义

2.1　本准则中:

(1)"调解"指利用公正第三方协助各方解决纠纷,但不包括仲裁;

(2)"调解员"指作为研究所成员或接受研究所任命为调解员并参与协助各方解决纠纷的公正人士,但不包括仲裁员,除非仲裁员经双方同意担任调解员;

(3)"区域附属机构"是指研究所指定的、以区域为基础的替代性纠

---

* 1992 年由加拿大替代性纠纷解决研究所发布,于 2012 年最新修订。——译者注

纷解决机构(ADR),按照研究所的要求在特定区域提供替代性纠纷解决服务。

3. 自愿原则

3.1 调解各方有权就任何争议问题的可能解决方案作出自己自愿和非胁迫的决定。每一位调解员都应尊重和鼓励这一调解的基本原则。

3.2 调解员应当在召开第一次调解会议时或召开之前向当事各方提供有关调解员在调解中的作用的情况。调解员应讨论这样一个事实,即决策权在于双方,而不是调解员。

3.3 调解员不得向当事各方提供法律或专业意见。调解员可就争议事项发表意见或观点,并可确定评估方法,调解员这样做时,不得将其解释为代表一方进行的宣传或向一方提供的法律或专业建议。

3.4 调解员应在适当情况下建议无人代表的当事方获得独立的法律意见。调解员还应在适当情况下,告知当事人需要与其他专业人员协商,以帮助当事人作出知情决定。

4. 独立与公正

4.1 除非各方在充分披露后另有约定,调解员不得担任调解任何一方的辩护人,并且在调解期间应保持并应始终保持:

(1)完全独立;

(2)完全公正;

(3)不受任何个人利益或涉及调解的其他利益冲突影响。

5. 可能失去资格的情形

5.1 调解员在接受任命之前和接受任命之后,应随时以书面形式披露任何可能导致合理担心其在调解争端时缺乏独立性或公正性的情况。

5.2 根据第5.1条披露任何情况的调解员,在纠纷各方以书面形式放弃以任何理由反对因披露而引起的缺乏独立性或公正性或利益冲突的权利的情形下,应继续担任调解员。

6. 保密

6.1 调解员应当将调解的保密性告知当事人、专家、顾问以及陪同当事人参加调解的其他人员。

6.2 调解员、各方当事人、其专家和顾问以及陪同一方当事人参加

调解会议的任何其他人员应保守秘密,不得向任何非当事人披露所创建、披露、收到的与调解有关的所有信息、文件和通信,除非:

(1)当事各方书面同意;

(2)法院要求或法律要求如此;

(3)信息/文件披露出对他人生命存在实际的或潜在的威胁;

(4)要求调解员准备的任何报告或摘要;

(5)有关调解的数据是为了研究和教育目的,而且不得提及当事各方和纠纷,也不会合理地预期通过这种披露提及;

(6)公众已可通过其他途径获取该信息或文件。

6.3 如果调解员与一个或多个当事方举行非公开会议(包括场外会议和核心小组会议),其应在开始此类会议之前与所有当事方讨论此类会议的性质。特别是,调解员应将可能适用于在非公开会议期间披露的信息的任何保密限制告知各方当事人。

6.4 调解员应当对调解笔录、记录、档案、资料、文件、沟通信息的保管和处理保守秘密。

7.调解质量

7.1 调解员应当在调解开始前或者调解开始时作出合理努力,确保当事人了解调解过程。

7.2 调解员进行调解,应当使当事各方能够有效参与调解,并鼓励当事各方相互尊重。

7.3 调解员应掌握并保持维持调解过程质量所需的专业技能和能力。

7.4 调解员应始终以专业的态度行事,调解员不得从事会使调解员或研究所名誉受损的行为。

7.5 调解员如果认为他或她参与的调解可能引起道德问题(包括但不限于助长犯罪或故意欺骗),可采取适当行动,包括推迟或终止调解程序。

8.推广

8.1 调解员在向当事人或潜在当事人进行服务推广时应:

(1)不保证和解或者承诺具体结果;

(2)在任何口头或书面陈述、履历或宣传材料中提供有关其教育、背景、调解培训和经验的准确信息。

9. 费用

9.1 调解员应在其被任命后尽快向各方提供一份书面声明，说明收费模式、可能的费用和任何付款要求。

9.2 调解员的费用不应基于调解的结果，或基于是否达成和解，或（如果达成和解）基于和解的条件。

9.3 调解员可在其自由裁量范围内收取取消或超期/延迟费用，前提是调解员提前告知各方该做法和费用金额。

10. 调解协议

10.1 调解员和当事各方应准备并签署调解协议，列明下列内容：

（1）当事各方聘请调解员的条款和条件；

（2）如适用研究所的《加拿大调解规则》，则当事各方约定的规则不适用于调解；

（3）当事各方一致同意适用于调解的其他规则。

11. 调解的终止或暂停

11.1 如果一方或多方以书面形式提出请求，调解员可以暂停或终止调解。

11.2 调解员可通过发表书面声明暂停或终止调解，表示此时进一步的调解努力在目前没有用处。

12. 其他行为义务

12.1 本准则中的任何内容均不得取代或废止任何其他可能管辖调解员的道德标准或准则。如果有多个此类标准或规范，调解员应受到其中更严格或最严格的标准或规范的约束。

澳大利亚

昆士兰州统一民事诉讼程序规则*(节选)

第九编

第四章　替代性争议解决程序

第一节　序　　言

第 313 条　第四章术语定义

本章中

替代性争议解决程序的费用包括:

(a)调解产生的费用,即第 328 条规则涉及的额外费用;

(b)案件评估**产生的费用,即第 337 条规则涉及的额外费用。

"转介争议"是指第 334 条规则下案件评估员涉及的争议。

"登记官"是指负责将争议从诉讼转介至调解或案件评估的法院登记官。

第二节　替代性争议解决程序的启动

第 319 条　登记官通知争议转介至替代性争议解决程序

(1)法院可派登记官向各方当事人送达书面通知(转介通知),告知当事人其争议将按照法院指令转介至替代性争议解决程序,由指定调解员或案件评估员负责。

(2)当事人对转介争议有异议的,可向登记处转介异议通知。

---

* 1999 年由昆士兰州发布,于 2021 年最新修订。——译者注

** 在澳大利亚昆士兰州法院中,案件评估(Case Appraisal),是指案件评估员在替代性争议解决过程中对各方当事人所提供的案件相关材料进行评估并作出决定的过程。——译者注

(3)异议通知须:

(a)列明持有异议的当事人反对转介争议的理由;

(b)在该当事人收到转介通知后,7日内转介。

(4)异议通知已转介的,法院可要求各方当事人或其代理人参与听证会。

(5)法院可在听证会上根据情况作出合理决定。

第320条 争议转介

有下列情况之一的,法院也可将争议从诉讼程序转介至调解或案件评估:

(a)由一方当事人提出申请;

(b)诉讼争议未开庭审理。

第321条 已转介至替代性争议解决程序的诉讼程序中止

根据法院指令,诉讼程序中的争议被转介至替代性争议解决程序的,该争议和争议中的一切权利主张均将中止,直到登记官转介替代性争议解决负责人的报告,以认定替代性争议解决程序结束之日起的6个工作日后。

第322条 一方当事人妨碍替代性争议解决程序

一方当事人有下列情况之一的,法院认定其妨碍替代性争议解决程序:

(a)未出席该程序;

(b)未参加该程序;

(c)未在法院转介令规定时限内支付法院要求金额。

第三节 调 解

第323条 争议转介至指定调解员

(1)调解转介令须:

(a)以下列两种方式之一任命调解员:

(ⅰ)指定调解员;

(ⅱ)由当事人选任调解员;

(b)详尽列明关于起诉状、案件陈述书或其他文件的信息,告知调解员争议内容以及当事人在诉讼程序中所处阶段;

(c)规定调解期限,未经当事人授权,不得延长或预估调解所需时间;

(d)列明以何种方式通知调解员任命事宜;

(e)自调解转介令发出之日起3个月内未能完成调解的,当事人须向登记官提供相应报告阐明案件状况,登记官可将案件转介法院解决。

(2)调解转介令中还须:

(a)确定替代性争议解决所需费用或尽可能预估所需费用;

(b)列明各方当事人须承担的替代性争议解决费用份额;

(c)规定相关费用的收款人和收款截止日。

(3)调解转介令可指示各方当事人与调解员协商费用,而非事先确定或预估调解费。

(4)调解转介令须以规定格式订立。

(5)调解员须参考修改后的起诉状,包括调解转介令订立后作出的修改。

第324条　调解起止时间

调解员任命后须尽快开始调解工作,自任命起28日内完成调解为宜。

第325条　当事人须配合调解员工作

调解过程中,当事人应积极主动配合调解并协助调解员在预估或规定期限内完成调解。

第326条　调解员的职责

(1)调解员可自行决定收集关于争议性质及争议事实的信息的任何方式。

(2)调解过程中,调解员可决定当事人是否可委托代理人以及决定代理人选。

(3)调解过程中,无论代理人是否在场,调解员均可单独或共同会见各方或一方当事人。

第 327 条　请求指示权

调解员或一方当事人可就调解的任何事项随时请求法院给予指示。

第 328 条　调解员可寻求客观意见

(1)调解员可向独立第三方寻求有关争议的法律咨询或其他意见。

(2)但寻求意见产生额外费用的,调解员须首先满足下列条件之一:

(a)各方当事人同意支付额外费用;

(b)法院许可。

(3)若法院许可,法院还须:

(a)要求各方当事人支付额外费用;

(b)列明收款人以及收款截止日期。

(4)调解员须向各方披露该客观意见内容。

第 329 条　调解决定记录

(1)除非各方当事人另有协议,否则调解员须确保《2011 年民事诉讼法》第 48 条涉及的协议:

(a)放在文件密封袋中,如信封;

(b)标有法院档案编号;

(c)注明"未经法院许可不得启封";

(d)已提交法院存档。

注:

《2011 年民事诉讼法》第 48 条规定了由各方当事人和调解员签署的书面调解决定。

(2)未经法院许可,不得启封文件密封袋。

(3)转介协议无须缴纳任何费用。

第 330 条　放弃调解

(1)调解员认为进一步调解无法解决争议或争议问题的,可放弃调解。

(2)在放弃调解之前,调解员须:

(a)将调解员的意图告知各方当事人;

(b)确保当事人有权重新考虑其立场。

第 331 条　关于调解证明书的要求

(1)本规则适用于《2011 年民事诉讼法》第 49 条第 1 款。

注:

《2011 年民事诉讼法》第 49 条第 1 款要求调解员提交相关调解证明书。

(2)该证明书不得载有关于任何一方当事人参与或拒绝参与调解情况的评论。

(3)但该证明书可说明一方当事人未参与调解。

(4)提交该证明书无须缴纳任何费用。

第 332 条　调解不成

调解不成的,争议可正常审理或听证,任何一方不会因调解不成而受影响。

第 333 条　调解员的更换

(1)如有合理需要,法院可通过进一步指示撤销调解员的任命,任命他人作为调解员。

(2)任命新调解员后,若存在待支付给已退任调解员的薪资,法院可自行决定其薪资数额。

第五节　替代性争议解决程序费用

第 346 条　支付替代性争议解决程序费用

替代性争议解决程序中各方当事人在初审时,按所占份额分别支付其在替代性争议解决程序中的费用。

第 347 条　下列情况下,一方当事人可为另一方当事人支付替代性争议解决程序费用

(1)替代性争议解决程序的一方当事人未按份额支付其替代性争议解决程序费用的,另一方当事人可支付该费用。

(2)另一方当事人已支付该费用的,无论争议解决的结果如何,未按该份额支付的一方当事人仍应支付该费用。

第 348 条　向登记官支付的替代性争议解决程序费用

若将负责人费用或场地费支付给登记官,登记处须在适当的情况下向负责人或场地提供方支付该费用。

第 349 条　替代性争议解决程序负责人或场地提供方可获得补偿费用

(1)若转介令中替代性争议解决程序的费用规定了确定费率和支付期限,只有在各方当事人授权替代性解决争议程序继续进行超过转介令规定时限的,负责人或场地提供方可收取超出时段的补偿费用。

(2)若转介令以其他方式确定替代性争议解决程序的费用,仅在当事人同意以书面形式支付更高金额的情况下,负责人或场地提供方可收取高于转介令中规定的费用数额或预估费用数额。

(3)各方当事人对根据第(1)款或第(2)款可收回的金额承担各自责任。

(4)该费用可作为应付账款赔偿负责人或场地提供方。

第 350 条　法院可延长费用支付期限或给予救济

(1)一方当事人可向法院提出以下请求之一:

(a)延长替代性争议解决程序费用的支付期限;

(b)该方当事人免受因不符合任何关于费用的要求所产生的影响。

(2)法院可作出合理裁定。

第 351 条　替代性争议解决程序失败所产生费用属于争议内费用

除非法院另行决定,造成争议未得到全面解决的一方当事人,应承担替代性争议解决程序的费用和附加费用。

新南威尔士州
统一民事诉讼程序规则*（节选）

第二十部分　未经听证的诉讼解决

第1节　调　　解

20.1　本节适用

本节适用于根据《2005年民事诉讼法》第四部分提交调解的事项。

20.2　说明

（参见SCR第72C部分，第1条）

法院可提供说明，规范调解中应遵循的惯例和程序，包括文件的准备和送达。

20.3　关于拟议提交调解的声明

（参见SCR第72C部分，第2条；1973年第9号法案，第164A节；1970年第11号法案，第21L节）

诉讼程序在需要法院进行说明的任何情况下，法院可要求各积极方陈述下列任意项——

（a）当事人是否同意将诉讼中出现的事项提交调解，

（b）各方是否同意由谁担任调解员，

（c）各方是否同意其承担调解费用的比例以及任何此类协议的条款。

20.4　调解员的指定

（参见SCR第72C部分，第3条）

（1）在获通知某事项已被提交调解后7日内，接收该事项的

---

* 2005年由新南威尔士州发布，于2021年最新修订。——译者注

调解员必须指定调解时间,并以书面形式将指定时间通知各方。

(2)调解员还可指定各方初步会晤的时间。

20.5　调解的完成

(参见 SCR 第 72C 部分,第 4 条)

各方和调解员必须尽可能以在 28 日内完成调解为目标进行调解。

20.6　调解会议程序

(参见 SCR 第 72C 部分,第 6 条)

(1)除非调解员或法院另有指示,否则以下规定适用于进行调解会议——

(a)必须出席会议——

(ⅰ)除第(ⅱ)款另有规定外,各方必须出席会议,如果一方是公司,则必须由有权解决该诉讼的公司高级职员出席,或

(ⅱ)如果一方当事人的诉讼行为由保险公司控制,则由有权解决该诉讼的保险公司高级职员出席。

(b)一方可由该方的出庭律师或事务律师陪同出席会议。

(2)由第(1)(a)款规定必须出席调解会议的人,可通过电话、视频连线或其他通信方式出席,但须经法院或调解员许可。

20.7　调解结束后通知

在最后一次调解会议结束后 7 日内,调解员必须通知法院以下信息——

(a)第一次调解会议开始的时间和日期,及

(b)最后一次调解会议结束的时间和日期。

维多利亚州
最高法院(一般民事诉讼)规则*(节选)

50.07　交由调解员处理

(1)在诉讼任何阶段,无论是否得到任何一方同意,法院均可命令将该诉讼或该诉讼的任何部分提交调解员。

(2)除法院另有命令外,提交调解的命令不具有中止诉讼的效力。

(2.1)在费用法庭诉讼的任何阶段,无论是否得到任何一方同意,费用法官或费用登记官均可命令将该诉讼或该诉讼的任何部分提交调解员。

(2.2)除费用法庭另有命令外,提交调解的命令不具有中止诉讼的效力。

(3)根据第(1)款或第(2.1)款提出调解的,调解员应努力协助各方达成诉讼和解,或就交由调解员处理的部分诉讼达成和解。

(4)调解员可以(且在收到命令时应当)向法院或费用法庭(视情况而定)报告调解是否已经完成。

(5)除第(4)款规定的报告外,调解员不得向法院或费用法庭(视情况而定)作出任何报告。

(6)法院或费用法庭(视情况而定)可决定调解员的报酬金额、支付方、支付比例,先行支付或最后支付。

(7)法院或费用法庭(视情况而定)可命令任何一方为调解员的报酬提供担保。

(8)本规则不适用于由以下人员将诉讼或诉讼任何部分提交调解的情况:

(a)第50.07.1条规定的法官。

---

* 2015年由维多利亚州最高法院发布,于2021年最新修订。——译者注

(b)第50.07.2条规定的费用登记官。

(c)第50.07.3条规定的首席书记官或副首席书记官;或

(d)第50.07.4条规定的司法登记官。

50.07.1　法官的调解

(1)在不限制第50.07(1)条规定的情况下,在诉讼任何阶段,无论是否得到任何一方同意,法官可以:

(a)自行决定;或

(b)经终审法院法官或司法书记官提请,命令该诉讼或该诉讼任何部分由法官进行调解。

(2)由法官进行调解的,其可就调解的进行作出其认为合适的指示。

(3)除法官另有命令外,根据本规则作出的调解命令,不具有中止诉讼的效力。

50.07.2　费用登记官的调解

(1)在不限制第50.07(2.1)条规定的情况下,在费用法庭诉讼的任何阶段,无论是否得到任何一方同意,费用登记官可以:

(a)自行决定;或

(b)经费用法庭提请,命令该诉讼或该诉讼任何部分由费用登记官进行调解。

(2)由费用登记官进行调解的,费用登记官可就调解的进行作出其认为合适的指示。

(3)除费用登记官另有命令外,根据本规则作出的调解命令,不具有中止诉讼的效力。

50.07.3　首席书记官或副首席书记官的调解

(1)在不限制第50.07(1)条规定的情况下,在诉讼任何阶段,由终审法院法官、法官或司法登记官组成的法院,无论是否得到任何一方同意,均可命令将该诉讼或该诉讼任何部分提交首席书记官或副首席书记官进行调解。

(2)承担调解工作的首席书记官或副首席书记官,可就调解的进行作出其认为合适的指示。

(3)除由终审法院法官、法官或司法登记官所组成的法院另有命令外,根据本规则作出的调解命令,不具有中止诉讼的效力。

50.07.4　司法书记官的调解

(1)在不限制第50.07(1)条规定的情况下,在诉讼任何阶段,无论是否得到任何一方同意,司法书记官可以:

(a)自行决定;或

(b)经终审法院法官或助理法官提请,命令该诉讼或该诉讼任何部分由司法书记官进行调解。

(2)由司法书记官进行调解的,其可就调解的进行作出其认为合适的指示。

(3)除司法登记官另有命令外,根据本规则作出的调解命令,不具有中止诉讼的效力。

德　　国

德国民事诉讼法*（节选）

第 278 条　以友好方式解决争议、调解听证、和解

(1)法院在诉讼程序的每个阶段，均应考虑以友好的方式解决争议或个别争议点。

(2)口头上诉前，应先行调解听证，以友好解决争议，除非已在法庭外的调解机构进行达成和解的尝试，或者调解听证明显是徒劳的。在调解听证会上，法院必须与当事人讨论事实和争议焦点，自由评估所有情况，并在必要时提出问题。法院应当亲自听取出庭各方当事人的意见。

(3)对于调解听证以及进一步和解尝试，法院应当命令当事人亲自到庭参与。第 141 条第 1 款第 2 项、第 2 款和第 3 款经必要变更后适用。

(4)双方当事人均未到庭参与调解听证会的，法院应当裁定中止诉讼程序。

(5)法院可以将双方当事人移交给一名指定但不享有裁判权力的法官（调解法官），进行调解听证以及进一步和解尝试。

(6)法庭上的和解，可通过当事人向法院提交一份书面的和解建议，或者当事人以书面形式接受法院的和解建议，或以书面声明的方式接受口头和解记录，或以口头和解记录的方式接受法院的和解建议达成。法院以裁决的方式确定第 1 项规定的和解的成立并记录其内容。第 164 条经必要变更后适用。

第 278a 条　调解、庭外争议解决

(1)法庭可建议当事人采取调解或者庭外争议解决的其他程序。

(2)当事人决定采取调解或其他庭外争议解决程序的，法庭须裁定中止诉讼程序。

---

* 1950 年由德国联邦法律公报发布，于 2020 年最新修订。——译者注

德国调解法*

第一部分　定　　义

(1)调解是具有保密性、结构化的程序。调解程序中,各方在1名或多名调解员帮助下,以自愿和独立承担责任为前提,努力实现纠纷的友好解决。

(2)调解员具有独立性与中立性,不享有决策权,在调解中起到引导当事人的作用。

第二部分　调解程序与调解员职责

(1)调解员由各方当事人共同选择。

(2)调解员应当保证当事人充分理解调解程序的基本原则和过程,并保证当事人自愿参与调解。

(3)调解员对各方当事人负有同等责任。应促进当事人之间沟通,确保当事人以适当且公平的方式参与调解。可经全体当事人同意,与一方当事人单独会谈。

(4)第三方须经全体当事人同意,方可参与调解。

(5)当事人随时可终止调解。调解员也可终止调解,特别是当其认为当事人之间已无法自主沟通或者达成和解的。

(6)当事人之间已达成和解的,调解员应致力于确保当事人在了解纠纷背景且理解协议内容的情形下签署调解协议。应当提示没有委托法律顾问参与调解程序的当事人,如有必要,可让外部顾问审查该协议。经当事人同意,达成的和解可以最终协议形式记录下来。

---

* 2012年由德国联邦法律公报发布,于2015年最新修订。——译者注

第三部分　披露义务与任职限制

(1)调解员应向当事人披露可能影响其独立性与中立性的所有事项。如存在这些事项,必须在全体当事人明确同意的前提下,特定主体方能担任调解员。

(2)在调解前曾因同一事项为一方当事人调解过的人员,不得再次担任调解员。调解员也不得在同一事项的调解或者调解随后的程序中为一方当事人调解。

(3)某人所属的同一公司或同一办公室的同事在调解前曾因同一事项为一方当事人调解的,该人员不得担任调解员,也不得在同一事项的调解或者调解随后的程序中为一方当事人调解。

(4)相关当事人在个案中基于全面掌握的信息仍明确表示同意,且未与法律所保护的利益相冲突的,则第3款中限制不适用。

(5)经当事人要求,调解员有义务告知其专业背景、与调解相关的培训和经历。

第四部分　保 密 义 务

调解员以及在调解过程中涉及的人员,均负有保密义务,法律另有规定的除外。该义务涉及到履职中了解的一切信息。除非其他涉及保密义务的法律条文另有规定,该项义务不适用于:

1. 披露在调解程序中达成的协议内容对于执行或履行协议是必要的;

2. 基于公共政策考量,有披露的必要性,特别是为了防止对孩子健康成长造成威胁或避免对个人身体或者精神健康造成严重损害的;

3. 所涉及的事实众所周知,或鉴于其重要性,没有保密的必要。

调解员须将其保密义务的范围告知当事人。

第五部分　调解员的培训与进修、经认证的调解员

(1)调解员有义务进行适当培训与定期进修,确保掌握理论知识和实践经验,使其能以专业方式引导当事人完成调解。适当的初步培训应特别传授以下内容:

1. 调解基础知识、调解流程与整体框架；
2. 谈判与交流技巧；
3. 处理纠纷能力；
4. 调解适用的法律及法律在调解中的作用知识；以及
5. 实际训练、角色扮演和监督。

（2）完成初始培训并符合第六部分所列要求的情况下，此人员可被许可成为经认证的调解员。

（3）经认证的调解员应根据第六部分要求接受进一步培训。

第六部分　授 权 规 定

联邦司法应通过法定文书的形式，且无须经过联邦参议院同意，对经认证的调解员的初始培训和进修以及适用于培训机构的标准，作出具体规定。前述法定文书尤其可就下列事项作出规定：

1. 以第五部分第1款为框架，详细规定初始培训内容，以及调解必需的实践经验；
2. 培训人员进修的内容；
3. 培训与进修的最低时限；
4. 必要的进修时间间隔；
5. 对培训与进修机构师资的资质要求；
6. 培训与进修机构对调解员参与培训与进修的证明方式；
7. 完成培训的具体要求；
8. 对本法生效前已担任调解员的人员过渡性规定。

第七部分　促进调解的学术项目与财政支持

（1）联邦和各州可就学术研究项目达成协议，以确定调解的资金支持项目对各州的影响。

（2）在以上研究项目的框架下，当有人基于以下情况申请寻求法律救济时，可提供必要支持：鉴于其个人和经济状况，无力支付调解费用，或仅能部分或分期支付调解费用，且打算采取的法律行动或辩护看似并非出于恶意。对此程序具有管辖权的法院，在研究项目已在该法院存在的情况下，应对此申请予以裁决。该裁决为最终裁决。具体内容应由联邦和各州根据第 1 款达成的协议进行规范。

(3)学术研究项目完成后,联邦政府应向联邦议会通报所得经验和所获成果。

第八部分 评 估

(1)联邦政府应在 2017 年 6 月 26 日前就本法及德国的调解发展、调解员的初始培训和进修情况向德国联邦议会进行汇报。该汇报还应考虑到各州在涉及费用规定的开放式条款。特别是,报告应审查和评估是否需要在调解员的初始培训与进修领域采取进一步法律措施,以保证调解质量和保护消费者。

(2)如报告表明有必要采取法律措施,则联邦政府应就此作出提案。

第九部分 过渡性规定

(1)在 2012 年 7 月 26 日之前向法院提起的诉讼中,由不享有裁判权的法官进行的民事调解可持续到 2013 年 8 月 1 日,并继续使用迄今为止的称谓(法院专职调解员)。

(2)第 1 款适用于行政法院、社会法院、金融法院和劳动法院中进行的调解。

关于认证调解员的培训和进修条例*

导　言

依照经2015年8月31日条例第135条(《联邦法律公报》第1卷第1474页)修订的《调解法》第6条,联邦司法和消费者保护部颁布条例。

第1条　适用范围

本条例规定了:

1. 认证调解员的培训,

2. 认证调解员的进修,以及

3. 根据第1项和第2项,对培训与进修机构的要求。

第2条　认证调解员的培训

(1)完成认证调解员培训的人员,方可成为经认证的调解员。

(2)认证调解员的培训,包括培训课程和作为调解员或共同调解员进行调解后的个人监督。

(3)培训课程应传授附件内容,且须包含实践练习和角色扮演。

(4)培训课程总时长至少应达120个现场培训学时。各培训课程的时长须至少达到附件三提及的时长。

(5)在培训期间或成功完成培训后1年内,培训学员须参与作为调解员或共同调解员调解后的个人监督。

(6)培训机构应颁发参与者的培训结业证书。参与者完成第3款和第4款规定的全部培训课程并接受第5款规定的个人监督后,培训机构方可颁发证书。证书包含下列内容:

1. 毕业生的姓名和出生日期,

2. 培训机构的名称和地址,

3. 培训的日期和地点,

---

* 2016年由德国联邦法律公报发布,于2020年最新修订。——译者注

4. 依据附件传授的培训课程内容和每项内容所花费的时长，

5. 个人监督的日期和地点，以及

6. 监督员的姓名和地址。

第3条　进修课程

(1)认证调解员完成培训后应定期参加进修课程。进修课程的时长4年内至少应达40小时。该4年期限应从第2条第6款规定的证书颁发时开始计算。

(2)进修课程的目的为：

1. 深化和更新附件中各项内容，或者

2. 深化调解特定领域的知识和技能。

(3)进修机构须颁发成功参与进修课程的证书。证书须包含下列内容：

1. 参与者的姓名和出生日期，

2. 进修机构的名称和地址，

3. 进修课程的日期和地点，以及

4. 传授的进修内容和按小时计算的进修课程时长。

第4条　通过个人监督的进修

(1)在完成第2条规定的培训后2年内，认证调解员须至少参加4次个人监督，每次都应在作为调解员或共同调解员进行的调解之后。该2年期限应从第2条第6款规定的证书颁发时计算。

(2)监督员应为依据第1款进行的每次个人监督签发证书。该证书应包含下列内容：

1. 认证调解员的姓名和出生日期，

2. 进行个人监督的日期和地点，

3. 已作匿名处理的个人监督中讨论的调解信息，以及

4. 监督员的姓名和地址。

第5条　对培训和进修机构的要求

(1)仅当培训机构投入的师资符合下列要求时，第2条规定的培训或第3条规定的进修方可进行：

1. 拥有职业培训课程的职业资格或者高等教育学位，且

2. 具备各项必要的专业知识以传授附件中的内容或其他培训、进修

的内容。

(2)如教师仅用来传授特定培训或进修内容,则其专业知识须与此有关。

第 6 条　国外获得的同等效力的资格

符合下列条件的人员也可成为经认证的调解员:

1. 在国外已完成至少 90 个小时调解员培训,且

2. 之后作为调解员或共同调解员,至少进行过 4 次调解。

本条例第 6 条旨在执行欧洲议会和理事会 2005 年 9 月 7 日关于承认职业资格的第 2005/36/EG 号指令。

第 7 条　过渡性规定

1. 2012 年 7 月 26 日前已接受至少 90 个小时的调解员培训,且此后作为调解员或共同调解员进行了至少 4 次调解的人员,可许可其成为经认证的调解员。

2. 2017 年 9 月 1 日前完成符合第 2 条第 3 款和第 4 款要求的培训课程,并在 2018 年 10 月 1 日前作为调解员或共同调解员进行调解后参加个人监督的人员,也可许可其为经认证的调解员。个人监督于 2017 年 9 月 1 日以后才执行的,则应依据第 4 条第 2 款规定颁发证书。

3. 在第 1 款和第 2 款规定情形下,第 3 条第 1 款第 3 句和第 4 条第 1 款规定的期限自 2017 年 9 月 1 日起算。在第 2 款第 2 句规定情形下,期限偏离第 1 句规定的,自签发证书时起算。

第 8 条　期限的暂停

非因自身过错受到阻碍而未能遵守本条例规定的期限,该期限的计算应在阻碍存续的期间暂停,但每次不得超过应遵守期限的一半。

附件　培训课程内容

（来源：《联邦法律公报》2016 年第 1 卷，第 1996～1997 页）

序号	培训课程内容	小时数（以小时计算的时长）
Ⅰ	Ⅱ	Ⅲ
1.	调解导论与基础理论	18 小时
	a）调解的基础理论 aa）调解的原则、程序进程和阶段概述 bb）调解中的沟通和工作技能概述	
	b）调解与诉讼程序和其他替代性争端解决程序的区别	
	c）调解的适用领域概述	
2.	调解的程序和框架结构	30 小时
	a）调解阶段的细节 aa）调解协议 bb）材料收集 cc）利益研究 dd）选择权的聚合和评估 ee）最终协议	
	b）调解中不同背景的特殊性 aa）个人访谈 bb）共同/团队调解、多方调解、穿梭式调解 cc）第三方介入	
	c）其他框架结构 aa）调解程序的事前和事后准备 bb）文件/记录	

续表

序号	培训课程内容	小时数(以小时计算的时长)
3.	谈判技巧和技能 a)谈判分析的基础理论 b)谈判引导和谈判管理:直观谈判、哈佛提纲式谈判/综合谈判技巧、分配式谈判技巧	12 小时
4.	访谈引导、沟通技巧 a)沟通的基础理论 b)沟通技巧(如积极倾听、转述、提问技巧、口头表达、重构、言语沟通和非言语沟通) c)制定和评估解决方案的技巧(如头脑风暴法、思维导图、其他创造性技巧、风险分析) d)可视化和调解技术 e)困难情形的处理(如封锁、抵抗、纠纷升级、权力不平衡)	18 小时
5.	纠纷处理能力 a)纠纷理论(纠纷因素、纠纷动态和纠纷分析) b)纠纷动态的识别 c)干预技巧	12 小时
6.	调解法〔1〕 a)法律的框架结构:调解员合同、职业权利、保密性、报酬问题、责任和保险 b)各基本职业法律的剖析 c)《法律服务法》的基本特征	6 小时
7.	调解中的法律〔2〕 a)调解中的法律的作用 b)调解员在调解中对允许的法律信息和不允许的法律建议的区分 c)调解员的作用与各方当事人律师的任务不同 d)提高对法律相关事实或者情况的认识,在此情形下,建议当事人寻求外部法律咨询,以便作出知情决定 e)调解中外部顾问的参与 f)调解员参与最终协议的法律特性 g)最终协议在可强制执行性方面的法律意义和可行性	12 小时

〔1〕 这里的“调解法”调整的主体是调解员。——译者注

〔2〕 这里的“调解中的法律”调整的主体主要是当事人。——译者注

续表

序号	培训课程内容	小时数（以小时计算的时长）
8.	个人能力、态度和角色形象 a）角色定义、角色纠纷 b）调解员的任务和自我形象（特别是自尊心、尊重和内心态度） c）公正性、中立性以及对被调解者和纠纷的专业距离 d）调解中的权力和公平 e）处理自己的情感 f）自我反省（例如基于职业背景和社会化而对于自身局限性的认识）	12 小时
总计		120 小时

德国仲裁协会调解规则*

调 解 协 议

德国仲裁协会建议所有希望在合同订立时援引 DIS (Deutsche Institution für Schiedsgerichtsbarkeit, DIS) 调解规则的各方在发生冲突时使用以下调解条款：

就所有因合同引起或与合同有关的争端而言(……合同说明……)，调解程序应根据 DIS 调解规则进行。

关于调解员人数、调解语言及/或调解地点的其他规定亦应予考虑。

须知，亦可随时就已经存在的争端根据 DIS 调解规则订立调解协议。

调 解 规 则

第 1 条　适用范围

1.1　本调解规则适用于当事各方同意根据本规则就特定争端进行调解程序的情况。

1.2　除非当事各方另有约定，否则适用调解程序启动之日有效的本调解规则。

第 2 条　提起及启动

2.1　希望提起调解程序的一方当事人(申请人)应向另一方当事人(对方)发出书面申请。申请书应包含当事各方及其法律顾问的姓名和联系方式(如有)。申请书还应包含关于争议的简短摘要、引起争议的事实及情况、所主张的请求，如有可能，还应包括争端所涉金额。第一句及第二句意义上的多名申请人应当联合提出申请。

2.2　如启动调解程序的申请规定必须有多于一方的其他当事人参

---

* 2010 年由德国仲裁协会发布。——译者注

与调解程序，则该申请应发送给此等当事人中的每一方。

2.3 所提交申请的副本份数应至少足以为每位调解员和DIS各提供一份副本。如未按必要份数提交副本，则DIS总秘书处会要求申请人进行相应补足，并设定遵守的时限。申请人在提交申请后，须按照DIS总秘书处收到申请之日有效的收费表（第11条第5款附录），向DIS缴纳手续费。DIS总秘书处向申请人开具DIS手续费清单，如尚未缴款，则设定缴款时限。

2.4 调解程序在DIS总秘书处收到申请副本后启动（第2条第3款），但前提是在DIS设定的时限内（可予以合理延长），DIS已收到根据第3款所需的申请副本的份数，申请人已缴纳第3款规定的DIS手续费。DIS应通知当事各方调解程序已启动，不得无故延误。

第3条 调解员的职责

3.1 调解员除自行酌情组织调解程序外，还应根据本规则的规定组织调解程序。当事各方可同意超出本规则所限。

3.2 调解员应处事公正，保持独立。特别是调解员不得在现在或过去是调解程序标的的法律问题上依法或以其他方式代表当事各方或第三人，或为其提供咨询。调解员应向当事各方和DIS披露所有可能引起对其独立性和公正性的质疑的情况，不得无故延误。

3.3 现在或过去在调解程序启动前就上述问题为当事各方提供咨询或代表当事各方的人士，不得担任调解员。

3.4 调解员应提倡以有序及有效的方式解决当事各方之间的争议。调解员可在当事各方同意的情况下提出解决争端的建议。

第4条 调解员的指定

4.1 双方可自由选择及指定调解员。除当事各方另有约定外，调解由一名调解员进行。

4.2 当事各方如已就调解程序与1名调解员达成一致，则须在调解程序启动后一个月内向DIS联合指定该调解员，但当事各方已就DIS所作的调解员指定达成一致的除外。应要求，DIS总秘书处应就1名调解员的指定提出建议。

4.3 如当事各方已就调解程序与2名调解员达成一致，则依据第4条第2款指定的调解员须在取得当事各方同意后立即向DIS指定1名联席调解员,不得无故拖延。

4.4 如调解员在法律上或事实上无法履行其职能,或因其他事由而不能履职,则原先指定的调解员失责的情况一经确定后,第2款及第3款即准用于替补调解员的指定。

4.5 如当事各方未在1个月内指定调解员,则应至少一方当事人的,应由DIS委任委员会指定该名调解员。申请应当在1个月期限届满后2周内提出。在两周期限届满后,调解程序即视作终止。

4.6 一方当事人如申请由DIS委任委员会指定调解员,则须在提出申请时,按照收费表(第11条第5款附录)第1.2点缴纳调解员指定费。DIS可在收到所缴纳的费用的前提下指定调解员。

第5条 调解员的确认

在DIS收到调解员接受职务的书面声明后,调解员即视作已获确认。

第6条 调解过程

6.1 调解员和当事各方应共同商定会议议程和时间表。为筹备会议,调解员可以书面形式或在筹备会议上收集有关争议起因及标的的资料。调解员应为会议做准备工作。调解员可向当事各方提出预备性意见或建议。

6.2 调解会议应在当事各方出席的情况下举行。调解员与一方当事人之间关于标的的通信内容只有在另一方当事人明确同意的情况下才可采信。在调解员与当事一方进行一对一沟通的情况下,调解员应对所披露的资料保密,但相应一方明确授权调解员向其他各方当事人提供某些资料的,则属例外。

6.3 通常情况下,当事各方应亲自参加会议。法人、社团以及组织应当由熟悉争端情况并经授权友好解决争端的机关或者代表代表其参会。律师或其他法律顾问亦可参会。

6.4 调解员没有义务做会议记录。

6.5 调解程序为保密程序。

第7条 调解地点

当事各方应当约定调解会议的举行地点。如当事各方未达成一致,则调解会议应在DIS总秘书处的办公场所举行。

第 8 条　程序终止

8.1　调解程序在下列情况下终止：

(1)当事各方已解决争端的。在部分和解的情况下，只有在至少一方当事人声明其认为争端问题不能得到解决的情况下，调解程序才能终止。

(2)经一方当事人宣告而终止，但前提是在确定调解员后的两个月内至少召开一次调解会议或未召开调解会议。书面声明的接收方是另一方当事人和调解员。无须说明具体理由。

(3)如未在设定的时限内指定一名或多名调解员，且一方当事人并未依据第 4 条第 5 款申请由 DIS 代为指定调解员。

(4)调解员向当事各方书面宣告调解程序终止。

(5)调解程序启动后 3 个月内未继续进行的。如没有进行书面或口头初步审查，也没有举行调解会议，即为没有进行调解程序。

8.2　调解员以书面形式宣告调解程序终止。经一方当事人提出申请，调解员应当出具一份调解程序无法达成和解的确认书。DIS 根据第 8 条第 1 款第(3)项以书面宣告程序终止。

第 9 条　诉讼时效、暂时放弃诉讼

9.1　对于须受制于调解程序的诉讼请求，其诉讼时效自调解程序启动之日起中止(第 2 条第 4 款)。

9.2　诉讼时效的中止，在根据第 8 条终止调解程序后满 3 个月之时即停止。

9.3　当事各方承诺不对仍处于未决调解程序中的诉讼请求提起(仲裁)诉讼。当事各方不受向法院申请临时保护措施所妨碍。

第 10 条　保密

10.1　参与调解程序管理工作的当事各方、调解员和 DIS 总秘书处均应对调解程序保密，特别是对参与各方即所交换的文件保密。

10.2　此项规定不适用于在调解程序进行前已知悉的资料或文件，或明显会以其他方式为人所知的资料或文件。

10.3　合同约定的保密及禁止披露义务不受影响。

10.4　DIS 可在统计数据汇编中公布调解程序的资料，但该等资料不得包括涉案人士的身份信息。

第 11 条　费用

11.1　每一方当事人均须缴纳调解程序费用的一半。每一方当事人应自行承担己方费用,包括法律费用(如有)。

11.2　调解员有权获得服务费、报销开支,并有权将对服务费或开支征收的增值税(如适用)包含在内。当事各方对调解员负有缴纳调解程序费用的连带责任。

11.3　调解员费用是根据调解员耗费的时间加以衡量的。差旅费和住宿费应在提交费用收据后单独报销。调解员有权获得合理的预缴款,由当事各方平摊。

11.4　DIS 有权收取手续费和调解员指定费(视情况而定),并有权将对这两项费用征收的增值税(如适用)包含在内。当事各方对 DIS 负有缴纳相关费用的连带责任。

11.5　有关费用及开支的金额载于本调解规则的附录。

第 12 条　责任

调解员、DIS 及其机关与雇员仅对故意的不当行为承担责任。

第 11 条第 5 款附录

DIS 调解程序收费表

1. DIS 费用

1.1　手续费(第 2 条第 3 款)为 250.00 欧元。

1.2　DIS 调解员提名费(第 4 条第 6 款)为 250.00 欧元。

2. 调解员费用

除非另有约定,调解员费用为每小时 300.00 欧元。

3. 增值税

第 1 点及第 2 点所指费用均须缴纳增值税。

法　　国

法国关于民商事调解事项的法令*（节选）

第一部分

第一章　调　　解

第一节　一 般 规 定

第 21 条

本章所规定的调解范围涵盖所有正式程序，无论采取何种名义——由双方或多方当事人自行选择或由处理争端的法官任命的第三方，即调解员的协助下，试图达成一致，友好地解决争端。

第 21－1 条

调解须遵守本章的一般性规定，但针对某些调解或调解员所制定的其他规定除外。

第 21－2 条

调解员须能力胜任并积极、公正履职。

第 21－3 条

除非当事人另有约定，否则调解应遵守保密原则。

未经当事人同意，不得将调解员的调查结果和调解期间收集的陈述披露给第三方，或在司法或仲裁程序中援用或引用。

以下两种情况下，不受前条规定限制：

a）出于公共秩序需要、保护儿童的最高利益或身心健康需要不得不考虑的紧急状况；

b）出于落实或执行需要，披露调解期间或由调解产生的协议内容。

由法官任命的调解员通知法官当事人是否已达成协议。

---

* 2011 年发布。——译者注

第 21 –4 条

当事人达成的协议,不得导致其无法自由支配自己的权利。

第 21 –5 条

可将当事人达成的协议提交法官批准,由法官赋予其可执行性。

第二章　司 法 调 解

第 22 条

法官可在当事人均同意的情形下,在诉讼程序的任何阶段,包括紧急审理情况下,任命一名调解员进行调解。在国务委员会法令规定的条件下达成该一致同意。

第 22 –1 条

在离婚和分居问题上,法官不得指定调解员进行法律规定的事先调解。

在法律规定的其他事先调解的情形下,法官未得到当事人同意,也可令当事人与其指定的、符合国务委员会法令规定条件的调解员会面。调解员向各方通报调解目的和进展。

第 22 –2 条

当事人承担调解费用的,应由其自行决定费用如何分担。

无协议约定的,费用应平均分摊,除非法官考虑到双方的经济状况,认为平均分摊方式不公平。

如果其中一方获得法律援助,则根据前述规定确定调解费用如何分担。接受法律援助一方所产生的费用应由国家承担,但须符合 1991 年 7 月 10 日关于法律援助的法令第 50 条规定。

法官应确定调解员费用的预缴数额,指定一方或多方在确定期限内缴纳预付款。未在规定期限内按规定缴纳预付款的,调解员的任命无效。原诉讼程序继续进行。

第 22 –3 条

调解期限由法官确定,但不得超过国务委员会限定的期限。

法官可延长调解时间。法官也可在限定期限届满前,依职权或应调解员或某方要求,终止调解。

第三章　结尾条款

第23条

本章规定不适用刑事诉讼。

第24条

第21条至第21-5条规定仅适用因劳务合同引发的跨境争端常规调解。

本条所称跨境争端,是指自调解之日起,至少有一方在法国以外的欧盟成员国有住所地或经常居住地,且其他各方至少一方在法国有住所地或经常居住地。

跨境争端可延伸至以下情形:在法国启动司法或仲裁程序,当事方曾诉诸调解。在诉诸调解之日,各方在欧盟另一成员国有住所地或经常居住地。

第三部分

在1968年12月31日关于对国家、省、市镇和公共机构提出债权规定的法律第2条之后,增加如下第2-1条:

第2-1条(本条于2011年11月18日~2016年11月20日生效)

诉讼时效期限从争端发生后当事人各方同意诉诸调解之日起暂停,无书面协议的,则从第一次调解会议开始算起。

暂停时效不得超过6个月。

时效期限应从任何一方或调解员宣布调解结束之日起重新计算,期限不少于6个月。

本条仅适用《行政司法法典》第771-3条规定的调解。

巴黎调解与仲裁中心调解规则*

调解示范条款

一旦签订合同,合同双方可同意根据《CMAP 规则》通过调解及/或仲裁的方式解决可能因本合同产生的任何争端。根据当事各方的需求及决定,现提供不同的备选方案。当事各方可在下列相应的建议条款中选用:

备选方案 1:仅调解

因本合同的效力、解释、履行、不履行而中止、期满或因任何事由终止而引起的、与之有关或相关的任何及所有争端,均应提交调解,调解依据是当事各方在此同意适用的 CMAP(巴黎调解与仲裁中心,地址为巴黎富兰克林 - 罗斯福大道 39 号巴黎商会,邮编 75008)调解规则。

备选方案 2:调解及仲裁

因本合同的效力、解释、履行、不履行而中止、期满或因任何事由终止而引起的、与之有关或相关的任何及所有争端,均应提交调解,调解依据是当事各方在此同意适用的 CMAP(巴黎调解与仲裁中心,地址为巴黎富兰克林 - 罗斯福大道 39 号巴黎法兰西岛区域商会,邮编 75008)调解规则。如当事各方未能通过调解解决争端,则该争端应最终通过仲裁解决,仲裁依据是 CMAP 仲裁规则,由当事各方根据在此同意适用的上述仲裁规则,指定 1 名或 3 名仲裁员进行仲裁。

调 解 规 则

1. 调解程序的启动

1.1 调解程序是依当事各方的申请(如当事各方在争端开始时已同意申请)或依当事一方的申请(如当事各方根据其合同条款同意申

---

* 2016 年由巴黎调解与仲裁中心发布。——译者注

请)而启动的。

1.2　调解程序亦可按以下方式启动:

依希望本中心建议进行调解程序的一方当事人的申请,并且在另一方当事人不反对的情况下,

或者,在本中心收到仲裁申请并认为可向当事各方建议进行调解的情况下,但须由当事各方接受该建议。

1.3　委托 CMAP 进行的任何调解均以当事各方接受本规则为必要条件。

2. 调解申请

2.1　本中心在收到载有下列内容的调解申请后,则依当事各方或其中一方的申请处理案件:

当事各方的法定详情、公司详细资料以及地址;

关于争端的性质及情况的简要说明;

各方的立场或申请调解的一方的立场;

争端所涉金额。

2.2　除非根据本规则第 8 条的规定在提交调节申请的同时缴纳按照现行收费标准计算的立案管理费,否则调解申请不会得到登记。在任何情况下,此笔费用均不退还。

2.3　本中心主动建议进行调解程序的(根据 CMAP 调解规则第 1.2 条及 CMAP 仲裁规则第 31 条),仲裁申请即充当调解申请。以仲裁申请启动调解,仍需按照前款规定缴纳初始费用,该等费用将与登记仲裁申请时缴纳的款额相抵销。

3. 告知对方当事人

3.1　在已存在调解条款的情况下:

本中心如受理了援引争端合同标的中现有的和解或调解条款的一方当事人的申请,则应通知另一方当事人调解程序已启动。本中心应将本规则发送给另一方当事人,并允许其在收到 CMAP 信函后 15 日内提出意见。

3.2　在不存在调解条款的情况下:

申请获登记后,本中心应立即通知另一方当事人并邀请其参加调解程序。本中心应将本规则发送给另一方当事人,并允许其在收到 CMAP

信函后15日内回复本中心。

4. 对申请的响应

4.1　在已存在调解条款的情况下：

一旦收到另一方当事人的意见，或上述第3.1条规定的期限届满，本中心总秘书处应立即将案件提交CMAP调解委员会，以便指定1名调解员。

4.2　在不存在调解条款的情况下：

如另一方当事人同意，总秘书处将案件提交给CMAP调解委员会，以便指定1名调解员。如另一方当事人明确拒绝参加调解程序或在上述第3.2条规定的期限届满后未予答复，则本中心应如实通知提出调解申请的一方当事人并结案，但不退还立案管理费。

5. 调解员的委任

5.1　一旦当事各方同意参加调解程序，或如当事各方签订的合同中含有援引本规则的条款，则调解委员会应立即委任1名调解员，其遴选依据是争端的性质或当事各方的建议（视情况而定）。

5.2　CMAP可建议当事各方由本中心指派1名见习调解员出席调解会议。见习调解员遂亦须遵守与获委任调解员相同的保密义务。

6. 调解员的独立、中立及公正

6.1　调解员必须处事公正、中立并独立于当事各方。在适当的情况下，调解员必须向当事各方和CMAP总秘书处披露任何可能影响其在各方眼中的独立性及/或公正性的情况。在此情况下，只有在调解委员会作出决定并征得所有各方的书面同意后，调解员方可被确认或留用为调解员。

委员会委任的调解员应签署一份独立性声明。

6.2　调解员如在调解过程中认为存在任何可能令其独立性受到质疑的因素，须如实通知当事各方。如当事各方书面同意，调解员应继续履行其职责。否则，调解员应中止调解程序。调解委员则应着手委任1名替补调解员。

7. 调解员的职责及调解程序的进行

7.1　调解员协助当事各方通过谈判解决争端。调解员完全有权酌情决定其履职方式，但须遵守忠诚义务并尊重每一方当事人的利益。如调解员认为有用,其可在当事各方同意的情况下分别审讯各方。在此情况下,调解员试图确保所有各方之间的平等待遇,并遵守程序的保密原则(参见第7.5条)。

7.2 在合同约定调解的情况下,调解员在调解程序开始时让当事各方签署一份协议,用以分摊双方之间的调解开支及费用。

7.3 在存在调解条款的情况下,如一方当事人拒绝出席调解员组织的会议,则调解员应向本中心提交一份任务结束报告。

7.4 同样,如调解在各方未达成协议的情况下结束,调解员亦会提交一份报告。CMAP总秘书处遂结案并如实通知各方。

7.5 调解员、当事各方及其法律顾问对与调解有关的一切事项均负有最严格的保密义务:调解员作出的或向调解员提交的任何裁决、陈述书或提案均不得在此后使用,即使在法庭诉讼中亦是如此,但所有各方均已正式同意此举的,则属例外。

7.6 调解期限不得超过自本中心委任调解员之日起2个月。这一期限可由CMAP或下令调解的法官延长,经调解员和所有各方同意,本中心有权在委任调解员之日起满6个月时终止调解程序,而不退还管理费。

7.7 调解员如认为调解程序不会促成协议,则可终止其调解任务。同样,在任何时候,任何一方当事人均有权结束调解程序。

7.8 调解员如认为其无法推进其任务,应中止调解程序。调解员应立即将此事通知CMAP总秘书处。如当事各方提出要求,CMAP调解委员会随后应尽快委任1名替补调解员。

根据第1.2条规定的假设前提,当事各方可随时要求终止调解程序,并在适当的情况下要求启动仲裁程序。

除非所有各方提出书面申请,否则调解员不得被委任为仲裁员或以任何身份参与任何正在进行的法律程序。

调解程序达成的协议,应当记载在经当事各方签署的文件之中。

在发生国际争端的情况下,当事各方可询问调解员是否愿意被本中心委任为仲裁员,以便在同意的情况下作出裁决。如调解员同意,CMAP应启动仲裁程序。除应缴纳的调解费用及开支外,还应按照争端所涉金额范围的最低收费标准,根据最初提起调解程序时有效的仲裁规则所附收费标准表的规定,加收一半的费用及开支,用作在仲裁启动的情况下可能产生的费用。

一旦缴纳了本仲裁程序的任何应缴款额,即请仲裁委员会确认仲裁员的委任。

仲裁裁决系根据 CMAP 仲裁规则作出。

8. 调解费用及开支

8.1　调解费用及开支应酌情根据 CMAP 收到调解申请之日有效的本规则所附的固定或浮动收费标准表加以确定。

8.2　在固定收费标准表未涵盖的调解过程中,本中心可要求就最终费用及开支缴纳一笔额外预缴款。

8.3　除非双方另有约定,否则调解费用及开支由双方平均分摊。

9. 规则的解释——适用规则

9.1　CMAP 拥有解释本规则的专属管辖权。

9.2　调解申请应按照收到申请之日有效的本规则及收费标准表进行处理。

日　　本

日本民事调解法*

第一章　总　　则

第一节　一般规定

第1条　立法目的

本法旨在根据纠纷的原因和具体情况，基于当事方所达成的妥协解决民事纠纷。

第2条　调解案件

发生民事纠纷时，当事方可以向法院提出调解请求。

第3条　管辖

除另有规定外，调解案件应由被申请人住所地、经常居住地、营业地或其他任何办公室所在地之简易法院管辖，或由双方当事人所同意的地区法院或简易法院管辖。

第4条　管辖转移等

(1)若法院收到不属于其管辖之调解请求，则法院应将该案件移交给具有管辖权的地区法院、家事法院或简易法院；但是，如果对案件之处理存在特别必要，则该法院可以向另一有管辖权的法院移交该案之全部或部分，或不顾属地管辖权之规定自行处理该案件。

(2)对于属于其管辖之调解请求，若法院认为对案件之处理更为适宜，则可以不顾属地管辖之规定将案件之全部或部分移交给另一具有管辖权的法院。

第5条　调解机构

(1)法院应当通过调解委员会进行调解；但是，当法院认为适当时，调解可由1名法官进行。

(2)尽管有前款之规定，法院应当事方的请求，应当通过调解委员

---

* 也作《民事调停法》，1951年发布，于2004年最新修订。——译者注

会进行调解。

第 6 条　调解委员会的组成

调解委员会应当由 1 名首席调解员、2 名或 2 名以上民事调解委员组成。

第 7 条　首席调解员的任命

(1) 首席调解员应由地方法院指定的 1 名法官担任。

(2) 作为调解委员会之成员的民事调解委员应由管辖案件的法院任命。

第 8 条　民事调解委员

(1) 民事调解委员应参加由调解委员会进行的调解，并应在法院如此指令时，根据自身专业知识和经验就其他调解案件陈述意见，为解决所辖案件听取该案相关人员的意见，以及执行最高法院就处理调解案件的其他必要事务所作的具体规定。

(2) 民事调解专员应兼职工作，关于其任命和解雇之必要事项应由最高法院具体规定。

第 9 条　酬劳

民事调解委员应被支付由法律特别规定的酬劳，此外还应被支付由最高法院具体规定的差旅费、每日津贴和住宿费用。

第 10 条　(已被删除)

第 11 条　利益相关方的参与

(1) 与调解结果存在利益关系的个人可以在得到调解委员会的许可后参加调解程序。

(2) 调解委员会认为适当时，可允许与调解结果存在利益关系的人员参加调解程序。

第 12 条　调解前保全措施

(1) 当调解委员会认为调解存在特别必要之时，调解委员会可应当事一方的请求作出调解前措施的命令，禁止被告或任何其他与案件有关的人改变其现有财产的状态或处置任何财产，或命令他们停止做出任何可能使实现调解主题成为不可能或极其困难的行为。

(2) 前款规定之措施不得强制执行。

第 13 条　不予调解的情形

当调解委员会认为某案件依其性质不适合进行调解,或者发现当事方出于不当目的或缺乏正当理由而提出调解请求时,可以决定不进行调解并终结案件。

第 14 条　调解不成

如果当事各方不可能达成任何协议,或者调解委员会认为当事方所达成的协议不恰当,且法院并未发布第 17 条所载之决定,则调解委员会可以认定调解不成并终结案件。

第 15 条　独任法官进行调解之比照适用

包括第 11 条及其之前条款的规定,于独任法官调解者准用之。

第 16 条　调解成功及其效果

当事双方在调解中达成协议并记录在案者,即应被视作调解成功,该调解应与司法解决具有同等法律效力。

第 17 条　调解替代令

如果调解委员会进行的调解无法取得成功,且法院认为适当,则法院可以在听取民事调解委员会组成委员的意见、考虑调解双方利益平衡且顾及其他所有相关因素的基础上,在与当事方请求所载之目的不相违悖的范围内依职权发出一项必要的命令,以解决相关争议。法院可以通过上述命令指令当事方付款、交付物品或提供任何其他经济利益。

第 18 条　异议

(1)当事方或任何利害关系人均可对前条所列之命令提出异议。提出异议的期限为当事方收到命令通知之日起的两个星期。

(2)如果当事方在前款规定的期限内对命令提出异议,该命令则应失效。

(3)如果当事方在第(1)款所规定的期限内未提出异议,则前条所规定之命令应产生与司法解决同等的效力。

第 19 条　调解不成案件等的起诉

如果调解根据第 14 条的规定终结案件(包括比照适用第 15 条规定的案件),或者调解命令根据第 18 条第(2)款的规定停止生效,那么调解申请人自收到命令通知之日起两周内就调解所涉请求提出的司法诉讼,应被视作在提出调解请求之时提出。

第 20 条　案件管辖法院的调解

(1)案件管辖法院可以在其认为适当之时依职权将案件移送调解，由其自行处理或移交有管辖权的其他法院处理；但是，如果在完成案件议题和证据安排的程序后当事各方未同意移送调解，则该规定不适用。

(2)根据前款规定移送调解之案件若调解成功，或根据第 17 条所作之调解命令发生法律效力，则该诉讼案件应被视为已经撤回。

(3)如果案件管辖法院依第(1)款规定自行进行调解程序，则尽管有第 7 条第(1)款之规定，首席调解员应由主管法院从指定法官当中选任。

第 21 条　即时上诉

根据《最高法院规则》的具体规定，当事方可以针对调解程序中法院所作之命令提出即时上诉。该类上诉的期限为两个星期。

第 22 条　《非诉案件程序法》的比照适用

除另有规定外，《非诉案件程序法》(1898 年第 14 号法案)第一部分的规定可以比照适用于调解程序，除非其适用与案件性质不相符合；但是，《非诉案件程序法》第 15 条的规定应排除在外。

第 23 条　其他本法未定事项

除本法规定的事项外，调解的其他必要事项由最高法院具体规定。

第二节　民事调解员

第 23－2 条　民事调解员的任命等

(1)民事调解员应由最高法院从以律师身份从业不少于 5 年的律师中任命。

(2)民事调解员应履行本法规定的处理调解案件所需的职责。

(3)民事调解员任期为两年，可以连任。

(4)民事调解员应兼职履职。

(5)民事调解员在其任职期间不得被解雇，但下列之任一情况下除外：

(ⅰ)如果民事调解员具有《律师法》(1949 年第 205 号法案)第 7 条项下之任何事项；

(ⅱ)发现民事调解员在精神或身体上无能力履行其职责；或者

(ⅲ)如果民事调解员在履行职责过程中违反了他/她所承担的

义务,或作出任何其他不当行为,以至于他/她不再适合担任民事调解员。

(6)除本法的规定外,其他与民事调解员之任命和解雇有关的必要事项应由《最高法院规则》具体规定。

第23-3条　民事调解员的权能等

(1)民事调解员应按法院规定之方式处理调解案件。

(2)在处理所辖调解案件过程中,民事调解员可以行使根据本法(包括《非诉讼案件程序法》根据第22条比照适用的条款)之规定由法官行使的与民事调解或特别调解相关的权力(包括赋予首席调解员的权力),以及由《关于加快特殊债务处理的特别调解程序法》(1999年第158号法案)之条款所规定的权力,并且还可以行使以下权力:

(ⅰ)第4条、第5条第(1)款之但书、第7条第(2)款、第8条第(1)款、第17条、依据第30条比照适用之第28条(包括根据第33条比照适用的情形)、第34条和第35条规定的由法院行使的与民事调解相关的权力;

(ⅱ)根据第22条比照适用之《非诉讼案件程序法》(不包括该法第5条内容)规定的由法院行使的与民事调解相关的权力;以及

(ⅲ)《关于加快特殊债务处理的特别调解程序法》规定的由法院行使的与特别调解有关的权力。

(3)民事调解员应独立履职。

(4)民事调解员在行使职权时,可以向法院书记员下达与其职责相关的必要命令。在这种情况下,《法院法》(1947年第59号法案)第60条第(5)款的规定应当比照适用于接受民事调解员之命令的法院书记员。

第23-4条　民事调解员的酬劳等

民事调解员应按照法律之特别规定被支付酬劳,以及由最高法院具体规定的差旅费、每日津贴和住宿费。

第二章　分　　则

第一节　不动产调解

第 24 条　不动产案件及其管辖

与建筑用地或建筑物的租赁或其他关系相关的调解案件,应由建筑用地或建筑物所在地的简易法庭管辖,或者根据当事方协议所确定的对该所在地具有管辖权的地区法院管辖。

第 24 – 2 条　涉及租金增减诉求之案件中的诉前调解

(1)按照《土地和建筑物租赁法》(1991 年第 90 号法案)第 11 条规定提起土地租金增减诉讼,或依据该法第 32 条规定提起建筑物租金增减诉讼的个人,应当在提出诉讼前提交调解申请。

(2)前款所称提起诉讼之个人如未事先提出调解申请,则负责审理该案的法院必须先行将案件移送调解;但是,若审理该案的法院认为不适合将案件提交调解时,此规定不适用。

第 24 – 3 条　调解委员会所确定的涉及租金增减诉求之案件的调解条件

(1)在涉及前条第(1)款所指诉求的调解案件中,如果当事方之间没有达成任何协议的可能性,或者调解委员会认为达成的协议不适当,且当事方之间存在承诺服从调解委员会之调解条件的书面协议(限于在就该调解案件提出调解请求之后达成的协议),则调解委员会可以依申请确定适于解决案件的调解条件。

(2)在前款规定之调解条件被记录在案后,则调解应被视作成功,并与司法解决具有同等效力。

第二节　农 业 调 解

第 25 条　农业调解案件

涉及农田、土地、建筑物或其他农田管理之附带农业资产(以下简称农田等)的租赁或其他关系之争议的调解案件,除在先章节之规定外,还应适用本节之规定。

第 26 条　管辖

前条规定之调解案件,应由对有争议之农田等所在地具有管辖权的地区法院管辖,或者由当事方协议确定之该所在地的简易法院管辖。

第27条　部级农业官员的意见陈述等

农业部或县级农业官员可以在指定的出庭日期或除该出庭日期之外的其他时候向调解委员会陈述其意见。

第28条　听取部级农业官员的意见等

调解委员会进行调解时,应听取部级或县级农业官员的意见。

第29条　法官独任调解案件的比照适用

第27条和第28条的规定应当比照适用于由法官独任调解的案件。

第30条　移交管辖案件的比照适用

第28条规定应比照适用于法院将向其他法院移交管辖,或者法院根据第4条第(1)款或第(2)款之规定将自行处理,或者法院将发布第17条所载之命令的案件。

第三节　商事调解

第31条　调解委员会在商事调解案件中确定的调解条件

第24-3条的规定应当比照适用于商事调解案件。

第四节　矿业污染调解

第32条　矿业污染调解案件及其相应管辖

对于《采矿法》(1950年第289号法案)规定的涉及矿业污染之赔偿争议的调解案件,应由损害发生地对案件有管辖权的地方法院管辖。

第33条　农业调解规定的比照适用

第24-3条、第27条至第30条的规定应比照适用于前条所载之调解案件。在这类案件中,第27条和第28条中的"部级或县级农业官员"应被替换为"经贸产业省理事长"。

第五节　交通事故调解

第33-2条　交通事故调解案件及其相应管辖

因驾驶机动车造成死亡或人身伤害之赔偿争议的调解案件,除第3条规定的法院外,应由对赔偿请求人住所地或经常居住地拥有管辖权的简易法院管辖。

第六节　污染案件的调解

第33-3条　污染案件调解及其相应管辖

因污染造成损害、或者侵犯个人享受阳光、通风之个人权益或其他生活利益的调解案件,除第3条规定的法院外,应当由损害发生或可能发生地具有管辖权的简易法院管辖。以及第3条中规定的法院。

第三章　罚　　则

第34条　缺席惩罚

与案件有关之个人,经法院或调解委员会传唤无正当理由拒不到庭的,法院可判处其5万日元以下的非刑事罚款。

第35条　不遵守调解措施的惩罚

如果调解案件当事方或参加者无正当理由拒不遵守法院依据第12条(包括比照第15条适用第12条的案件)规定采取的措施,法院对其应处不超过10万日元的非刑事罚款。

第36条　非刑事惩罚令

(1)第34条与第35条规定之非刑事罚款令应通过法官之指令作出,该指令与可强制执行之的履行义务具有同等效力。

(2)非刑事惩罚令应根据《民事执行法》(1979年第4号法案)以及其他有关强制执行程序之法律法规执行;但是,在执行之前不必送达。

(3)除前两款之规定外,《非诉讼案件程序法》第五部分的规定应比照适用于非刑事惩罚令;但是,该法第162条和第164条有关检察官的规定应排除适用。

第37条　泄露审议程序秘密信息罪

如果民事调解员或其他担任此职务的个人,泄露调解委员会审议程序之详情,泄露首席调解员和民事调解员的意见或构成多数和少数之意见数量,则其应被处最高30万日元的罚款。

第38条　泄露个人秘密信息罪

如果民事调解员或其他担任此职务的个人,在履职过程中无正当理由泄露其所知悉的,与该案调解有关的任何个人秘密信息,应被处以1年以下监禁工作,或处最高罚款50万日元。

利用替代性争端解决促进法*

第一章　总　　则

第一条　立法目的

基于国内外经济社会环境的变化，替代性争端解决（当事方为以诉讼之外的方式解决相互间存在的民事纠纷，由公正之第三方介入寻求解决方法的程序，以下均如此称谓）已经成为根据争端现实情况、依托具备专业知识之第三方实现快速解决争端之目的的重要方式。为此，《利用替代性争端解决促进法》旨在为本法规定基本概念、政府及其他实体的责任；建立认证制度，设立有关时效中断和其他事项之特殊规则，以使替代性争端解决程序的利用更为便捷，从而使争端之当事方得以选择最为适合解决争端的方法，最终实现维护国民权利和利益的目的。

第二条　定义

本法中，以下各项所释之用语应当具有各该项所确定的含义：

一　民间争端解决程序，指一个私人民事实体，应寻求解决相互间民事纠纷之当事方的请求，基于纠纷当事方之间的协议安排纠纷解决的替代性争端解决。但是，不包括由法律指定人员根据一项政府法令实施的，作为该法规定之争端解决业务的替代性争端解决。

二　争端解决提供者，指通过民间纠纷争端解决程序进行争端解决之人员。

三　经认证的争端解决程序，指实施根据第 5 条认证之服务的民间争端解决程序。

四　经认证的争端解决业务经营者，指实施第 5 条项下认证争端解决服务的人员。

---

* 2004 年发布。——译者注

第三条　基本原则

1. 作为解决争端之法律程序，替代性争端解决程序应当以公平且恰当之方式实施，同时尊重当事方为解决争端而作之自愿努力，以专业知识为基础，根据争端的实际情况快速地解决争端。

2. 参与替代性争端解决程序的人员应当遵守前款所释之基本概念，相互合作，彼此配合。

第四条　政府职责

1. 为促进替代性争端解决程序的利用，政府应当就国内外替代性争端解决程序之趋势、使用和其他事项展开研究，提供相关信息，采取必要措施，从而努力使公众熟知替代性争端解决。

2. 考虑到替代性争端解决的广泛使用能够增进社会福祉，地方公共团体应当与政府恰当地分担角色，努力提供有关替代性争端解决的信息，采取其他必要措施。

第二章　争端解决业务认证

第一节　民间争端解决业务认证

第五条　民间争端解决业务认证

定期提供民间争端解决业务的个人或实体（包括任命代表或管理人之未注册实体）可以取得法务省的认证。

第六条　认证标准

法务大臣应当向提供民间争端解决业务并提请前款所载之认证的人员（以下简称申请人）授予认证，如果法务大臣认为申请所涉服务符合认证标准，申请人具备必要知识和技能，以及拥有实施该服务之财务基础。申请人应具备如下认证要求：

一　根据其专业知识确定能够提供解决之业务的争端范围；

二　对于前项规定之争端范围内的民间争端解决程序，能够选择恰当人员作为安排解决业务之争端解决实施者；

三　确立选择争端解决实施者的方法，以及规避与争端当事方具有利益关联，或因其他原因可能损害民间争端解决程序之公正实施的争端解决实施者的方法；

四　对于申请者实际控制人（实质上控制申请人业务或通过拥有申

请人股权、注资或法务省法令所规定的其他原因而对申请人业务具有重大影响的个人,该用语于本条以下同样适用)或申请人的附属者(由申请人通过股权或其他法务省法令规定的方式实际控制其业务的人员,该用语于本条以下同样适用)涉入其中的案件,申请人对此类案件实施民间争端解决业务之情形,申请人采取了防止实际控制人或申请人对争端解决实施者施加不当影响的措施;

五　对于争端解决实施者不具备律师资质的情形[不包括就解决《司法公证人法》(1950 年第 197 号法案)第 3 条第 1 款第 7 项所规定之争端的实施者具有该条第 2 款所规定的司法公证人资质的情形],申请人已经采取措施确保民间争端解决过程中存在有关法律或法规之适用或解释的专业知识需求时,具备可供咨询之律师;

六　实施民间争端解决程序中,申请人确立了进行通知的恰当方式;

七　建立了民间争端解决之开始到终止的标准化实施过程;

八　确定争端之当事方申请实施民间争端解决程序须满足或遵守的要求或实施方式;

九　设立相关程序,以在接到争端当事一方在前项之下所作请求之时,迅速通知所提请争端之另一当事方,并确认另一当事方在回复中是否愿意申请使用民间争端解决;

十　设立保管、返还或者处理民间争端解决所提交之材料的方法;

十一　设立依信息性质,能够妥善保管当事方之间或当事方与第三方之间通过民间解决程序陈述之意见或提交呈递之材料中包含之交流信息的恰当方法;该规定同样适用于第 16 条所载之争端解决程序记录中所包含的交流信息;

十二　确立争端当事方终结民间争端解决程序的要求和操作方法;

十三　规定当争端解决实施者认为当事方之间无法通过民间争端解决取得解决方案之时,争端解决提供者应迅速终结民间争端解决程序并将此决定通知争端当事各方;

十四　采取措施确保获与民间争端解决相关之信息的申请人(申请人若为法人,则为其主任;若为非法人且拥有代表人或管理人之实体,则为其任命的代表或管理人)、申请人之代表、员工或其他雇员以及争端解决实施者对此等信息保密；

十五　确立支付给申请人（包括争端解决实施者）的费用或开销的数额、计算和支付方式，以及其他并非过分不合理的事项；

十六　设立处理针对申请人之民间争端解决业务提出之申诉的机制。

第七条　缺乏资质之事由

尽管有前条之规定，落入以下规定之个人不得获得第五条项下的认证：

一　成年被监护人或缺乏行为能力者；

二　缺乏与民间争端解决从业之成年人同等之法律能力的未成年人；

三　破产且其权利尚未得到恢复者；

四　被判处有期徒刑或更为严重之刑罚的个人，且自该判决履行完毕之日或判决不再具有可执行性之日起尚未超过5年；

五　因违反本法或《律师法》（1949年第205号法案）之规定而被判处罚金的个人，且自支付该罚金之日或不再负有支付罚金之责任之日起尚未超过5年；

六　根据第23条第1款或第2款之规定被撤销认证的个人，且撤销之日起尚未超过5年；

七　对于作为法人（或1个代表或管理人被任命之未注册实体；该用语适用于本项及以下的第8条第2款第1项、第13条第1款第3项以及第17条第3款）之被认证争端解决业务实施者的认证若根据第23条第1款或第2款的规定被撤销，且其作为被认证之争端解决机构之主任的时间（或被未注册实体任命的代表或管理人；该用语适用于本项及以下的第9项）处于撤销日之前的60日，且自该撤销之日起算尚未超过5年；

八　作为《有组织犯罪组织（暴力团）成员非法行为防治法》（1991年第77号法案）第2条第6项所规定的暴力团成员的个人，或者停止作为暴力团成员之日起尚未超过5年的个人（以下统一称为暴力团成员）；

九　拥有政府法令所规定之主任或雇员，且该主任或雇员落入任何前项之规定的法人；

十　拥有政府法令所规定之雇员,且该雇员落入第1项之第8项之内的个人;

十一　有可能使暴力团成员参与民间争端解决或以助手身份参与此类活动的个人;

十二　主要业务被暴力团成员控制的个人。

第八条　认证的申请

1. 申请第五条项下之认证应当根据法务省法令的规定,通过向法务大臣提交包含如下事项之申请表为之:

一　申请者的姓名和地址、作为法人之申请者代表人(或者非注册实体之申请者所任命的代表或管理人)的名称;

二　开展民间争端解决业务的办公室所在地;

三　法务省法令所规定的其他事项。

2. 以下所列文件应当被附于前款所规定的申请表:

一　作为法人之申请人的法人章程和其他载明申请人基本情况的文件;

二　载明与申请相关之民间争端解决业务内容和实施方式的文件;

三　与申请相关之民间争端解决业务的营业报告和业务计划;

四　申请人的财产目录、收支平衡表、收支清单或损益表,以及其他法务省法令所规定的,能够证明申请人拥有实施申请所涉民间争端解决业务之必要财务基础的文件;

五　法务省法令所规定的其他文件。

3. 申请第五条项下之认证的申请人应当支付依据政府法令,妥善考虑实际成本后核算所得数额的费用。

第九条　听取关于认证的意见

1. 在处理第五条项下认证申请或对该申请作出批准或拒绝的结果之前,若申请人为依据法律直接设立之法人,或在特别法之下通过特别设立法令创设的法人,法务省应当提前与对该申请具有管辖权之部长进行协商,若申请人为通过批准设立,则法务省应提前与授予同意或批准之部长或国家公共安全委员会进行协商。

2. 法务省在授予第五条项下之认证之前,应当听取国家警察厅总干事关于该申请者是否落入第七条第八项至第十二项(若申请人落入第九项或第十项,则限于第八项)的意见。

3. 法务大臣在处理本条第一款所涉申请或就认证作出决定之前,应当根据法务省法令规定,听取第十条第一款所规定之认证审查员的意见。

第十条 认证审查员

1. 法务省应当根据专业知识和从业经验任命数名认证审查员,以就第五条项下之申请以及对于认证申请结果之异议、第十二条第一款项下认证申请之变更以及对此申请结果之异议、第二十三条第二款项下认证之撤销及异议向法务省提出意见。

2. 认证审查官可以参与申请人或其他介入人根据《行政复议法》(1962 年第 160 号法案)第四十八条比照适用该法第二十五条第一款规定的意见陈述程序,且可以针对该人等提问。

3. 认证审查官由法务省在民间争端解决领域具有专业知识和经验的个人中任命。

4. 认证审查官的任期为 2 年,且可以连选连任。

5. 认证审查官应为兼职工作。

第十一条 认证公示

1. 法务大臣在授予第五条项下之认证时,应当在官方公告上公布被认证争端解决业务运营者的姓名和地址。

2. 为根据法务省法令之规定向利用或意图利用认证司法争端解决程序的人员提供确切信息,取得认证的争端解决业务运营者应当将其作为认证争端解决业务运营者、其他与被认证之争端解决业务相关的内容,以及法务省法令所规定的业务提供方式在认证争端解决程序实施所在之办公室通过清晰可辨之通知予以展示。

3. 认证争端解决业务运营者之外的其他人员不得在其姓名中使用可能会引发关于其作为认证争端解决业务经营者之错误认知的用词,也不得在其经营中作出任何可能引发该等错误认知之表示。

第十二条 认证的变更

1. 认证争端解决业务经营者可以向法务大臣获取认证变更,以更改认证争端解决业务的内容或此类业务的提供方式;但是,该规定不适用于法务省法令所规定的细微变更。

2. 在前款之下寻求获取认证变更的人员应当根据法务省法令就意欲变更的事项向法务大臣提交申请表。

3. 前款所规定的申请表应当与陈述变更后之业务内容、变更后业务提供方式以及其他法务省法令规定的文件一并提交给法务大臣。

4. 第六条、第八条第3款和第十二条第1款之规定应当根据第1款比照适用于认证变更,第九条第1款和第3款应当比照适用于第1款之认证变更申请被考虑且针对变更结果之异议作出决定的情形。

第十三条　变更通知

1. 认证争端解决业务经营者应当根据法务省法令,立即将以下任何事项之变更通知法务大臣:

一　名称和地址的变更;

二　根据第十二条第1款之但书,法务省法令所规定的就认证争端解决业务的内容及其提供方式所作的微小变更;

三　若认证争端解决业务经营者是法人,则法人章程,或其他基本条件(除前两项所规定的变更外);

四　法务省法令所规定的其他事项的变更。

2. 在接到根据前款第1项所作之变更通知后,法务大臣应当在官方公报上公布该变更。

第二节　经认证的争端解决业务经营者

第十四条　说明义务

经认证的争端解决业务经营者在缔结提供认证争端解决程序之合同前,应当根据法务省法令通过向争端当事方提供陈述该等事项之文件或电子磁带记录(包括任何由电子的、磁带的或其他无法自然感官识别,须通过电脑数据处理加以识别的记录)的形式说明如下事项:

一　选择争端解决提供者的事项;

二　关于由争端当事方支付之费用或开销的事项;

三　第六条第七项所载之实施认证争端解决程序,自启动至终结的标准操作过程;

四　法务省法令所规定的其他事项。

第十五条　禁止使用暴力团成员

经认证的争端解决业务经营者在开展业务不得使用暴力团成员,或使用其作为业务之助手。

第十六条　程序记录的准备与保存

经认证的争端解决业务经营者应根据法务省法令之规定准备和保存程序记录，以载明有关认证争端解决程序的如下事项：

一　与当事方缔结实施认证争端解决程序合同的日期；

二　争端当事方及其代表的姓名；

三　争端解决提供者的姓名；

四　后续经认证的争端解决程序的详情；

五　经认证的争端解决程序的结果（包括终结经认证的争端解决程序的理由和日期）；

六　其他法务省法令所规定的，阐明实施经认证的争端解决程序所必要之其他内容的事项。

第十七条　合并通知

1. 经认证的争端解决业务经营者应当根据法务省法令的规定，在从事下列行为之前通知法务大臣：

一　因合并导致经认证的争端解决业务经营者归于消灭（若经认证的争端解决经营者是任命了代表或管理人的非注册实体，则包括任何针对管理人而言同等之行为；该规定同样适用于第3款同样适用）；

二　转移全部或部分经认证的争端解决之业务或经营；

三　经认证的争端解决业务经营者分割业务并与其他法人合并，或继承非注册实体之经认证的争端解决业务或管理的全部或部分；

四　经认证的争端解决业务的终止。

2. 法务大臣应当就前款所载事项之通知在官方公报上予以公布。

3. 第1款各项所载之行为若发生于经认证的争端解决程序进行期间，则行为之主体（合并后依然存续的注册主体或通过第一款第一项所述的合并行为成立的法人）应当在行为作出之日起2周内将该等行为发生之事实，以及根据第十九条规定认证已经无效之事实通知争端当事各方。

第十八条　解散通知

1. 当经认证的争端解决业务经营者因破产、合并（若经认证的争端业务经营者为任命代表或管理人之非注册实体，则为与合并同等之任何行为；该规定于之后同样适用）以外的其他原因而解散，则清算人（或当争端解决业务经营者为非注册实体时所任命的代表或管理人；该规定同样适用于本条以下其他各款）应当就该事在解散之日起一个月内向法务大臣通知。

2. 若解散发生在经认证的争端解决程序进行期间，前款所载之清算人应当在解散发生之日起两周内将经认证的解决经营者已经解散、认证根据第十九条规定已经无效之事实告知争端之当事各方。

3. 第十七条第二款之规定应当比照适用于第一款之下的通知。

第十九条　认证失效

第五条之下的认证在下列情形中应当归于无效：

（1）经认证的争端解决业务经营者实施了第十七条第1款各项所载之行为；

（2）经认证的争端解决业务经营者如第十八条第1款规定已经解散；

（3）经认证的争端解决业务经营者死亡。

第三节　报　　告

第二十条　提交营业报告

经认证的争端解决业务经营者应依据法务省法令规定，每一财年结束后3个月内向法务大臣准备并提交营业报告、财产清单、资产平衡表、收支表或损益表。

第二十一条　报告审查

1. 当法务大臣具有合法理由怀疑经认证的争端解决业务经营者存在第二十三条第一款或第二款所规定之事项，则其可以根据法务省法令在确保经认证的争端解决业务正常运行的限度内，要求经认证的争端解决业务经营者就业务经营情况提供必要信息，或指示法务省官员到经认证的争端解决业务经营者办公室访问，以检查业务经营情况，或档案、文件或其他物件，或询问相关人员。

2. 根据前款规定实施现场检查的官员应当携带个人身份证明，并在相关人员要求时向其出示。

3. 根据第一款进行现场检查的权力不得被解释为被授权进行刑事调查。

第二十二条　建议

1. 当存在合理理由怀疑经认证的争端解决业务经营者存在任何第二十三条第二款各项所规定的情况时，法务大臣可以发出一项建议，要求经认证的争端解决业务经营者应当在指定时间内就经认证的争端解决业务采取必要措施，若法务大臣认为该等建议是确保经认证的争端解决业务合理开展之必要。

2. 若经认证的争端解决业务经营者没有根据前款之建议采取建议要求的措施且无正当理由，则法务大臣可以命令经认证的争端解决业务经营者才去建议所要求的此类措施。

第二十三条　认证撤销

1. 法务大臣在下列情况下应当撤销认证：

一　经认证的争端解决业务经营者落入第七条之各项（除第六项外）；

二　经认证的争端解决业务经营者使用欺骗或者其他违法手段取得第五条之下的认证或第十二条第1款所载之认证变更；

三　经认证的争端解决业务经营者无正当理由未能履行第二十二条第二款所载之命令。

2. 法务大臣在下列情况下可以撤销认证：

一　经认证的争端解决业务的内容或经营方式不再符合第六条各项所载之标准；

二　经认证的争端解决业务经营者不再具有实施经认证的争端解决所必须的知识、技能或财务基础；

三　经认证的争端解决业务经营者违反了本法之任何规定。

3. 在根据前两款撤销认证时，法务大臣可以就该经认证的争端解决业务经营者是否落入第七条第八项至第十二项（当申请人落入第九项或第十项之时仅限于第八项）或该经认证的争端解决业务经营者是否违反第十五条听取国家警察厅理事长的意见。

4. 根据第一款或第二款撤销认证之时，法务大臣应当在官方公报上公布该撤销。

5. 认证根据第一款或第二款被撤销后，如果该撤销发生于经认证的争端解决程序进行期间，则该经认证的争端解决业务经营者应当将在撤销作出之日起 2 周内将该撤销通知争端当事各方。

6. 第九条第一款和第三款应当比照适用于认证依据第二款被撤销且法务省就该撤销之异议作出决定的情形。

第二十四条　民间争端解决业务之性质的妥善考量

在根据第二十一条第一款之规定要求提供报告、指示法务省官员实施现场检查或询问相关人员,或根据第二十二条提供建议或作出命令时,法务大臣应当妥善考量民间争端解决程序是基于争端当事方与实施该等程序之人员的相互信任关系而得以进行的,争端当事方为解决争端的自愿努力应当得到尊重的事实,以及基于民间争端解决业务之性质的其他要素。

第三章　利用认证争端解决程序的特殊规则

第二十五条　时效中断

1. 当争端解决提供者以争端之当事方不再可能通过经认证的争端解决来获得解决为由终止经认证的争端解决程序,如果提请经认证的争端解决的当事一方在接到终止通知之日起一个月内就经认证的争端解决程序中争端请求提起诉讼,则时效应当中断,以至于该诉讼应当被视为在通过经认证的争端解决程序提供请求之日提起。

2. 前款之规定也应适用于第五条项下之认证在就某一争端实施经认证的争端解决程序期间依第十九条而变得无效,提请经认证的争端解决之争端当事方在接到第十七条第三款或第十八条第二款通知之日,或认识到落入第十九条各项之事实之日中在先之日期(或当事方知道经认证的争端解决业务经营者死亡之日,且第五条项下之认证的无效源自该经营者的死亡)起一个月内,当事方就意欲通过该程序解决之请求提起诉讼的情形。

3. 第一款规定应适用于第五条之认证在就某一争端实施经认证的争端解决程序期间依第二十三条第一款或第二款之规定被撤销,提起该程序之争端当事方在接到第二十三条第五款之下的通知之日,或知道认证撤销之日中在先之日起一个月内,就意欲通过经认证的争端解决程序解决之争端请求提起诉讼的情形。

第二十六条　诉讼程序中止

1. 在下列任何情形中，在可能解决之民事争端当事方之间的未决诉讼中，审理该案的法院应争端当事方的联合请求，可以作出不超过 4 个月期限的中止诉讼决定：

一　针对该争端之经认证的争端解决程序正在当事方之间进行；

二　除前项规定之情形外，争端当事方达成了通过经认证的争端解决程序解决争端的协议。

2. 审理该案之法院可以在任何时候撤销前款之决定。

3. 可以就拒绝第一款之请求的决定，以及根据第 2 款撤销第 1 款之下的中止决定提起上诉。

第二十七条　调解前利用经认证的争端解决程序之特别规定

若争端之当事一方就《民事调解法》(1951 年第 222 号法案)第 24 - 2 条第 1 款或就《国内关系审判法》(1947 年第 152 号法案)第十八条第一款(除本法第二十三条所载之案件)所载之案件提起诉讼，在提起诉讼之前，若该当事方就该争端提出适用经认证的争端解决程序的请求，且该程序被以不再可能通过此等程序在争端当事方之间达成解决为由而终止，则《民事调解法》第 24 - 2 条或《国内关系诉讼法》第十八条之规定不应适用。在此情形下，审理该案之法院在认为恰当之时可以将案件正式交付仲裁。

第四章　杂 项 规 定

第二十八条　酬劳

经认证的争端解决业务经营者(包括参与经认证的争端解决中的争端解决提供者)可以依据与争端当事方或其他人员达成的合同，为实施经认证的争端解决业务而被支付费用。

第二十九条　请求协助

若法务大臣认为执行本法存在必要，则可以向政府机构、公共机构或其他参与者进行询问或请求协助。

第三十条　对法务大臣提出的意见

若国家警察厅总干事就经认证的争端解决业务经营者可能落入第七条第八项至第十二项之任何一项(当申请人落入第九项或第十项时仅

限于第八项)或其违反第十五条存在怀疑理由,且其认为存在针对某一经认证的争端业务经营者采取措施之必要时,其可以以此为由向法务大臣提出其意见。

第三十一条　经认证的争端解决之信息披露

为向公众提供经认证的争端解决业务之信息,法务大臣可以根据法务省法令的规定,根据法务省法令之规定通过互联网或其他方式披露经认证的争端解决业务经营者的姓名或住址、其提供业务的办公室所在地、业务内容及其提供方式。

第五章　罚　　则

第三十二条

1. 通过欺骗或其他非法手段获得第五条项下之认证或第十二条项下之认证变更的个人,应当被判处不超过 2 年的监禁工作或不超过 100 万日元的罚款,或两者并罚。

2. 违反第十五条在认证争端解决业务中使用暴力团成员或使其作为此类业务之助手的个人,应当被判处不超过一年的工作监禁或不超过 100 万日元的罚款,或两者并罚。

3. 落入任何下列项目的个人应当被判处不超过 100 万日元的罚款:

一　提交包含虚假信息之第八条第一款下申请表、或第八条第二款所载之文件、第十二条第二款之下申请表、或第十二条第三款各项所载文件的个人;

二　违反第十一条第三款的个人。

第三十三条

1. 法人(或任命代表或管理人之非注册实体;该用语同样适用于本款以下内容)的代表或管理人、或法人之代理或雇员、或个人实施了与该法人或个人之业务相关的任何违反第三十二条规定的行为,则实施该行为的个人应当受到惩罚,法人或个人应当受到不超过相关条款规定之数额的惩罚。

2. 当前款之规定应适用于未注册实体时,则未注册实体之代表或管理人应当在相关程序中代表该机构,且当法人作为被告或嫌疑人时,刑事诉讼程序相关规定应比照适用。

第三十四条

1. 落入任何下列各项的个人应当被处以不超过 50 万日元的民事罚款：

一　未能按照第十一条第二款规定公布相关通知，或公布虚假通知的个人；

二　未能按照第十三条第二款、第十七条第一款规定或第十八条第一款规定进行通知，或为虚假通知的个人；

三　未能按照第十六条规定准备程序记录或准备虚假之程序记录，或未能保存程序记录的个人；

四　未能按照第十七条第三款、第十八条第二款或第二十三条第五款进行通知，或为虚假通知的个人；

五　违反第二十条规定，未能提交营业报告、财产清单、资产平衡表、收支表或损益表，或提交包含虚假信息之此等文件的个人；

六　未能报告第二十一条第一款规定之信息，或报告虚假信息的个人；

七　违反第二十二条第二款之命令的个人。

2. 经认证的争端解决业务经营者（经认证的争端解决业务经营者若为法人，则是其代表或管理人，若为未注册机构则为其任命的代表或管理人），或经认证的争端解决业务经营者的代表或雇员拒绝、妨碍或躲避第二十一条第一款所规定的现场检查，则应被处以不超过 50 万日元的民事罚款。

日本商事仲裁协会调解规则*

第一章　总　　则

第 1 条　目的

《商事调解规则》(下称《规则》)旨在规定日本商事仲裁协会(Japan Commercial Arbitration Association，JCAA)为解决商事争端进行调解所涉及的程序和其他必要事项。

第 2 条　定义

1. “JCAA”指日本商事仲裁协会。

2. “当事方”指 1 名或数名案件申请人和被申请人。

3. “调解员”包括 1 名以上的调解员。

4. “书面”包括纸质和电子文件。电子文件包括电脑或其他电子设备处理信息所使用的电子的、磁性的和其他记录性媒介。

5. “调解协议”指当事方在 JCAA 进行调解所达成的一项协议。

6. “调解员候选名录”指由 JCAA 依据 JCAA 调解员候选人数据库或者其他来源而专门为一项调解特别准备之调解员列表。

7. “调解开始日”指以下日期之一：

(1) 当存在在先之调解协议时，JCAA 根据第 12.5 条通知请求调解之当事方的日期；或

(2) 没有在先之调解协议时，JCAA 依据第 13.5 条通知当事方其收到第 13.1 条项下被申请人接受调解之书面承诺的日期。

第 3 条　《规则》之调整使用

本《规则》适用之时，其管理调解程序及调解员、当事方和 JCAA 之间的关系。但是除本《规则》第五章外，当事方可以同意改变《规则》的任何内容。

---

* 2020 年由日本商事仲裁协会发布。——译者注

第 4 条　《规则》的解释

1.《规则》以日文和英文作准。当两种版本存在不同或冲突的情况下,日文版本应予优先。

2.《规则》解释存在差异的情况下,JCAA 之解释应予优先。

第 5 条　沟通方式

除当事方另行同意,《规则》之下的任何通知、文件递交或转呈应通过邮件、挂号信、电子邮件或者其他合理方式为之。

第 6 条　管理机构和秘书

JCAA 应当为《规则》下的调解程序提供管理服务。

第 7 条　JCAA 的交流语言

JCAA 和当事方以及 JCAA 和调解员之间的交流应以英语或日语为之。

第 8 条　调解员候选名录

依当事方请求,JCAA 应为其提供一份调解员候选名录以供当事方任命调解员之用。当事方可以在候选名录之外任命调解员。

第 9 条　代理与协助

在《规则》之下的调解程序中,可以选择由任何人为其代理或进行协助。

第 10 条　改变或确定日期

若当事方或调解员请求,或 JCAA 认为存在必要,则 JCAA 可以确定或改变《规则》之下调解程序的相关时间日期。

第 11 条　免责

调解员和 JCAA(包括其理事、办公人员、雇员和其他员工)不应为与调解程序相关的任何行为或过失承担责任,除非此类行为或过失构成恶意渎职或重大疏忽。

第二章　调解的启动

第 12 条　存在事前调解协议时调解的启动

1. 依据事前调解协议启动调解,申请人应当向 JCAA 提出书面调解申请(以下简称“调解请求”),并附上调解协议的复印件。

2. 第 12.1 条项下的“调解请求”应以如下方式为之:

(1)当事方全名(如果当事方是法人或其他团体,则包括公司名称和法定代表人的名称)、街道地址和其他联系信息(包括电话号码和电子邮件地址);

(2)若当事人由律师代理,律师的全名、街道地址和其他联系信息(包括电话号码和电子邮件地址);

(3)争端的综述(包括可鉴别情况下的诉求);和

(4)当事方之间的任何协议或任何申请人的如下提议:

(a)调解员的姓名,或任命调解员的程序(包括调解员的数量);

(b)进行调解程序的过程(包括调解员是否有权向当事方作出解决争端之建议);

(c)进行调解的时限;

(d)调解语言;和

(e)调解员酬劳的计算方法。

3. 若申请人由律师代理,则该律师之权限应与"调解请求"一并提交给 JCAA。

4. 申请人提交"调解请求"时,应当向 JCAA 支付申请费。若申请人在 JCAA 规定的时限内未能支付此申请费用,JCAA 则视申请人没有提交"调解请求"。

5. JCAA 确认"调解请求"根据第 12.2 条和第 12.4 条之规定被提交之后,应迅速通知相关当事方。除当事方共同提请调解外,JCAA 应当在通知被申请人之时附上"调解请求"的复印件。

第 13 条　没有事前调解协议时调解的启动

1. 如果没有事前调解协议,申请人也可以向 JCAA 提交书面调解申请,其应载明如下事项:

(1)对被申请人作出的将争端提交《规则》之下调解的提议;和

(2)第 12.2 条规定的事项。

2. 如果申请人由律师代理,则向 JCAA 提交的"调解请求"应载明律师权限。

3. 申请人提交"调解请求"应向 JCAA 支付申请费如果申请人在 JCAA 规定的时限内没有支付规定的申请费,则 JCAA 将视申请人未提出“调解请求”。

4. JCAA 确认“调解请求”根据第 13.1 条至第 13.3 条被提交后，JCAA 应迅速通知相关当事方，并询问被申请人是否接受第 13.1 条项下之调解邀约。通知被申请人时应附上“调解请求”的复印件。

5. 如果 JCAA 收到被申请人在第 13.1(1)条项下所作之接受调解邀约的书面承诺，JCAA 应迅速公布该收件，并将书面承诺转交申请人。JCAA 接收到该书面承诺的日期应被视为当事方达成调解协议。

6. 如果 JCAA 自被申请人收到第 13.4 条之下“调解请求”之通知其 2 周内没有告知收到被申请人根据第 13.1(1)条所作之接受调解的书面承诺，则 JCAA 应迅速通知申请人调解程序将不会启动。

第 14 条　答辩

1. 自调解启动日期起 2 周内，被申请人应向 JCAA 提交书面的对于“调解请求”的回应(以下简称“答辩”)。

2. 如果被申请人由律师代理，则应在提交“答辩”同时向 JCAA 提交律师权限。

3. 接到“答辩”之后，JCAA 应迅速将复印件转交申请人。

第三章　调　解　员

第 15 条　调解员的中立性和独立性

1. 无法中立和独立履职之个人应拒绝接受调解员的任命。调解员在调解程序中应当且总是中立且独立。

2. 当某一个人可能被任命为调解员之时，就任何当事方可能对其中立或独立地位提出合理怀疑的任何情形，他或她应当进行合理之调查。若其发现存在此类情形，则应拒绝接受任命，或向有意之当事方书面披露上述情形，以使其决定是否撤回其任命请求。

3. 个人被任命为调解员后，其应迅速向 JCAA 书面提交其已披露任何可能引发有关其中立或独立之合理怀疑的情形，或声明没有此类情形(以下简称“中立性和独立性声明”)。“中立性和独立性声明”可以由任命其为调解员的当事方提交，也可以直接提交给 JCAA。

4. 调解程序进行过程中，调解员应当持续履行其对可能引发当事方就其中立性或独立性之合理怀疑进行必要调查的义务。如果调解员发现此类情形，则其应当迅速向当事方和 JCAA 书面披露此类情形，除非该调解员已经就此情形进行过披露。就未来可能出现之此类情形所作的在先声明不能免除调解员的持续披露义务。

第 16 条　调解员的任命和确认

1. 调解员的任命应以当事方协议为之。

2. 如当事方没有达成第 16.1 条所载之协议，则应当依据第 17 条任命调解员。

3. 若当事方任命调解员，或已经被当事方任命的调解员（以下简称"当事方任命之调解员"）任命其他调解员，这些调解员任命的有效性须经 JCAA 的确认。

4. 当当事一方或各方或"当事方任命之调解员"任命了调解员后，当事一方或各方或"当事方任命之调解员"应迅速向 JCAA 书面提请第 16.3 条项下的确认：

(1) 任命调解员的通知，载明调解员的姓名、地址和其他联系信息（如电话号码和电子邮箱地址）和职业；

(2) 载明调解员接受任命的文件；和

(3) "中立性和独立性声明"。

5. JCAA 应迅速将第 16.4 条所列文件复印件转交于当事方，以及提交这些文件之调解员之外的调解员。

6. 在确认或任命调解员之时，JCAA 应当考量将获确认之调解员的背景、国籍、住址、语言能力、专业、作为调解员之经验、履职可能性、任何根据第 15.2 条和第 15.3 条予以披露的情况，以及其他任何相关因素。

7. JCAA 应拒绝任命其发现存在明显不恰当之处的调解员，包括但不限于《日本民事程序法典》第 23(1) 条所规定的类似情形。在作出此等拒绝之前，如 JCAA 认为恰当，JCAA 应为当事一方或各方或"当事方任命之调解员"提供陈述意见的机会。

8. 对调解员之任命进行确认后，JCAA 应迅速将该确认转交当事方和调解员。

9. 如果调解员的任命没有得到 JCAA 的确认，则 JCAA 应将该情况迅速通知当事一方或各方或任命其他调解员的"当事方任命之调解员"。当事一方或各方或"当事方任命之调解员"应当在接到上述通知 2

周内向 JCAA 提交第 16.4 条规定的任命其他调解员的文件。

10. 如果当事一方或各方或“当事方任命之调解员”在第 16.9 条规定的期限内没有通知 JCAA 提交任命其他调解员，则 JCAA 将根据第 17.5 条和第 17.6 条指定调解员。

第 17 条　任命调解员的程序

1. 如果当事方未能在调解启动之日起 2 周内通知 JCAA 关于调解员数量的协议，则调解员数量应为 1 位，且当事方应当共同任命 1 位调解员。

2. 若当事方同意应有 2 位调解员，但未就任命调解员的程序达成一致，则当事方应当依据以下程序任命 2 位调解员：

(1) 若有 2 个当事方，则每一当事方认命 1 位调解员；

(2) 若有 3 个或 3 个以上当事方，申请人和被申请人各自任命 1 位调解员。但是，如果 JCAA 认为恰当，可以在给予当事方评论机会后设置不同的任命程序。

3. 若当事方同意应有 3 位调解员，但未就调解员的任命达成一致，则当事方应根据如下程序任命这 3 位调解员：

(1) 若有 2 个当事方，则每一当事方任命 1 位调解员，2 位“当事方任命之调解员”应共同任命第 3 位调解员，或

(2) 若有 3 位或 3 位以上调解员，则申请人与被申请人各自任命 1 位调解员，“当事方任命之调解员”应共同任命第 3 位调解员。但是，若 JCAA 认为恰当，则可以在给予当事方评论机会后设置不同的任命程序。

4. 若当事方或“当事方任命之调解员”根据第 17.1 条至第 17.3 条规定任命调解员，当事方未能在调解启动之日起 4 周内通过提交第 16.4 条规定的文件向 JCAA 通知任何调解员的任命，则 JCAA 应任命该调解员。

5. 若 JCAA 根据第 17.4 条任命调解员，则 JCAA 应向当事方提供调解员候选名录。当事方接到该名录其 1 周内，应当各自删除其反对的任何候选人，将剩余候选人依偏好排列，并以书面形式将其通知 JCAA。

6. 一旦 JCAA 接到当事方在第 17.5 条项下所作之通知，或 JCAA 超过第 17.5 条规定的时限未接到此等通知，则 JCAA 应当迅速通过考虑

当事方所表达的优先顺序以及其他相关情形任命调解员,并将该任命通知当事方。第16.4(2)条和第16.4(3)条所规定的文件复印件应当与通知一并转交当事方。

第18条　质疑调解员

1. 当事方可以因存在调解员之中立性和公正性引发合理怀疑之情形而质疑调解员的任命。

2. 意欲质疑调解员的当事方应当在收到JCAA确认调解员之任命的通知之日(如果调解员是JCAA任命的,则为任命调解员的通知)起2周内,或其意识到存在第18.1条情形之日起2周内(以后者为准),向JCAA书面提交一项质疑的申请(以下简称"质疑请求")。

3. 接到"质疑请求"后,JCAA应当迅速通知另一当事方以及相应调解员。

4. JCAA应当将"质疑请求"之副本转交另一当事方和被质疑的调解员,并在给予另一当事方和相关调解员以评论机会后对质疑作为决定。

第19条　撤换调解员

1. 在给予当事方和被质疑之调解员以陈述机会后,JCAA可以依当事方申请或者自行决定撤换调解员,如果:

(1)他或她未能履行其职责;

(2)他或她不当延误履行其职责;

(3)他或她不再适于履行职责。

2. 当事方可以确定撤换调解员。

3. JCAA若发现与《日本民事诉讼法典》第23(1)条规定类似之情形,则JCAA应撤换该调解员。

第20条　替代调解员的任命

1. 如果任何调解员因为质疑、撤换、辞职或死亡而终止履行职责,则JCAA应当迅速通知当事方和其他调解员。

2. 如果终止履行其职责的调解员是由当事一方或各方或"当事方任命之调解员"任命,则该当事一方或各方、"当事方任命之调解员"应当在收到第20.1条之通知的2周内,通过提交第16.4条所规定的文件向JCAA通知任命替代在调解员。若该当事一方或各方或"当事方任命之调解员”未能如此行事，则 JCAA 应当依据第 17.5 条和第 17.6 条任命替代调解员。

3. 如果终止履行职责的调解员是由 JCAA 依据第 20.1 条任命，则 JCAA 应依据第 17.5 条和第 17.6 条任命替代调解员。

第四章　调 解 程 序

第 21 条　调解程序的进行

1. 在调解程序中，调解员应当勤勉且公正行事，帮助当事方解决相互间存在的争端。

2. 被 JCAA 确认或任命之后，调解员应迅速与当事方讨论进行调解程序的如下步骤，并迅速进行调解：

(1) 调解语言；

(2) 交换书面声明和文件的时间表和方式；

(3) 进行调解的日期和地点；

(4) 调解员是否有权向当事方提出解决争端的建议以及，可以的话，作出此等建议的时间；和

(5) 结束调解的时限。

3. 若当事方就进行调解程序的步骤达成一致，调解员应依据当事方所达成的协议开展调解程序。

第 22 条　分别讨论

1. 除非当事各方同意，调解员可以与各当事方各自讨论。但是，在此情形下，调解员应当向其他当事方披露从事此等分别讨论的事实。

2. 除非当事方授权披露，否则与该当事方进行分别讨论的调解员无权向其他当事方披露其在分别讨论中所获取的任何信息。

第 23 条　保密

1. 调解程序应当秘密进行，且所有调解记录应当不向公众公开。

2. 调解员、当事方及其代理人或协助人、JCAA 官员和其他雇员、其他任何参与调解程序的人员，不应披露与调解程序相关的，或从调解程序中获取的任何事实。该规定适用于调解员辞职、退休或其职责履行完毕之后。

3. 第 23.2 条不适用于基于法律要求，有必要履行、执行或放弃调解

书,或依据其他正当理由所作的披露。

4. 尽管有第 23.2 条之规定,若当事方出庭并在司法、仲裁或其他类似程序中进行作证,则第 24 条应当予以适用。

第 24 条　调解程序中进行申辩的法律效果

1. 当事方若在调解程序中进行申辩、提供证词、引入证据,此类行为不影响当事方的权利和义务。

2. 除非当事各方同意,当事一方不得在当事方之间未决之司法、仲裁或其他类似程序中针对如下事项进行申辩、作出或寻求证词:

(1) 另一当事方提议从事调解程序,或接受调解之邀约的事实,但不包括调解程序正在进行或尚未开始的事实;

(2) 另一当事方在调解程序中针对特定问题作出承诺或其他声明的事实;

(3) 另一当事方或调解员在调解程序中所作的任何争端解决方案;

(4) 另一当事方就第 24.3(3) 条之下争端解决方案所作的任何提议或建议;和

(5) 另一当事方表明愿意接受一项争端解决方案的事实。

3. 除非当事各方另行同意,当事一方不得在当事方之间未决之司法、仲裁或其他类似程序中以如下事项作为证明,或提供披露如下有关事项的请求:

(1) 载明第 24.2 条所规定之事项的文件或任何其他材料;和

(2) 专门为调解程序之目的而准备的文件或任何其他资料。

4. 第 24.2 条与第 24.3 条不应适用于:

(1) 当事方为履行、执行或废除一项争端和解协议,须进行第 24.2 条和第 24.3 条之下的申辩、作证或证明的;或

(2) 法律要求当事方进行第 24.2 条和第 24.3 条之下的申辩、作证或证明。

5. 当事一方在当事方之间未决之司法、仲裁或类似程序中,不得仅仅以调解程序中另一当事方就本可以拒绝披露之事项进行了申辩、作证或证明,便声称另一当事方已经放弃拒绝披露之权利。

第 25 条　结束调解的时限

1. 当事各方可以就调解程序结束的时限、或时限延长情况下的时限达成一致;

2. 若当事各方未就第 25.1 条之时限达成一致,则该时限为自 JCAA 任命或确认调解员之日起 3 个月。该时限在因质疑、撤换、辞职或死亡等原因而任命替代调解员的情况下也应维持不变,除非当事各方同意延长该时限。

第 26 条　和解协议

1. 如果当事各方在调解程序中达成了一项和解协议,当事各方应当将该事项通知调解员,并将一份该和解协议之复印件提交给 JCAA。

2. 在提交第 26.1 条所规定的材料之前,调解员应当应事各方请求以证明人身份和解协议上签字。

3. 任何当事方均可请求 JCAA 证明调解协议源自 JCAA 所进行的调解。

第 27 条　以和解协议为基础的仲裁裁决

达成和解协议之后,当事各方可以书面同意任命调解员为仲裁员,并请求仲裁员将和解协议以仲裁裁决的形式记录在案。

第 28 条　调解程序的终结

1. 调解程序应在以下情形之下终结:

(1) 有关调解所涉所有争端之和解协议的复印件被提交给 JCAA。

(2) 被申请人未能在第 14.1 条规定的时限内向 JCAA 提交“答辩”。但是,当存在一个以上被申请人时,则调解程序因未能提交“答辩”而终结仅涉及该申请人。

(3) JCAA 将“调解员候选名录”转交当事各方之日起 3 个月内,由于一方当事方的反对,所有调解员未能获得第 17.5 条项下 JCAA 的任命或确认。

(4) 第 25 条规定的调解程序结束时限届满。

(5) 调解员或 JCAA 接到任何当事方撤回调解的通知。但是,当事方为 3 个或 3 个以上时,调解程序的终结仅限于撤回调解的当事方。

(6)当事各方或JCAA接到调解员所作之如下决定之日起2周后,即因当事各方不愿意达成解决或当事各方立场分歧无法缩小,已经没有了通过调解达成解决的可能性。但是,如果当事各方在时限内继续调解程序,则调解程序不终结;或

(7)JCAA以当事一方未能支付第35.1条项下之保证金为由,书面通知当事各方终结调解程序的决定。

2.若调解程序依第28.1条终结,则JCAA应迅速将该事项通知当事各方和相应调解员。

第29条　启动或继续其他程序

任何当事方可以就调解所涉争端启动或者继续司法、仲裁或其他类似程序,除非当事方已经另行约定,或法律禁止。

第五章　调解收费及费用

第30条　调解员的酬劳

1.每位调解员的酬劳以每小时5万日元(不包括消费税),乘以调解员在调解程序中完成如下任务所需要的合理小时数("调解时间")计算;但是,调解员为调解程序所消耗的旅行时间的一半可以被计入"调解时间":

(1)与当事各方和JCAA沟通;

(2)准备或起草通知或任何其他文件;

(3)评阅当事各方所提交的任何书面声明或文件;

(4)就法律或技术问题进行研究;

(5)就调解开庭作准备,和在必要的限度内就该准备事项与其他调解员协商;

(6)参加调解开庭;和

(7)进行调解程序所要求的任何其他任务。

2.尽管有第30.1条的规定,若当事各方同意,则调解员的酬劳可以通过以下任何方式之一计算:

(1)固定酬劳;

(2)若当事各方在调解程序中达成一项和解协议,则时薪或固定酬劳相应提高;

(3)其他任何计算方法。

3. JCAA 应当决定因质疑、撤换、辞职或死亡而停止履行职责之调解员的酬劳,除非当事各方与该调解员另行达成一致。

4. 调解员应在第二个月的20日前向JCAA提供一份陈述调解用时和每日履职内容的报告。JCAA应当事方请求应与其分享报告。

第31条　调解员酬劳的支付

1. 当事方应承担调解员的酬劳,并将支付该等酬劳之必要工作委托于JCAA。

2. 调解程序终结后JCAA应迅速向调解员支付其酬劳。

第32条　调解员的花销

1. 除当事各方另行同意外,调解员有权就下列调解程序要求的合理限度内的花销向JCAA进行报销:

(1)交通费用(经济舱飞机票以及同等价位之其他出行方式);

(2)邮资、快件、电话、复印任何其他JCAA考量其性质认为合理的花销。

2. 若调解员须住宿,则调解员应按照每日出差津贴被支付每晚6万日元的固定数额,这包括住宿费用、餐费和其他个人生活开销。

3. 当事方应承担第32.1条和第32.2条之下的费用和每日津贴,并将支付或报销此类费用和津贴的事项委托于JCAA。

4. 当调解员向JCAA提交相应发票或同等文件证明时,则JCAA应按照第32.1条和第32.2条向调解员报销费用并支付每日津贴。

第33条　调解立案费用

1. 申请人在提交调解申请时应支付的立案费为5万日元(不包括消费税)。

2. 调解程序一经开始,则JCAA不再向申请人返还立案费。

第34条　管理费和有关调解程序之其他合理费用

1. 当事方应向JCAA支付的管理费数额是按第30条向调解员支付之酬劳总数的10%。

2. 当事方应承担管理费及调解程序所引发的其他合理费用。

第35条　保证金及其计算

1. 调解程序启动后,JCAA应按照案件情况一次或数次要求当事各方提交保证金，以覆盖调解员的酬劳和开销、管理费及调解程序所引发的其他合理费用（“调解费用”）。

2. 若任何当事方未能缴纳第 35.1 条所规定保证金，则 JCAA 可以中止或终结调解程序，除非其他当事方先行缴纳了同等数额之欠缴保证金。

3. 调解程序终结后，若当事方缴纳的保证金超过了所引发的“调解费用”数额，则 JCAA 应迅速将剩余的数额返还给当事一方或各方。

4. 若当事方依据第 28.1(2)条或第 28.1(5)条撤回调解程序，且当事方支付之保证金超过了已经引发的“调解费用”，则 JCAA 应视具体情况，将剩余部分的保证金返还给撤回调解的当事方。

5. “调解费用”应当在当事各方之间平等分担，除非当事各方另行约定。

附　　则

1.《规则》应于 2020 年 2 月 1 日生效。

2.《规则》生效前，在《商事调解规则》或《国际商事调解规则》之下启动的任何调解程序应遵循《商事调解规则》或《国际商事调解规则》相关规定；但是，基于当事方协议同意后续调解程序可以基于《规则》进行的除外。在当事方之间存在此类协议情况下，已经进行的调解程序仍然有效。

3. 若依据调解协议请求启动调解程序的申请人在《规则》生效后要求依据《国际商事调解规则》进行调解，则本《规则》应当适用。

韩　　国

韩国民事调解法*

第 1 条(目的)

本法制定目的是,根据调解程序,在尊重当事人自主、自愿解决纷争的基础上,适当、公正、迅速、有效地解决相关的民事纠纷。

第 2 条(调解的案件)

民事纠纷当事人可以向法院申请调解。

第 3 条(管辖法院)

①调解案件可以由以下地方法院、地方法院分院、市法院或郡法院(以下简称市、郡法院)的任一法院管辖。

1. 根据《民事诉讼法》第 3 条至第 6 条的规定,被申请人普通裁判籍所在地;

2. 被申请人的事务所或营业所的所在地;

3. 被申请人的工作地;

4. 争议标的物所在地;

5. 损害行为发生地。

②调解案件还可由相应诉讼案件的专属管辖法院或者当事人之间约定的法院管辖。

第 4 条(移送)

①受高等法院院长、地方法院院长或地方法院分院院长的指定,负责调解案件的法官或负责调解案件的市、郡法院的法官(以下简称调解担当法官)在认定案件不属于其管辖时,应当作出决定,将案件移送至有管辖权的法院。但,被申请人未对管辖权提出异议或未在调解程序中陈述的,或为了解决案件特别需要的,将不再移送。

②使案件属本院管辖,调解担当法官依职权或依当事人的申请,认

---

* 1990 年由韩国法务部发布,于 2020 年最新修订。——译者注

为移送更适当的,也可移送到其他有管辖权的法院。

③对依照第 1 款和第 2 款作出的决定不服的,无权提出异议。

第 5 条(申请方式)

①调解申请可以书面形式或口头方式提出。

②口头申请时,必须与法院书记官、法院事务官、法院主事或法院主事辅(以下简称法院事务官等)当面陈述。

③第 2 款情况下,法院事务官应撰写调解笔录并在调解笔录中注明。

④申请调解时,应按照大法院规则,缴纳手续费。

第 5 条之二(督促程序中的调解)

①根据《民事诉讼法》第 469 条第 2 款的规定,债务人提出合法异议的同时根据《民事诉讼法》第 473 条第 1 款规定的下达支付命令的法院在明确印花额补缴的情况下,债权人可在补缴印花额的期间内申请转换为调解。

②如法院认定第 1 款的债权人调解申请不符合法定情形时可作出驳回的决定。债权人对此决定不服的可立即提出上诉。

③债权人根据第 1 款提出的调解申请符合法律规定时,可就债务人异议申请提出的金额进行调解,不再适用《民事诉讼法》第 472 条第 2 款的规定。

第 5 条之三(督促程序调解转换的处理)

①根据第 5 条之二第 3 款的规定申请调解的,发出支付命令的法院应要求债权人在合理的时限内,补缴根据第 5 条第 4 款支付的手续费与申请支付命令时所付手续费之间的差额。

②债权人如果没在第 1 款规定的时间内补缴手续费的,法院应作出驳回支付命令申请书的决定,(债权人)对此决定不服可以立即提出上诉。

③根据第 1 款的规定补缴手续费后,法院事务官应立即将有关调解案件的记录根据第 3 条的规定移送给相关法院。

④对于第 5 条第 2 款的情况,督促程序的费用是调解程序费用的一部分。

第 6 条(交付调解)

受诉法院认为必要时可对在抗诉判决宣告前诉讼进行中的案件作出交付调解的决定。

第 7 条(调解机关)

①调解案件由调解担当法官处理。

②调解担当法官可自行进行调解,也可由本法规定的调解事务的调解委员(以下简称常任调解委员)或调整委员会进行调整。但是当事人申请由调解委员会调解的应该按照当事人的申请由调解委员会调解。

③根据第 6 条的规定,受诉法院对于交付调解的案件认为自行调解更适当的,可自行调解,不再适用第 1 款和第 2 款的规定。

④根据第 2 款正文和第 3 款规定进行调解的常任调解委员和受诉法院的调解担当法官具有相同的权限。

⑤在第 3 款的情况下,受诉法院的受命法官或受托法官可以负责调解。在这种情况下,受命法官或受托法官与调解担当法官具有相同的权限。

⑥调解担当法官根据第 2 款规定自行进行调解或让调解委员会进行调解的情况可以由调解担当法官或调解长通过调解委员听取案件关系人的意见,以便得出纠纷解决方案,或者为了处理调解案件执行其他必要的事务。

第 8 条(调解委员会)

调解委员会由 1 名调解长和 2 名以上调解委员组成。

第 9 条(调解长)调解长由以下人员担当

1. 第 7 条第 2 款的情况:调解担当法官或常任调解委员;

2. 第 7 条第 3 款的情况:受诉法院的审判长;

3. 第 7 条第 5 款的情况:受命法官或受托法官;

4. 市、郡法院的情况:市、郡法院的法官。

第 10 条(调解委员)

①调解委员由高等法院院长、地方法院院长或地方法院支院院长在有学识和德高望重的人中予以提前委任。但是,常任调解委员需要在具备律师资格并具有大法院规则认定的经历的人中由法院行政处处长委任。

②调解委员的任期为2年。但,如有特殊情况,可以将任期规定在2年内。

③第1款规定的调解委员负责下列各项事务:

1. 参与调解;

2. 接受调解事务法官或调解长的委托执行第7条第6款规定的事务。

④法院应向调解委员提供定期教育及进修机会。

第10条之二(组成调解委员会的调解委员)

组成调解委员会的调解委员由当事人协商选定或在第10条第1款的调解委员中根据案件情况由调解长指定。

第11条(调解程序)

①调解委员会的调解程序由调解长指挥。

②根据第7条的规定调解机关在调解程序中应当给予当事人同等的待遇,并给予其充分陈述案情的机会。

第12条(对调解委员的津贴等)

根据大法院规则的规定对调解委员支付津贴,必要时还可以支付其他旅费、日薪和住宿费。

第13条(手续费缴纳的审查)

①如果申请人没有缴纳第5条第4款规定的手续费时,调解担当法官应当指定其在适当的期限内缴纳。

②如果申请人不履行第1款的指令,调解担当法官应当以命令的形式驳回其申请。

③对第2款的命令,可以立即提出上诉。

第14条(调解申请书等的送达)

调解申请书或调解申请笔录应当毫不迟延地送达给被申请人。

第14条之二(案件的分离和合并)

根据第7条的规定调解机关可以决定案件的分离、合并也可取消案件的分离、合并。

第15条(调解期日)

①调解期日应通知当事人。

②调解期日的通知可以通过发送传票的方法或其他适当的方法

进行。

③双方当事人都出席法院提出调解申请时,如无特殊情况,以申请期日为调解期日。

第16条(利害关系人参与)

①对调解结果有利害关系的人,经调解担当法官许可,可以参加调解。

②调解担当法官认为必要时,可以通知与调解结果有利害关系的人参加调解。

第17条(被申请人的变更)

①申请人指定的被申请人明确错误的情况下,调解担当法官可以接受申请人的申请,通过决定批准被申请人的变更。

②根据第1款规定作出许可决定的,对新的被申请人的调解申请视为在提出第1款变更申请时提出。

③根据第1款规定作出许可决定的,对之前的被申请人的调解申请视为在提出第1款变更申请时撤销。

④根据第6条的规定,第一审受诉法院对交付调解的案件根据《民事诉讼法》第260条对被告作出的变更在诉讼程序中也有其效力。

第18条(代表当事人)

①有共同利害关系的当事人众多的可以选任其中一人或多人作为代表当事人。

②第1款的任命需要书面证明。

③调解担当法官认为必要时,可以命令当事人选任代表当事人。

④代表当事人为了当事人的利益,可在调解程序中行使除下列行为之外的所有行为。

1. 调解方案的接受;

2. 调解申请的撤销;

3. 根据第30条和第32条作出决定的相关行为;

4. 代理人的任命。

⑤代表当事人选出后,调解期日无须再通知代表当事人以外的其他当事人。

第 19 条(调解场所)

①调解担当法官可以考虑案件内容、当事人便利等情况选择法院以外的适当场所进行调解。

②根据第 7 条第 6 款的规定调解委员在法院以外的地方执行调解事务时,必须事先得到调解担当法官的许可。

第 20 条(非公开)

调解程序可以不公开。但即使不公开调解程序,调解担当法官也可以在认为必要适当的情况下许可他人旁听。

第 21 条(调解前的处分措施)

①调解担当法官认为为了调解特别需要的话,可以接受当事人的申请,向对方和其他案件关系人对调解前的处分措施作出以下规定:

1. 禁止变更或处置物品的行为;

2. 排除其他使调解不能实现或者明显不当的行为。

②根据第 1 款的规定处分的,应当告知第 42 条规定的对违反处分措施的制裁。

③可对第 1 款的处分行为立即作出起诉。

④第 1 款的处分措施不具有执行力。

第 22 条(陈述听取和事实调查)

调解担当法官可以就调解问题听取当事人或利害关系人的陈述,必要时,用适当的方法进行事实调查。

第 23 条(陈述的援用限制)

调整程序中的意见和陈述在民事诉讼中(对调解的准再审除外)不能援用。

第 24 条(笔录制作)

参加调解的法院事务官必须制作调解笔录。但如果调解担当法官许可,可以省略部分记载。

第 25 条(调解申请的驳回)

①无法通知当事人调解期日的时候,调解担当法官可以决定驳回调解申请。

②对第 1 款作出的驳回决定不服的,(当事人)不能提出异议。

第 26 条(不予调解的决定)

①调解担当法官如果认定案件在性质上不适合调解,或者当事人以不正当的目的提出调解申请的,可以作出不予调解的决定。

②根据第 1 款作出的决定,(当事人)不能提出异议申请。

第 27 条(调解不成立)

如有下列情形之一,调解担当法官在未有第 30 条规定的决定的情形下,应当作出调解不成立的结案决定:

1. 当事人之间无法达成协议的;

2. 达成的协议内容不当。

第 28 条(调解成立)

当事人协议的事项记载于调解笔录后调解成立。

第 29 条(调解的效力)

调解与审判上的和解具有相同的效力。

第 30 条(代替调解的决定)

调解担当法官可以对协议不成立的案件或当事人之间成立的协议内容不合适的案件,依职权考虑到当事人的利益和其他所有情况,在不违反申请人申请宗旨的限度内,作出公平解决案件的决定。

第 31 条(申请人缺席)

①申请人未在调解期日出席的,应重新确定调解期日并通知。

②在第 1 款重新确定的新期日或之后的期日,申请人仍未出席的调解申请可视为撤回。

第 32 条(被申请人缺席)

被申请人未在调解期日出席的,调解担当法官认为必要时,可依职权根据第 30 条作出决定。

第 33 条(有关调解笔录的送达等)

①有下列情形之一的,法院事务官应当在调解笔录中注明原因:

1. 对案件作出不予调解决定时;

2. 调整不成立时;

3. 作出代替调解决定时。

②法院事务官应当分别向当事人送达第 1 款规定的记载不予调解决定或调解不成立事由的笔录副本,或者记载代替调解决定的笔录或第

28 条规定的笔录的正本。

第 34 条(异议申请)

①根据第 30 条或第 32 条作出决定的,当事人可以在调解笔录正本送达之日起 2 周内申请异议。但是,在调解笔录正本送达之前也可以申请异议。

②第 1 款期间内有异议申请时,调解担当法官应毫不拖延地通知异议申请的对方。

③提出异议的当事人,在相应审级的判决宣判前,得到对方当事人同意的情况下可以撤回异议申请。在这种情况下,将适用《民事诉讼法》第 266 条第 3 款至第 6 款的关于"诉"的"异议申请"的规定。

④在下列各种情况下,根据第 30 条和第 32 条作出的决定与审判上的和解具有相同的效力:

1. 第 1 款规定的期限内没有异议的;

2. 撤回异议申请时;

3. 异议申请不合法依大法院规则决定驳回时。

⑤第 1 款的期限是不变期限。

第 35 条(诉讼时效的中断)

①调解申请适用诉讼时效的限制。

②依当事人申请调解的案件,出现下列任何一种事由时,1 个月内不起诉的则丧失时效中断的效力。

1. 撤销调解申请的;

2. 根据第 31 条第 2 款,申请人调解申请被视为撤回的。

第 36 条(因异议申请引起的诉讼转换)

①如果出现以下任一情况,则认为在提出调解申请时提起了诉讼:

1. 根据第 26 条作出不予调解决定的;

2. 根据第 27 条作出调解不成立结案的;

3. 根据第 30 条或第 32 条的规定作出代替调解决定并在第 34 条第 1 款规定的期限内提出异议申请的。

②依据第 1 款规定将提起诉讼的时间回溯至提出调解申请时,该申请人应当在调解申请书贴付的印花额的基础上,补缴提起诉讼应贴付的印花额的差额部分。

第 37 条(程序费用)

①调解程序的费用在调解成立且没有约定的情况下由当事人各自承担,如果调解不成立的,则由申请人承担。

②调解申请根据第 36 条第 1 款的规定转为诉讼的,第 1 款的费用可视为诉讼费用的一部分。

第 38 条(《民事诉讼法》的适用)

①调解可以适用《民事诉讼法》中有关调解的第 51 条,第 52 条,第 55 条至第 60 条(第 58 条第 1 款的后段除外),第 62 条,第 62 条之二,第 63 条第 1 款,第 64 条,第 145 条,第 152 条第 2 款、第 3 款及第 163 条。

②对本法规定的期日、期限及文件的送达,适用《民事诉讼法》。但,《民事诉讼法》第 185 条第 2 款、第 187 条、第 194 条至第 196 条的规定不适用根据本法第 28 条作出的调解笔录的送达。

第 39 条(《非讼案件程序法》的适用)

有关调解的事项除本法有特别规定外,在不违背其性质的范围内,适用《非讼案件程序法》第 1 编的规定(第 15 条除外)。

第 40 条(调解委员会和调解长的权限)

调解委员会进行调解时,调解委员会和调解长根据以下区分,拥有与调解担当法官相同的权限:

1. 调解委员会:第 16 条、第 17 条第 1 款、第 18 条第 3 款、第 19 条第 1 款、第 21 条第 1 款、第 22 条、第 25 条第 1 款、第 26 条第 1 款、第 27 条、第 30 条和第 32 条规定的调解担当法官的权限;

2. 调解长:第 13 条第 1 款和第 2 款、第 20 条、第 24 条、第 34 条第 2 款和第 42 条规定的调解担当法官的权限。

第 40 条之二(常任调解委员的公务员议程)

常任调解委员在适用《刑法》第 129 条至第 132 条规定的处罚时,被视为公务员。

第 41 条(处罚)

①调解委员或曾担任调整委员的人,在没有正当理由的情况下,将调解的过程、调整长或调整委员的意见及意见分歧的调解委员的人数泄露的,处以 30 万韩元以下的罚款。

②调解委员或曾担任调解委员的人,在没有正当理由的情况下,泄

露了在执行该职务时知道的他人的秘密的,将处以 2 年以下有期徒刑或 100 万韩元以下的罚款。

③第 2 款的罪名在有告诉的情形下才会提起公诉。

第 42 条(调解前处分措施违反者的制裁)

①调整担当法官可依职权对违反第 21 条有关处分措施规定的当事人或参加人处以 500 万韩元以下的罚金。

②《非讼案件程序法》第 248 条和第 250 条中有关检察官的规定不适用于第 1 款的罚金。

第 43 条(授权规定)

除本法规定的事项外,在调解程序中的意见听取、事实调查、预缴程序费用,与催收程序的关系,与诉讼程序的关系,与执行程序的关系及其他调解所需事项由大法院规则规定。

韩国民事调解规则*

第 1 条(规则宗旨)

相关民事调解,除《民事调解法》(以下简称本法)者外,亦适用本规则。

第 2 条(调解的申请)

①调解申请书或者调解申请笔录应当明确记载当事人、代理人申请目的和纠纷内容。有证据材料的,应在申请时一并提出。

②书面申请调解时,应按被申请人的人数提供副本。

第 2 条之 2(调解申请的驳回等)

①调解申请书或者调解申请笔录无法送达被申请人时,调解担当法官应规定一定期间,在该期间内补正地址。

②申请人未补正地址的,调解担当法官应裁定驳回调解申请。但认为通过公告送达能够进行诉讼的,可以调解不成立终结案件审理。

③对第 2 款规定的驳回裁定,不允许提出不服上诉申请。

第 3 条(调解手续费)

①申请调解的手续费,为依据《民事诉讼等印花法》第 2 条算出金额的 1/10。但依据《民事诉讼等电子文书的利用相关法律》第 8 条规定,作为登录使用人,同意利用电子信息处理系统进行民事诉讼的当事人,以电子文书形式提供调解申请书时,调解申请的手续费为据此算出金额的 9/10。

②依据上款算出的手续费不足 1000 元时,以 1000 元计。依据上款或其但书规定算出的手续费不足 100 元时,不予计算。

③除前款规定手续费外,依据本法及本规则的程序方面,申请手续费只要不违反性质,可适用《民事诉讼等印花法》。

④对前款手续费,应贴付印花支付。但,依据《民事诉讼等印花规

---

* 1990 年由韩国大法院发布,于 2020 年最新修订。——译者注

则》的规定,可用现金、信用卡、借记卡等支付。

第4条(与诉讼程序的关系)

①有关调解申请的案件处于诉讼中时,受诉法院可以用裁定方式中止诉讼程序,直至调解终结。

②依据本法第6条规定,诉讼案件交付调解时,此程序终结为止诉讼程序中止。

③依据第6条规定,将诉系属中的案件交付调解,裁定调解成立或者代替调解的,视为撤回诉讼。

④依据第3款规定,视为撤回诉讼时,调解担当法官必须将此无延迟地通知受诉法院。但依据第7条第3款规定,受诉法院自行调解时,则无须如此。

⑤依据第6条规定交付调解的案件,在调解当日当事人一方或者双方未出席情形下,调解担当法官依据法第30条规定,可进行代替调解。因当事人调解当日未出席的情况出现2次以上,不作出代替调解裁定的,应当终结调解程序,重新移送受诉法院。

⑥对第1款规定的裁定,不得提出不服上诉申请。

第5条(与执行程序的关系)

①调解担当法官根据纠纷实际,认为适宜通过调解解决争议,存在调解不成立,或者调解成立有显著困难的忧虑时,依申请提供担保或者不提供担保,可裁定相关调解标的权利的执行程序中止,直至调解终结。但不得停止对裁判文书、笔录及在法院制作的其他基于书面记载的执行程序。

②调解担当法官裁定中止执行程序后,认为必要的,可依申请提供担保或者不要求提供担保,裁定继续执行。

③对第1款及第2款申请,应说明理由。

④第1款以及第2款的担保,适用《民事诉讼法》第122条、第123条、第125条以及第126条规定。

⑤对第1款以及第2款规定的裁定,当事人可以提出即时抗告。

第6条(当事人的出席义务和代理人等)

①依据本法第15条第1款规定,收到通知的当事人本人,应在当日出席。但,在特殊情形时,可由代理人出席或者与辅助人共同出席。

②符合下列情形之一的，得到调解担当法官许可后，可由非律师担任第1款代理人或者辅助人。但，调解案件符合《小额案件审判法》第2条第1款的，适用《小额案件审判法》第8条：

1. 作为当事人配偶或四代以内亲属，参酌与当事人的生活关系，认为适合的情形；

2. 与当事人签订雇佣合同，以及此外建立类似合同关系，处理及辅助该案件相关的通常事务的人员，参酌该人员负责的事务和案件内容，认为适合的情形。

③依据本法第6条规定，将诉讼案件交付调解时，诉讼代理人也可代为调解。但应有和解或者调解的书面授权。

④调解担当法官无论何时均可撤销第2款决定。

⑤针对依据第2款作出的不予调解裁定，以及依据第4款作出的撤销调解的裁定，不得提出不服的上诉申请。

⑥第2款规定的申请必须采用书面形式。

第7条(解除对调解委员会调解委员的指定)

调解长认为在案件处理上特别必要时，可解除对调解委员会组成人员调解委员的指定。

第8条(事实调查等)

①调解担当法官或者调解委员会可向地方法院法官委托事实调查。

②调解委员会可委托调解长进行事实调查。

③调解担当法官或者调解委员会认为适合时，可委托所属法院的调解委员进行事实调查。

第9条(听取意见的委托)

调解担当法官可委托地方法院法官，听取纠纷案件利害关系人的意见。

第10条(调解委员实施受托的事实调查等)

接受第8条第1款或者第9条委托的地方法院法官认为适合时，可指定所属法院的调解委员实施委托的事实调查，或者听取意见。

第11条(调查的委托)

调解担当法官可以将必要的调查委托给公务所，或者其他认为合适的对象。

第 12 条(听取专门知识以及经验相关的意见)

调解担当法官或者调解委员会认为必要时,从所属法院的调解委员处听取基于专门知识以及经验的意见。

第 12 条之 2(笔录的制作)

①调解相关的笔录应由调解担当法官和法院事务官等签名盖章。调解担当法官无法签章的,由法院事务官记载其事由。

②依据法第 7 条第 3 款规定,受诉法院自行调解时,审判长和法院事务官等签名盖章,审判长无法签章的,其他合议部员记载其事由并签名盖章。所有法官均无法签章的,由法院事务官等记载其事由。

③调解成立时,有关笔录的制作方式应适用《民事诉讼规则》第 31 条规定。

第 13 条(费用的预交等)

①关于事实调查、召唤、告知、其他调解程序费用的预交,适用《民事诉讼法》第 116 条以及《民事诉讼规则》第 19 条、第 20 条规定。

②据本法及本规则,有关当事人等预交费用的范围和金额,适用《民事诉讼费用法》以及《民事诉讼费用规则》。

韩国调解委员规则*

第 1 条(适用范围)

依据《民事调解法》的出任的常任调解委员(以下简称常任调解委员)、非常任调解委员的调解委员(以下简称民事调解委员)以及依据《家事诉讼法》出任的调解委员(以下简称家事调解委员)的委任等,除适用《民事调解法》及《家事诉讼法》规定外,适用本规则。

第 2 条(委任)

①高等法院院长委任高等法院所属民事调解委员,地方法院院长委任地方法院本院所属民事调解委员以及地方法院本院管辖区域内的市、郡法院所属民事调解委员,地方法院分院院长委任地方法院分院所属民事调解委员以及地方法院分院管辖区域内的市、郡法院所属民事调解委员。

②每年分别由家事法院(未设立家事法院的地区,在家事法院设立之前由地方法院管辖,以下相同)院长委任家事法院本院所属家事调解委员,由家事法院分院院长委任家事法院分院所属家事调解委员。

第 2 条之 2(常任调解委员的委任)

①法院行政处长委任高等法院、地方法院以及地方法院分院所属的常任调解委员,使其依据《民事调解法》处理调解相关的事务。

②下列人员中委任常任调解委员:

1. 下列各分项合计任职 10 年以上的人员:

A. 法官、检察官、律师;

B. 有律师资格,在国家机关、地方自治团体、国公营企业、政府投资机关及其他法人,从事法律相关工作的人员;

C. 有律师资格,在公认的大学任法学系助理教授以上的人员。

2. 具有律师资格,从事民事调解委员或者家事调解委员工作 3 年以上的人员。

---

* 1963 年由韩国大法院发布,于 2020 年最新修订。——译者注

第 2 条之 3(常任调解委员的兼职限制等)

①未经法院行政处长的许可,常任调解委员不得兼任其他职务。

②常任调解委员依据《民事调解法》从事调解相关工作外,不得从事律师职业。但,符合下列情形之一的,得到法院行政处长准许后,可履行下列律师职务:

1. 依据《民法》第 777 条规定的亲属为当事人的案件;

2. 被委任为常任调解委员之前接受委托的案件。

③常任调解委员准用法官的忌避、规避及回避相关的《民事诉讼法》的规定。

第 2 条之 4(调解中心的设置及运营主体)

①法院行政处长认为高效处理调解事务需要时,可以设置调解中心。

②调解中心设置在常任调解委员履行职务的各级法院。同 1 名常任调解委员在数个法院履行职务时,法院行政处长考虑到处理事务的高效性以及地域特性,由其中 1 名法院院长管理和运营调解中心。

第 3 条(失格事由)

①符合下列情形之一的,不得被委任为常任调解委员、民事调解委员或者家事调解委员(以下简称调解委员):

1. 无行为能力以及限制行为能力的;

2. 被处以监禁以上刑罚的;

3. 公务员受到免职惩戒处分后,从同年处分之日起未满 2 年的;

4. 律师受到除名惩戒处分后,从同年处分之日起未满 3 年的;

5. 法务师受到停业惩戒处分后,从同年处分之日起未满 3 年的。

②符合下列情形之一的,酌情根据案件内容,在认为下列人员履行调解委员的职务对审判的公正和信赖没有损害或破坏的情况下,可委任其为调解委员:

1. 刑事案件中被提起公诉的人;

2. 民事、家事案件的当事人或者利害关系人;

3. 被处吊销资格以下处罚的人。

第 4 条(调解委员的解聘)

①调解委员符合下列情形之一的,应予以解聘。

1. 符合第 3 条第 1 项情形的;

2. 符合第3条第2项情形,履行调解委员职务存在损害审判公正和破坏信赖情形的。

②调解委员符合下列情形之一的,应予以解聘:

1. 被认定因身心残疾无法履行职务的;

2. 无正当理由,不回应法院2次以上调解当日参与邀请的;

3. 职务上违反义务,其他作为调解委员存在不适当行为的;

4. 此外,作为调解委员存在无法继续任职的其他相应理由的。

③常任调解委员违反第2条之3的,可予以解聘。

第5条(旅费及住宿费)

调解委员的旅费和住宿费,现定于《法院公务员差旅费规则》第10条至第13条以及第16条第1项星号2"国内差旅费支付表"规定的第2号相应人员定额支付额以内。

第6条(日薪及津贴)

①调解委员的日薪及津贴在每年预算的范围内,由大法官会议决定,从国库支付。

②向常任调解委员支付如下津贴:

1. 餐饮费津贴;

2. 交通费津贴;

3. 资料调查及研究津贴;

4. 管理业务津贴;

5. 常任出勤津贴;

6. 调解津贴。

③向民事调解委员和家事调解委员支付的津贴及向常任调解委员支付的调解津贴根据案件的难易程度、调解委员履行的职务内容、调解所需时间、介入调解程度以及参酌其他因素后,在预算范围内,调解担当法官可以增加此金额。

④不向司法研修生任民事调解委员以及家事调解委员支付日薪及津贴。但,调解所需资料收集以及其他调解长认可的实际发生费用,可予以报销。

新 加 坡

新加坡调解法[*]

第 1 条　简称与生效日期

本法是《2017 年调解法案》。

第 2 条　一般性解释

(1)本法中,除非上下文另有要求,则:

“被批准的认证方案”指,第 7 条之下一项被确定为获准之认证方案的认可或证明;

“认证调解员”指,依据一项获准之认证方案得到认证的调解员;

“被指定调解服务提供者”,指依据第 7 条确定的一个调解服务提供者;

与调解相关的“和解协议”,指部分或全部调解当事方,就解决与调解相关之争端的全部或部分内容达成的协议;

“调解协议”指第 4 条所载之一项调解协议;

与调解相关之“调解通信”指,为调解之目的或在调解过程中产生,包括调解协议或和解协议的:

(a)任何所言或所为;

(b)任何准备的文件;或

(c)任何提供的信息;

“调解机构”指,管理针对调解员之认可或证明方案的机构或组织;

“调解服务提供者”指,为调解行为提供服务,并设立调整调解行为之程序或规则的机构或组织;

“调解员”指,为一项调解被任命为调解员的个人;

“调解当事方”指,被提交调解之全部或部分争端的任何当事方,但不包括任何实施调解的调解员;

与调解相关之“第三方”指符合如下条件之个人:

---

* 2017 年由新加坡议会通过,于 2021 年最新修订。——译者注

(a)并非调解之当事方；

(b)并非进行调解之调解员；且

(c)并非调解服务提供者。

(2)若为一项调解任命了一名以上的调解员，则本法之下的调解员指所有参与该项调解的调解员。

第3条 "调解"的含义

(1)在本法中，"调解"指包括一个或多个阶段的过程，在该过程中，一名或多名调解员协助争端当事方进行以下全部或任何一项工作，以促进全部或部分争端的解决：

(a)确定争端所涉问题；

(b)探讨并提出解决选项；

(c)相互沟通意见；

(d)自愿达成协议。

(2)为第1款之目的，一个"阶段"指一名或数名调解员(在调解指定一名或多名调解员进行调解的情况下)与一个或多个争端当事方之间所进行的会议，包括任何为以下目的开展的活动(无论是调解员、争端一方还是其他人)：

(a)安排或筹备此类会议，无论会议是否举行；和

(b)跟进在此类会议上提出的任何事项或问题。

(3)为第2款之目的，一次"会议"包括以电子通信、视频会议或其他电子手段进行的会议。

(4)在本条中，"数据电文"指通过电子、磁带、光学或其他类似方式生成、发送、接收或存储的信息，包括但不限于电子数据交换(EDI)、电子邮件、电报、电传或传真；

"电子通信"指任何通过数据电文方式进行的任何通信。

第4条 "调解协议"的含义和方式

(1)本法所称"调解协议"指，二个或二个以上个人将相互间已发生或可能发生的全部或部分争端提交调解的协议。

(2)调解协议可以采用合同条款的形式，也可以采用单独协议的形式。

(3)调解协议必须书面为之。

(4)不论调解协议本身是否以口头、行为或其他方式订立，调解协

议的具体内容以任何形式记载的,均须为书面形式。

(5)一项合同援引的任何包含调解条款的文件构成一项书面调解协议,前提是该援引使该条款成为合同的一部分。

(6)提单中援引的租船合同或包含调解条款的其他任何文件构成一项书面调解协议,前提是该援引使该条款成为提单的一部分。

第5条　本法约束政府

本法对政府具有拘束力。

第6条　本法之适用

(1)受制于本条第(2)款、第(2)A款、第(3)款和第(4)款,本法适用于任何符合下列条件的、在一项调解协议下进行的调解:

(a)该项调解完全或部分在新加坡进行;或

(b)该协议规定本法或新加坡法律适用于该项调解。

[2020年第4号法案]

(2)本法不适用于下列情形:

(a)由任何成文法规定的,或在其之下进行的任何调解或和解程序、过程、方案或计划;

(b)由法院进行或依法院指令进行的任何调解,除非第(3)款之下的命令另有规定;

(c)受制于第(4)款,任何调解或和解程序、过程、方案或计划,或不属于(a)项或(b)项且被该款之下的一项命令排除在外的任何类别的调解或和解程序、过程、方案或计划。

(2A)第(2)(a)款不妨碍:

(a)2020年《新加坡调解公约法》第2(1)条所定义的国际和解协议(即本款所称之国际解决协议)成为一项本法所适用的和解协议,若除第(2)(a)款之外,该国际和解协议符合本法之要求;或

(b)一项作为本法适用之和解协议的国际和解协议,被记录为本法之下的一项法院命令,若该国际和解协议没有在《2020年新加坡调解公约法》之下被记录为一项法院命令。

[2020年第4号法案]

(3)在咨询首席大法官后,总理可以通过在政府公报上发布命令的

方式,将本法之全部或任何规定扩大适用于第(2)(b)款所载之任何调解,并为必要或便利之目的在该命令中作出保留或暂行性规定。

(4)总理可以通过在政府公报上发布命令的方式,将本法的全部或任何规定排除在适用范围之外:

(a)第(2)(c)款所载之任何调解或和解程序、过程、方案或计划的全部或任何部分;或

(b)第(2)(c)款所载之任何类型的调解或和解程序、过程、方案或计划。

(5)所有根据第(3)款和(4)款作出的命令在政府公报公布后应尽快提交议会。

第7条　调解服务提供者的选任和获准之认证方案

(1)总理可以根据其认为合适的条件,作出如下行为:

(a)指定任何调解服务提供者为本法目的之下的被指定的调解服务提供者;和

(b)将一个调解机构管理的任何认可或证明方案指定为本法目的之下的获准之认证方案。

(2)每项选任之通知都必须在政府公报上公布。

第8条　法院程序的中止

(1)若调解协议的任何一方就属于该协议内容之任何事项针对该协议的任何当事方在法院提起诉讼,则该协议的任何一方均可向该法院申请中止涉及该事项的诉讼程序。

(2)审理该案的法院可根据其认为合适的条件,就相关事项之司法程序作出中止诉讼的命令。

(3)法院在根据第(2)款作出一项命令时,可以作出其认为合适的临时或补充命令,以维护当事方的权利。

(4)为本条之目的,本条所指之当事方包括任何通过或代理他人提出诉求的个人。

第9条　披露的限制

(1)受制于第(2)款和第(3)款,个人不得向调解之任何第三方披露与调解有关的任何调解信息。

(2)在下列情形下,个人可以向调解的第三方披露调解信息:

(a)披露是在得到如下情形之同意的情况下进行的：

(i)调解之当事各方；和

(ii)对于由调解当事人以外的个人作出的调解信息，则为该调解信息的制作者；

(b)调解信息的内容属于在披露时已经向公众提供的信息，但仅因非法披露而传播于公共领域的信息除外；

(c)有合理理由相信披露是防止或减少如下情形之必要：

(i)任何人受伤的危险；或

(ii)虐待、疏忽、遗弃或剥削任何儿童或青少年(根据《儿童和青少年法案》第38章规定之含义)；

(d)披露是为了研究、评估或教育之目的而进行，且该披露不会直接或间接地透露或可能透露调解信息的制作者或任何调解信息所涉人员的身份；

(e)披露是为了寻求法律意见；

(f)披露调解信息之个人是根据《仲裁法案》(第10章)第63(1)条担任调解员的仲裁员，或根据《国际仲裁法案》(第143A章)第17(1)条担任和解员的仲裁员或裁判人员，且披露乃是根据《仲裁法案》第63(2)或(3)条或《国际仲裁法案》第17(2)或(3)条(视情况而定)进行；

(g)披露乃是根据一项法院命令，或根据任何成文法及其之下的授权或要求为之；

(h)披露是为协助执法机构调查任何成文法规定的任何违法行为；

(i)披露是为满足监管机构提出的请求或要求，且是监管机构履行职责或行使职能所必需；或

(j)调解信息涉及任何成文法规定的任何违法行为，或为实现任何非法目的而作出。

(3)尽管有第(2)款之规定，在下列情形下，一个人可以依据法院或仲裁庭在第11条之下作出的许可向调解第三方披露调解信息：

(a)为执行或挑战一项通过调解达成的和解协议；

(b)为确立或挑战针对调解员或以专业身份参与调解之任何其他人的职业不端行为的指控或申诉；

(c)为在已提起之任何司法诉讼或仲裁程序(视情况而定)中进行证据开示或其他类似程序,作为该诉讼或仲裁当事方的个人被要求披露其持有、掌握或处于其权力之下的信息;或

(d)法院或仲裁庭(视情况而定)就案件情况认为正当之任何其他目的。

[2021 年第 25 号法案,自 2022 年 4 月 1 日起实施]

(4)在本条中:

与信息相关的"披露"包括允许访问信息;

"执法机构"指,根据任何成文法负有调查违法行为或起诉违法者之职责的任何机构或个人;

"监管机构"指,在新加坡履行监管实体或个人之公共职能的任何机构或组织,无论行使该职能是否依任何成文法为之。

第 10 条　证据调解信息的可采纳性

除依第 11 条获得法院或仲裁庭的许可外,一项调解信息不得在任何法院、仲裁或纪律处分程序中被采纳为证据。

第 11 条　法庭或仲裁庭许可披露或采纳证据

(1)法院或仲裁庭可以依申请许可根据第 9(3)条披露调解信息,或根据第 10 条将调解信息接纳为证据。

[2021 年第 25 号法案,自 2022 年 4 月 1 日起实施]

(2)为第(1)款之目的,法院或仲裁庭(视情况而定)在决定是否给予许可时必须考虑以下所有事项:

(a)调解信息是否可以或已经根据第 9(2)条进行披露;

(b)披露或采纳调解信息是否符合公共利益或实现司法正义之利益;

(c)法院或仲裁庭(视情况而定)认为相关的任何其他情况或事项。

[2021 年第 25 号法案,自 2022 年 4 月 1 日起实施]

(3)若在程序寻求披露调解信息或将之接纳为证据,则:

(a)对于司法案件——申请必须向审理该案之法院提出;

(b)对于仲裁案件——申请必须向仲裁该案之仲裁庭提出;和

(c)在任何其他情况下——申请必须向高等法院综合庭提出。

[2019 年第 40 号法案]

[2021年第25号法案,自2022年4月1日起实施]

第12条　将和解协议认定为法院命令

(1)在调解中,若就未向法院提出诉讼程序之争端的相关事项达成一项和解协议,则该协议之任何一方在获得该协议所有其他各方同意的情况下,可以向法院申请将该协议判定为一项法院命令。

(2)申请必须在:

(a)和解协议达成后的八周内提出;或

(b)法院所允许更长的期限内提出。

(3)受制于第(4)款,在下列情形下,法院可以将和解协议认定为一项法院命令:

(a)调解由指定的调解服务提供者实施或由经认证的调解员进行;

(b)协议为书面形式,且由协议各方或其代表签署;和

(c)协议包含法院所指示的信息。

(4)在以下情况下,法院可以拒绝将和解协议认定为一项法院命令:

(a)协议因无行为能力、欺诈、虚假陈述、胁迫、强迫、错误或任何其他使合同无效的原因而无效或可撤销;

(b)协议的主要内容不能通过协议形式解决;

(c)协议的任何条款不能通过法院命令执行;

(d)若协议包含之主要内容涉及儿童的福利或监护权,且该协议之一项或数项条款不符合儿童的最大利益;或

(e)将协议记录认定为一项法院命令违背公共政策。

(5)依本条之规定被认定为法院命令的一项和解协议,得与法院作出的判决或命令以相同方式执行。

(6)为本条之目的:

(a)若和解协议所涉主要事项属于家事法院的管辖范围,则该情况下所指之和解协议是指依第14条达成的,《家庭司法规则》所规定的一个或多个类别的且可以被认定为法院命令的和解协议;和

(b)若和解协议所涉主要事项属于国家法院、家事法院或高等法院一般分庭的管辖范围,则该情况下所指之法院是指一

个国家法院、家事法院或高等法院一般分庭。

[2019 年第 40 号法案]

第 13 条　法庭规则

(1)根据《最高法院司法组织法案》(第 322 章)第 80(3)条组成之"规则委员会"可以就本法之下的任何相关事项制定调整上诉法院、高等法院一般分庭和国家法院之行为或程序的法庭规则。

[2019 年第 40 号法案]

(2)根据本条制定的所有法庭规则应在政府公报上公布后尽快提交议会。

第 14 条　家事诉讼规则

(1)根据 2014 年《家事诉讼法》(2014 年第 27 号)第 46(1)条组成的"家事诉讼规则委员会"可以制定"家事诉讼规则":

(a)规定可以根据第 12 条被认定为家事法院命令的和解协议的类别;和

(b)就本法项下之任何事项规范家事法院的实践和程序。

(2)根据本条制定的所有家事诉讼规则应在政府公报上公布后尽快提交议会。

第 15 条　规则

(1)总理可以为实施本法、或实施本法之必要或便利制定规则,就本法所要求或允许之事项作出规定。

(2)第(1)款授予的权力不扩展适用于第 13 条或第 14 条(视情况而定)所载之法院规则或家事诉讼规则所涉的任何事项。

第 16 条　过渡性条款

(1)除第(2)款另有规定外,本法不适用于 2017 年 11 月 1 日之前开始的任何调解。

(2)在下列情形下,本法或本法的任何规定可以适用于在 2017 年 11 月 1 日之前开始的调解:

(a)截至该日,调解尚未完成或结束,且未达成和解协议;和

(b)该调解的所有当事人均同意本法或该规定适用于该调解。

(3)为第(1)款和第(2)款之目的,为解决争端之全部或部分的调解从所有当事方同意将该争端之任何部分提交调解之日起开始。

2020 年新加坡调解公约法*

简　　称

第一条

本法为《2020 年新加坡调解公约法》。

释　　义

第二条

(1)在本法中,除文本另有所指外:

"公约"是指《联合国关于调解所产生的国际和解协议公约》(又称《新加坡调解公约》),该公约于 2019 年 8 月 7 日在新加坡开放供签署,其英文文本在附录中列出;

"国际和解协议"是指本法第 3 条应予适用的和解协议;

"调解"(无论使用"Mediation"还是"Conciliation"或类似含义的其他术语)是指符合下述条件的一项程序:

(a)当事人尝试在一名或多名第三方(本法称为"调解员")协助下以友好方式解决其争端;并且

(b)调解员无权向争议当事人强加解决方案;

"当事人"在调解的语境中不包括进行调解的任何调解员;

"和解协议"是指当事人通过调解程序,以书面形式达成的解决其商事争议的协议;

(2)为明确第(1)款中"和解协议"的定义:

(a)和解协议的内容以任何形式记录的,该和解协议即视为"书面形式";

(b)电子通讯方式,如其所含资讯可供获取以备后续查验的,即

---

* 2020 年由新加坡议会通过,于 2021 年最新修订。——译者注

视为满足和解协议的书面形式要求。

(3)本法所称“国家”,应采《新加坡调解公约》第12条和第13条的规定理解。

(4)本法所称“高等法院”,自2021年1月2日及之后,乃指“高等法院综合庭”。

(5)本法所称“上诉法院”,自2021年1月2日及之后,乃指“高等法院上诉庭”或“上诉法院”。

法 律 适 用

第三条

(1)除本条的第(2)款另有规定外,本法适用于在缔结时属于《新加坡调解公约》第1条第1款(a)项和(b)项所规定的国际和解协议,并应与《新加坡调解公约》第2条第1款一并理解。

(2)本法不适用于:

(a)《新加坡调解公约》第1条第2款和第3款提及的和解协议;或

(b)与新加坡政府根据《新加坡调解公约》第8条作出并未经撤回的保留相关的和解协议。

(3)《新加坡调解公约》第12条、第13条适用于本条第(1)款和第(2)款所提及的公约条款的解释。

(4)本法对政府具有约束力。

与国际和解协议有关的申请

第四条

(1)符合本法规定的情况下,国际和解协议中的任意一方当事人可以:

(a)为实现以下目的,向高等法院申请将和解协议记录为法院命令:

(ⅰ)在新加坡执行该协议;

(ⅱ)在任何就该协议所涉的国际纠纷而生的新加坡法院诉讼程序中,援引该协议,以证明相关事项已得到解决;

(b)在任何高等法院(无论是原诉或上诉)或上诉法院的以下诉讼程序中,向高等法院或上诉法院提出申请,以在相关诉讼程序中援引该协议,证明该事项已得到解决:

(i)诉讼程序的当事人即为该国际和解协议的当事人;及

(ii)诉讼争议涉及一方当事人声称已由和解协议解决的事项。

(2)本条不限制国际和解协议一方当事人在本法之外存在或可能产生的任何权利或救济途径。

准予将国际和解协议记录为高等法院命令

第五条

(1)符合本法规定的情况下,高等法院可对根据第 4 条第(1)款第(a)项提出的申请,准予将国际和解协议记录为法院命令。

[2021 年第 25 号法案,自 2022 年 4 月 1 日实施]

(2)符合本法规定的情况下,由高等法院记录为法院命令的国际和解协议:

(a)可以与高等法院作出的判决或命令相同的方式执行;

(b)可被根据第 4 条第(1)款第(a)项提出申请的当事人在任何法律程序中作为抗辩、抵销或其他救济方式的依据。

[2021 年第 25 号法案,自 2022 年 4 月 1 日实施]

根据第 4 条提出的申请的相关规定

第六条

(1)国际和解协议的一方当事人提出第 4 条第(1)款所述的申请时,必须向受理申请的法院提供下列文件和证据:

(a)经协议各方签署的国际和解协议或其认证副本;

(b)证明该国际和解协议产生于调解程序的相关证据,例如:

(i)进行有关调解的调解员在国际和解协议上的签名;

(ii)经进行调解的调解员签署的、意在指明有关调解已经进行的相关文件;

(iii)管理有关调解程序的机构提供的证明;

（ⅳ）在没有上述第（ⅰ）、（ⅱ）或（ⅲ）目的情况下，受理申请的法院可接受的其他任何证据。

（2）如以电子通讯方式，符合下列条件的，即视为满足本条第（1）款的规定，从而符合国际和解协议应由当事人签署或者由进行调解的调解员签署的要求：

（a）采取某种方法以识别当事人或调解员身份，并指明当事人或调解员有关电子通讯中所含信息的意思表示；并且

（b）这种方法：

（ⅰ）已考虑各种情形及相关约定，对于生成或者传递电子通讯所要达到的目的，实属可靠且适当；或者：

（ⅱ）就其本身或结合进一步证据，事实上可被证明能实现上述第（a）项中所述的功能。

（3）国际和解协议当事人提出第 4 条（1）款所述的申请的，法院可以要求其提供任何必要文件，以证实该申请符合公约的要求。

（4）如国际和解协议并非以英文书写，则该协议必须附有经认证的英文译本。

（5）本条所称"经认证"，是指已按照以下方式进行的认证：

（a）以符合根据《1969 最高法院司法制度法》第 80 条第（3）款组成的规则委员会所制定的规则的方式进行的；或者

（b）以第 4 条第（1）款所述申请的受理申请法院确定的方式进行的。

拒绝申请的理由

第七条

（1）受理申请法院对于第 4 条第（1）款所述申请，可根据寻求执行或者援引国际和解协议所针对的当事人（以下简称"当事人 A"）的请求，拒绝准予申请，但 A 需基于本条第（2）款所列的理由进行举证。

（2）就第（1）款而言，理由包括：

（a）国际和解协议一方当事人处于某种缺乏行为能力状况；

（b）该国际和解协议：

（ⅰ）根据当事人有效约定的管辖法律，或在缺乏法律适用

指引的情况下受理申请法院认为应当适用的法律，实属无效、失效或者无法执行、履行的；

(ⅱ)根据其条款，协议不具约束力或者并非终局的；或者

(ⅲ)随后被修改的；

(c)国际和解协议中的义务：

(ⅰ)已经履行的；或者

(ⅱ)不清楚或者无法理解的；

(d)如果准予第 4 条第(1)款所述相关申请，将违反该国际和解协议的条款；

(e)进行调解程序并达成该国际和解协议的调解员严重违反适用于调解员或者调解的准则，而若因此等违反，当事人 A 本不会订立国际和解协议；

(f)以及：

(ⅰ)调解员未向国际和解协议的各方当事人披露足以引起对调解员公正性或者独立性产生正当怀疑的情形；并且

(ⅱ)就第(ⅰ)项所列内容未披露的行为对一方当事人有实质影响或不当影响，而若非因此种未披露，该方当事人本不会订立国际和解协议。

(3)除第(1)款的规定外，受理第 4 条第(1)款所述申请的法院在下列情形下，也可以拒绝准予申请：

(a)准予该申请将违反新加坡的公共政策；或者

(b)根据新加坡现行有效法律，由该国际和解协议解决的争议事项无法以调解方式解决。

法院命令的撤销

第八条

国际和解协议已根据第 5 条第(2)款记录为法院命令，而被要求执行或援引的法院命令所针对的一方当事人缺席的情况下，高等法院可应该方的申请，基于第 4 条第(1)款第(a)项所述高等法院可以拒绝将国际和解协议记录为法院命令的申请的任一理由，撤销法院命令。

平行申请或者请求

第九条

如果国际和解协议所涉争议事项已经提交至任何国家的法院、任何仲裁庭或其他主管部门,而这一状况可能影响批准第 4 条第(1)款所述申请的,受理申请的法院可以:

(a)在其认为适当的情况下,暂停该对申请作出决定;并且

(b)应一方当事人的请求,命令另一方当事人提供适当担保。

法 院 规 则

第十条

根据《1969 最高法院司法制度法》第 80 条第(3)款组成的规则委员会可就以下方面制定法院规则:

(a)任何法院就本法所规定的事项的申请、程序、惯例和其他程序性事项等;以及

(b)这些申请和其他程序性事项的费用。

规 章 制 度

第十一条

(1)律政部部长可制定规章制度,规定本法要求或者允许规定的事项,或者规定为执行和实施本法所必需或者方便规定的事项。

(2)本条第(1)款授予的权力,并不适用于制定第 10 条所述法院规则的任何事项。

新加坡国家法院实操指引*（节选）

41. 调　　解

开庭陈述

（1）当事人各方必须于首次调解举行日之前，至少提前 2 个工作日向国家法院的法院争议解决库（Court Dispute Resolution Cluster，CDRC）提交并向所有其他当事人送达开庭陈述。开庭陈述应以电子邮件形式向 statecourts_cdr@statecourts.gov.sg 发出，不经电子存档服务系统（Electronic Filing Service）存档。

（2）开庭陈述应当采用《操作指南》（Practice Directions）附件 A 表格 9J 规定的格式。可从 http://www.statecourts.gov.sg 官网下载该表电子版。

（3）开庭陈述应当简洁，不超过 10 页。

参加调解

（4）当事人各方应亲自参加调解。

（5）参与案件前期工作的事务律师，应当参加调解的全过程。

（6）在公司或其他实体情形下，接受和解授权委托的代理人应当参加调解。仅代理机构（board 或 body）有权代表实体进行和解的，该实体应向该代理机构委派最了解案情，有能力提出和解建议的人士。

调解员

（7）由法官或 CDRC 中的助理调解员（Associate Mediator）进行调解。助理调解员为调解志愿者，获新加坡国家法院和新加坡调解中心认证。当事人的案件由助理调解员进行调解的，将向当事人函告。

调解程序

（8）国家法院网站 http://www.statecourts.gov.sg 规定了调解程序

---

* 2014 年由新加坡国家法院发布。——译者注

信息。与审判不同的是,调解的初衷并非认定哪一方是争议的过错方。调解员的角色作用是协助当事人谈判,就争议达成可能的和解。当事人双方跟随各自事务律师参加调解,除与调解员沟通外,还有机会相互沟通。

(9)相比庭审,调解程序更加非正式。调解员主持调解中,将行使酌定权,旨在引导当事人共同达成解决方案。

新加坡国家法院：法庭调解道德规范和基本原则*

1. 适用范围与定义

本《法庭调解道德规范和基本原则》(以下简称本准则)适用于国家法院主持的任何调解。特别适用在国家法院争议解决中心(State Courts Centre for Dispute Resolution, SCCDR)、小额索赔法庭(Small Claims Tribunals, SCT)调解的所有司法官员，以及在国家法院工作的志愿者调解员[1]。

2. 调解宗旨和调解员的共同价值观

2.1 调解的宗旨，也是法庭调解员的使命，就是“帮助法庭用户通过非对抗情境下共同解决问题的努力，弥合分歧，而非诉诸审判”。

2.2 愿景是“展望未来，法院用户将争议解决中心(Centre for Dispute Resolution, CDR)作为法院争议解决首选。旨在营造有利环境，帮其系统解决各种冲突，实现定分止争。有志于强化家庭关系、工作关系和社会关系，增进理解”。

2.3 调解之道的核心原则体现在法庭调解员的如下共同价值观：

(a) 尊重。尊重关心每位个体，以非裁判方式倾听其意见，理解其关切，尊重其决策权利。

(b) 赋权。寻求扩大每位个体当事人行使选择权和诉讼自由权的能力。

(c) 解决争议。帮助法庭用户理解并形成自主选择权，促成冲突全面、有效解决。

(d) 公正。在所有调解进程中保持中立。

(e) 公平。为司法提供公平、非对抗的程序保障。

---

* 2019年由新加坡国家法院发布。——译者注

[1] 包括工作于SCCDR和SCT的志愿者调解员和司法官员。

(f)诚信。坚持司法实践道德高标准,认同透明诚信价值观。

3. 道德声明

下列道德规范应得到全体法庭调解员的遵守。

3.1 概括声明

3.1.1 调解员应真诚履职,不得损害当事人利益为自己谋私利。

3.1.2 调解员应采取各种方式,促进当事人各方相互尊重。

3.1.3 调解员应促进参与调解的各方诚信。调解人不得故意歪曲任何决定性事实。

3.2 公正中立

3.2.1 调解员应致力于公正调解,调解中协助各方,不助长调解中对抗气氛。

3.2.2 调解员对是否能以无偏袒形象调解存疑的,应告知其上级,退出调解。

3.2.3 调解员应避免使用给人偏袒一方印象的任何言行。

3.2.4 调解员应于调解期间及其后,避免利益冲突,亦应避免给人以利益冲突的印象。调解员牵涉诉争标的,或与当事人一方有关系,可能引发是否能保持公正问题的,可能产生利益冲突。

3.2.5 调解员应当披露所有实际存在和潜在的利益冲突,应当解答担心披露后是否产生冲突的任何问题。应于调解前或调解员意识到任何实际存在的和潜在的利益冲突时进行披露。

3.2.6 调解员披露所有实际存在和潜在的利益冲突后,当事人各方均同意继续担任调解员的,方可继续调解。但调解员继续调解如被客观第三方认为对调解的公正性造成伤害的,调解员应当退出,无论当事人有何相反的意愿表达。

3.2.7 调解结束后,调解员不得与调解当事人任何一方建立可能引发调解程序公正性问题的任何关系。

3.3 保密

3.3.1 调解员应尊重当事人的隐私。尤其是,调解员不得向案外人交流有关调解当事人如何调解的任何信息。

3.3.2 调解员不得向其他当事人透露背靠背调解中了解到的、披露方说明应予以保密的任何信息。

3.4 尊重并赋权于当事人

3.4.1 调解员应始终尊重当事人的决定权。调解员应帮助当事人澄清问题,形成并讨论选项,将是否和解、如何和解的决定权交给当事人。

3.4.2 调解员应于调解开始明确告知当事人,有权自主决定是否和解、如何和解。

3.4.3 调解员不得使用任何言行,给人以当事人必须依照调解员建议或指示达成和解的印象。

3.4.4 调解员不得为了迫使当事人就案件达成和解,对当事人施加任何不当影响,不得操纵、威胁、胁迫当事人。

3.5 对 CDR 的滥用

3.5.1 有理由相信调解当事人故意拖延调解程序,取得不公平优势地位,或追求非法或令人反感目的,滥用调解程序的,调解员应终止调解。

4. 基本原则概述

4.1 我们的使命、共同愿景和核心价值观的要旨,是为法庭调解提供如下指南:

(a) 调解员帮助法庭用户弥合分歧

我们的角色是,促成争议解决,但当事人有权决定如何解决争议。

调解员可劝说当事人某种做法更有益,但不得指示、胁迫、催促当事人改变主意,即使认为当事人选择不正确或无益处。

赋权核心价值时,调解员在调解期间应利用良机,突出当事人有权决定如何就争议事项达成和解,尤其在当事人感到决策紧张的关键时刻。

实现尊重的核心价值时,调解员应以非裁判方式,倾听当事人相左意见,争取理解当事人的关切和动机。

(b) 调解员通过共同解决问题,弥合法庭当事人分歧

调解将当事人的冲突作为问题,由当事人各方、律师、调解员共同解决,并非律师所代表的当事人之间的竞争。

调解员应尽可能促使调解中的律师和当事人解决方案的形成,帮助当事人相互理解。采取背靠背调解方式的,为寻求解决方案,调解员应问及双方律师。调解员应寻求扩大当事人和律师范围,通力合作,解决问题。

(c) 调解员为争议解决提供非对抗场景

按照我们愿景,应向当事人提供有利氛围,助其解决冲突。调解员必须保持公正中立。其言行不得使当事人产生偏颇之感。

除非在极为鲜见情形下,蛮横当事人蔑视调解员的善意,或将调解员的善意理解为软弱可欺,调解员不得主张调解员办公室(mediator's office)赋予的权力。

调解员必须将调解设计为非对抗的争议解决过程,对该过程应进行控制,尽可能在当事人之间维持非对抗的争议解决场景。

新加坡国际调解中心调解规则*

1. 规则的适用

1.1 本调解规则(以下简称规则)适用于由新加坡国际调解中心(Singapore International Mediation Centre, SIMC)管理的所有调解,但若是依据新加坡国际仲裁中心(Singapore International Arbitration Centre, SIAC)和SIMC之间的"仲裁—调解—仲裁"议定书(以下简称AMA议定书)管理的调解,则应在必要时修改本规则以符合AMA议定书的条款。

1.2 各方当事人经调解员和SIMC同意后可在任何时候对本规则的规定协议进行修改。

2. 调解程序的开始

2.1 欲按照本规则进行调解的一方或多方当事人应按照本规则附录A所载之表格提出调解的书面申请(以下简称调解申请),并连同附录B所列适用的申请费一并提交。

2.2 该申请表的副本应送交至调解的所有其他当事人。

3. 调解协议〔1〕

3.1 若调解申请是依据在SIMC进行调解的调解协议作出的,调解申请应附上相应协议作为证明。

3.2 依据在SIMC进行调解的调解协议提出的调解申请,SIMC将以书面方式确认调解申请已收讫。SIMC确认之日应视为调解申请提交存档之日及调解程序开始之日。

3.3 若该调解要求并非依据在SIMC进行调解的调解协议作出,SIMC将就调解的建议及时联络各方当事人,并协助各方当事人考虑该

---

* 2019年由新加坡国际调解中心发布。——译者注

〔1〕 根据AMA议定书管理的案件,本规则第3.1条至第3.4条将根据AMA议定书条款作出修改。

建议。SIMC 发出书面确认书给各方当事人确认已达成调解协议之日应视为调解程序开始之日。

3.4 若对于是否存在在 SIMC 进行调解的调解协议有任何疑问，SIMC 可要求各方当事人提供进一步的信息或采取其他适当的步骤。

4. 调解员的指定

4.1 各方当事人可共同提名 1 名调解员，经 SIMC 确认后为其进行调解。该提名可以从 SIMC 的调解员名册或其他名册中选择。

4.2 如果各方当事人在调解开始后的 10 日内无法就提名调解员一事达成协议，调解员将由 SIMC 从其 SIMC 调解员名册中指定。若 SIMC 的调解员名册中没有合适的调解员，SIMC 也可以从其合作机构的名册中的指定调解员。

4.3 在确认或指定调解员时，SIMC 应考虑调解员的特质，包括但不限于国籍、语言水平、技术、资质、专业领域、经验及其候选调解员是否有时间进行调解。

4.4 各方当事人可依据本规则的规定提名多于 1 名调解员，或要求 SIMC 指定多于 1 名调解员。SIMC 在适当的情况下可向各方当事人建议委派多于 1 名调解员。届时，凡在本规则中提述“调解员”之处，将视为提述多于 1 名调解员。

4.5 在确认或指定调解员之前，候选调解员应书面作出一个有关接受任命、有时间处理案件、具有中立性和独立性的声明，并应及时向各方当事人披露已知的可能对调解员独立性及中立性产生合理怀疑的任何实际或潜在的利益冲突。

4.6 任何一方当事人可基于所披露的任何实际或潜在的利益冲突对该调解员的指定提出异议，或选择接受该冲突。

4.7 若任何一方当事人对该调解员的指定提出有根据的反对，其应尽快以书面方式通知 SIMC 和所有其他当事人，SIMC 可在接获该反对通知后的 5 个工作日内指定另 1 名调解员。

4.8 在调解进行期间若发生利益冲突，或在调解员或任何一方当事人提出的特殊情况下，SIMC 可替换调解员。

5. 收费及费用

5.1 提交调解申请的一方或多方当事人，应按照本规则附录 B 的规定,支付一笔不予退还的申请费。

5.2 在调解开始后,SIMC 将要求所有当事人提交一笔或多笔保证金以负担本规则附录 B 中所列之 SIMC 的管理费、调解员收费以及 SIMC 和调解员的其他开支。

5.3 如果当事人未按要求缴付保证金,中心可暂停或终止调解程序。

5.4 程序终止时,SIMC 应对调解的总费用进行结算,并按本规则将多缴付的部分退还当事人或要求当事人补缴未缴足的部分。

5.5 除非各方当事人另有书面约定,否则 SIMC 所要求缴付的所有保证金及结算的费用应由各方当事人平均承担。

5.6 若一方当事人未能缴付其应付的保证金及费用份额,任何其他当事人可缴付其未缴付的部分款项。

5.7 除非各方当事人另行约定,当事人各自的任何其他开支应由自行承担。

6. 调解的进行

6.1 SIMC 将与各方当事人协商后决定调解地点,并可能作出下列事项以促进各方当事人在调解时达成完全的解决方案:

a. 指定合适的调解员;

b. 协助各方当事人订立调解协议;

c. 安排适合的调解地点与时间;

d. 组织任何相关的信息与文件交换;

e. 提供行政与后勤支持;以及

f. 提供案件管理服务。

6.2 各方当事人可以通过协议方式决定调解所用的语言,并在 SIMC 所规定的时间内告知 SIMC 相关协议。若各方之间未达成协议,SIMC 将在与调解员协商后决定调解的语言。

6.3 各方当事人应在 SIMC 所规定的时间内告知 SIMC 其出席调解会议的各方代表和代理人的姓名。

6.4 各方当事人应在预定调解之日前至少 10 日或调解员可能规定的其他时间前,将其案件陈述和任何有关文件提交 SIMC 并互相交换该等文件。

6.5 SIMC可在适当的情况下安排调解前会议，以商讨调解的进行方式及程序，包括设定相关时间表等。为避免歧义，调解前会议可通过面议、电话会议或其他电子通信方式进行。

6.6 在决定调解的进行方式及程序时，调解员应充分尊重各方当事人的意愿，并保持公平与公正。

6.7 调解员可以在预定调解日之前及调解进行期间，以及若在预定调解时未能完全解决争议而在预定调解日之后的一段时间内，通过口头或书面、面议或电子或任何其他方式共同或与各方单独联络，以促进达成完全的解决方案。

6.8 经各方当事人同意，调解员可就技术方面的问题寻求专家的意见或协助，而由此产生的任何费用应由各方当事人承担。

6.9 各方当事人均应在准备调解及参与调解过程中善意行事。

7. 调解的终止

7.1 依据本规则开始的调解在下列情况下即告终止：

a. 各方当事人签署书面和解协议；或

b. SIMC于以下事件发生后并经当事人书面确认终止后，以下事件以最早发生的为准：

ⅰ. 任何一方当事人书面通知SIMC、调解员及其他各当事人其已决定撤回调解申请；

ⅱ. 调解员书面通知SIMC及各方当事人调解应终止；

ⅲ. SIMC书面通知各方当事人任何设定的调解时限，包括任何该等时限的延期，均已期满；或

ⅳ. SIMC书面通知各方当事人他们其中一方或多方依据本规则应付的款项已逾期超过14日未支付。

8. 和解协议

8.1 任何在调解期间达成的和解协议均应以书面形式作出，并由各方当事人或其代表签署。

8.2 为避免歧义，和解协议可通过电子记录的方式作出，各方当事人也可通过电子签名的方式签署。

8.3 在达成和解协议后，调解员应立即通知SIMC和解协议已达成，并向SIMC提供该协议的副本。

8.4 和解协议可使用本规则附录C所载的格式做实质记录。

9. 保密

9.1 在不违反各当事人之间的任何协议、新加坡2017年《调解法案》及任何适用法律项下：

a. 调解是非公开及保密的；及

b. 除因履行或执行和解协议所需，各方当事人之间的任何和解协议皆不得披露。

9.2 除非适用法律另有要求外，在调解时所作出的一切通信，包括任何披露的信息及就任何拟定的解决方案所发表的观点，皆不得在任何司法、仲裁或类似的程序中使用。

9.3 除非适用法律另有要求，或除非所有当事人及调解员另有书面约定外，调解员不可在任何司法、仲裁或类似的程序中就根据本规则进行的调解的任何内容作证。

9.4 除非获得各方当事人及调解员的许可，否则除任何各方当事人、其代表及顾问和调解员以外的人士皆不可出席调解。

9.5 除因记录和解协议所需，调解过程中一律不作誊本或正式记录。

10. 一般规则

10.1 除非调解程序中存有欺诈或故意的不当行为，否则调解员、SIMC及其职员概不对任何人士就与该调解有关的任何作为或不作为负责。

附录A 调解申请表(略)

附录B
费 用 表

每一方应支付的费用(新币)	
申请费	$1000
选择及指定调解员	$1000(每一调解员)
预定及布置场地及茶点	$1000
调解前案件管理	$2000
实际工作日案件管理费用(每天9:30至17:30)	$1000
超时案件管理费用 (工作日18:00后及/或周末及/或公众假期)	每小时$500

调解员收费
按调解员商业收费计算

附录 C
和解协议格式

案件号码：

甲方姓名/代表律师：
乙方姓名/代表律师：

调解员姓名：
调解服务提供方：

协议签订日期：
和解条款内容：

经各方当事人同意,并为了完全及最终解决【 】的请求：

“【 】应支付下列款项【 】：” *
【须注明付款日记及利息从何日开始计算。】

【和解协议的其他条款】*
*可根据需要进行删除/修改

甲方签名：
乙方签名：

新加坡调解中心调解服务调解程序*

1. 调解程序

1.1 由新加坡调解中心(Singapore Mediation Centre,SMC)进行的调解程序受本调解程序管理。

1.2 寻求调解争议的各当事方可以通过向 SMC 发送填写好的调解申请表(参见附件 A)来启动调解程序。

1.3 如不是争端各方均已启动调解,SMC 将:

(a)在提出申请之日起 14 日内,联系其余各方,说服其参与调解程序;并

(b)在提出申请之日起 21 日后,如当事各方仍无法就调解日期达成一致,则当事各方同意善意努力在此后的一段合理时间内安排进行调解,但时间不得超过提出申请之日起的 6 个月。

1.4 调解程序涉及的人员包括当事各方及其代表及/或顾问(如有)以及调解员。调解将以保密形式进行,所有通信内容均将遵循"不妨碍"原则。

2. 调解协议

2.1 在进行调解之前,当事各方将根据附件 B 中关于调解开展的《调解协议范本》订立协议(以下简称调解协议)。为免生疑问,调解协议可采用电子记录的形式,并可签署多份副本。

3. 当事各方

3.1 一般而言,个人应亲自出席调解。对于法人实体而言,当事各方可以指定代表代为出席调解。当事各方将授予其代表解决争端所必需的权限。当事各方将在 SMC 指定的时间内向 SMC 和调解员提供参加调解的代表及/或顾问的姓名。

---

* 2018 年由新加坡调解中心发布。——译者注

3.2　调解员将征询当事各方意见后确定调解程序中应采取的措施。当事各方在签署调解协议后,即视作已接受本程序的相关条款并受其约束。

4. 调解员

4.1　在当事各方签订调解协议后,SMC 将任命一名或数名人士担任调解员。

4.2　SMC 在遴选过程中将选择其认为最适合担任调解员的人选。如任何一方当事人有任何正当理由反对某个人选,则 SMC 会另行委任一名人士。

4.3　被选为调解员的人士将披露任何可能造成偏见印象或妨碍其及时任职的任何情况。除当事各方另有决定外,SMC 将在收到此等披露后,立即另行委任一名人士担任调解员。

4.4　调解员:

(a)会在调解启动前作好适当准备;

(b)会遵守调解协议及附件 C 操守准则的条款;

(c)可协助当事各方拟定任何书面和解协议;及

(d)一般而言,会促成当事各方之间的协商,并主导商讨的方向,以期找到各方均能接受的解决办法。

除非当事各方明确要求,调解员不会就争端作出任何裁定/裁决。

4.5　调解员(或其所属事务所或公司的任何成员)在与调解标的有关的任何时间不得代表任何一方行事。调解员和 SMC 不是任何一方的代理人,亦不以任何身份行事。调解员不是 SMC 的代理人。

5. SMC

5.1　SMC 将为调解作出必要的安排,包括:

(a)委任调解员;

(b)安排调解场所及指定调解日期;

(c)组织交换案情摘要及文件;及

(d)提供一般行政支持。

5.2　SMC 可协助起草调解协议。

6. 交换资料

6.1　当事各方应至少在调解前十(10)日向对方、调解员和 SMC 提

供以下资料:

(a)一份简明的案情摘要;及

(b)该当事人希望在调解时倚赖的案情摘要所述的所有文件的副本。

6.2 每一方当事人亦可向调解员和 SMC 传达其不希望向其他各方披露的资料。此等指示必须采用书面形式。

6.3 当事各方应努力就各自案情摘要拟包含的最大页数以及拟提交的证明文件的最大页数达成一致。各方亦应努力就一套联名文件达成一致。

6.4 如案情摘要是以电子记录的形式提交的,则其文件大小不得超过 5MB。

6.5 如文件(案情摘要除外)是以电子记录的形式提交的,则其文件大小不得超过 5MB。

7. 调解

7.1 调解将以保密形式进行,不得保存任何文字记录或正式记录。不会对调解程序进行音视频录制。调解期间只允许调解员、当事各方及/或其代表及/或顾问出席。

7.2 调解期间进行的所有通信,包括披露的资料及表达的意见,均须严格遵循"不妨碍"原则,不得在任何调解程序中使用。

7.3 调解员经当事各方同意,可就技术事项征求专家意见,由当事各方承担所发生的费用。

7.4 调解员可与当事各方举行全体联席会议,亦可与每一方单独举行会议,无论是在调解之前还是在调解期间。

7.5 如未能达成和解,且应各方要求并经调解员同意,则调解员将出具一份不具约束力的和解条款建议书。该建议书仅表达调解员自身作出的评价。除非征得调解员和各方当事人同意,否则不得在任何性质的法律程序中使用该建议书。

7.6 为免生疑问,"调解"一词的含义包括 2017 年《调解法》(2017 年第 1 号)(以下简称 2017 年《调解法》)第 3 条所规定的定义。

8. 和解协议

8.1 调解达成的任何和解,在书面记录在案并由当事各方或其代表签署之前,均不具约束力。

8.2　为免生疑问,已形成书面文件的和解可采用电子记录的形式。

8.3　为免生疑问,如形成书面文件的和解采用了电子记录的形式,则可通过电子签名方式进行签署。

8.4　和解协议可根据 2017 年《调解法》第 12 条记录为一项法院命令。

9. 终止

9.1　任何一方当事人均可向 SMC、调解员和其他各方发出书面退出通知,而随时退出调解。

9.2　在下列情况下,调解将终止:

(a)一方当事人退出调解;

(b)达成书面和解协议;

(c)调解员决定继续调解不可能达成和解;或

(d)调解员基于操守准则所述的任何理由决定退出调解。

10. 法律程序的中止

10.1　除非当事各方另有约定,调解不得妨碍任何诉讼或仲裁的启动。

10.2　在法律程序已经启动的情况下,除非法院或仲裁庭(视情况而定)另有命令,否则调解不得当作此等法律程序的中止。

11. 保密

11.1　在本条下文所载的规则应结合 2017 年《调解法》解读,特别是该法的第 9、10 和 11 条。

11.2　所有参与调解的人士均正式承诺对下列内容保密,不将其用于任何附带用途或不可告人的用途:

(a)即将进行或已经进行调解;

(b)另一方当事人在调解过程中表达的任何意见或提出的任何和解建议或提议;

(c)调解员提出的任何建议或表达的任何意见;

(d)另一方当事人是否愿意接受调解员提出的和解建议;及

(e)为进行调解而出示的或因调解而产生的所有信息(不论是口头或书面的),包括任何和解协议,但为执行及强制执行任何该等和解协议而直接所需的信息除外。

11.3 所有文件(包括任何以电子方式存储的文件)及/或为进行调解而出示的、因调解而产生的或在调解之后而生成的任何其他资料,均不得在与争端有关的任何法律程序中予以开示。

11.4 当事各方不得在与争端有关的任何法律程序中传唤调解员或 SMC(或任何雇员、高管或代表)作为证人、顾问、仲裁员或专家。

12. 相关费用

12.1 当事各方应向 SMC 支付申请费。除申请费外,所有应付给新加坡调解中心的费用(包括调解员费用)将由当事各方均等承担。费用会按照附件 D 所列的收费表收取。

12.2 每一方当事人会自行承担其参与调解的费用、开支及支出以及其在调解过程中的顾问费用。

13. 责任的免除

13.1 调解员对其提供的调解服务相关的作为或不作为不向当事各方承担责任,除非该作为或不作为具有欺诈性或涉及渎职行为。

13.2 SMC 不对调解员提供的服务方面的或与调解有关的作为或不作为向各方承担责任。

13.3 当事各方不得就与以下事项相关或有关的任何事项向调解员及/或 SMC 及其高管及雇员提出任何索赔:

(a)调解;

(b)调解员及/或新加坡调解中心提供的服务;及/或

(c)当事各方之间的争端。

14. 解释

14.1 本调解程序中的任何规定均由 SMC 负责解释。

附件 A 调解申请表(略)

附件 B

商事调解计划调解协议

本调解协议系由下列各方签订:

(1)新加坡调解中心,地址位于 Level 4,1 Supreme Court Lane,

Singapore 178879(以下简称 SMC);

(2)____________,地址位于____________(以下简称甲方);

(3)____________,地址位于____________(以下简称乙方);

(4)____________,地址位于____________(以下简称调解员);和

(5)____________,地址位于____________(以下简称调解员)。

鉴于:

A. 甲乙双方(以下简称双方)已申请由 SMC 的商事调解计划(以下简称该计划)提供调解服务,以协助双方解决纠纷。

B. 双方同意善意尝试通过调解解决争端。

C. SMC 和调解员同意提供调解服务,以协助双方根据该计划的规定解决争端。

各方达成如下协议:

1. 同意信守和解协议

1.1 各方同意信守因进行调解程序而达成的和解协议并执行和解协议条款。

2. 调解期限及过程

2.1 双方同意:

a. 遵守 SMC 的调解程序,包括关于上述调解的期限及过程的调解程序。

b. 调解过程的涉及人员会包括双方及其代表及/或顾问(如有)以及调解员。

c. 注意 2017 年《调解法》(2017 年第 1 号)。

3. 保密

3.1 本条在下文所载的规定应结合 2017 年《调解法》(2017 年第 1 号)一并解读,特别是该法的第 9、10 和 11 条。

3.2 调解将以保密形式进行,并遵循不妨碍的原则。

3.3 所有参与调解的人士均正式承诺对下列内容保密,不将其用于任何不可告人的用途或附带用途:

a. 调解即将进行或已经进行;

b. 另一方当事人在调解过程中表达的意见或就和解提出的建议、提议;

c. 调解员提出的任何建议或表达的任何及所有意见；

d. 另一方当事人是否愿意接受调解员或另一方当事人提出的和解建议；以及

e. 为进行调解而出示的或因调解而产生的所有资料（无论是口头还是书面），包括任何和解协议，但执行及强制执行任何此等和解协议直接需要的信息除外。

3.4 为进行调解而出示的、因调解而产生的或在调解之后生成的所有文件（包括以电子方式存储的任何文件）及/或任何其他资料，均不得在与争端有关的任何法律程序中予以开示。

3.5 当事各方不得在与争端有关的任何法律程序中传唤调解员或新加坡调解中心（或任何雇员、高管或代表）作为证人、顾问、仲裁员或专家。

4. 法律程序的中止

4.1 除非双方另有约定，调解不会妨碍任何诉讼或仲裁的启动。

4.2 在法律程序已经启动的情况下，除非法院或仲裁庭（视情况而定）另有命令，否则调解不得当作此等法律程序的中止。

5. 代表的授权（如适用）

5.1 特此授权下列人士代表甲方和乙方参与调解和争端解决：

当事人	代表姓名	代表的身份证号或护照号

当事人	代表姓名	代表的身份证号或护照号

6. 责任的免除

6.1 鉴于双方寻求获得由 SMC 和调解员提供的调解服务：

a. 双方不得就与以下事项相关或有关的任何事项向调解员及/或 SMC 及其高管及雇员提出任何索赔：

ⅰ. 调解；及/或

ⅱ. 调解员及/或 SMC 提供的服务；及/或

iii. 双方之间的争端。

b. 调解员不对其所提供的调解服务方面的作为或不作为向双方承担责任,但该作为或不作为属于欺诈性质的或涉及专业失当行为的,则属例外。

c. SMC 不对调解员提供的服务方面的或与调解有关的作为或不作为向双方承担责任。

7. 副本

7.1 本协议可由双方、新加坡调解中心和调解员以任意份数的副本签署,所有副本合在一起且相互递交时(包括以扫描的电子副本形式递交),即构成同一份文件。

日期:

签署人:	见证人:
______________________	______________________
甲方当事人	姓名:
______________________	______________________
新加坡公民和永久住民身份证号:	职务:
签署人:	见证人:
______________________	______________________
乙方签约代表	姓名:
姓名:	称谓:
称谓:	
新加坡公民和永久住民身份证号:	
签署人:	签署人:
______________________	______________________
调解员 1	调解员 2

签署人:

____

附件 C
新加坡调解中心调解服务操守守则

本操守准则(以下简称守则)适用于新加坡调解中心(以下简称 SMC)委任的所有在 SMC 举行的会议中担任调解员的人士。

1. 接受委派

1.1 调解员在接受委派前,应确信其有能力迅速而公正地进行调解。

2. 公正性

2.1 调解员会公正、公平地对待当事各方,并让他人可看到其公正之举。因此,调解员要披露可能令人觉得其可能不公正或不公平的资料,包括:

(a)其曾以任何身份代表任何一方当事人行事;

(b)其在任何一方当事人或调解结果中拥有(直接或间接的)经济利益;或

(c)其掌握从调解以外的来源获得的有关当事人或待调解争端的任何机密资料。

2.2 如有疑问,调解员应将此事提交新加坡调解中心处理。

3. 调解程序

3.1 调解员将按照 SMC 的调解程序行事。

4. 保密

4.1 为调解提供或在调解过程中披露的任何文件或资料均要保密。调解员只有在一般法律要求或经所有各方当事人同意的情况下,或在执行或强制执行任何和解协议需要披露的情况下,方要披露该等资料。

4.2 未经所有各方当事人书面知情同意,调解员(或其事务所或公司的任何成员)均不得此后在与调解标的有关或由调解标的引起的任何事项上代表任何一方当事人行事。

4.3 调解员应结合 2017 年《调解法》(2017 年第 1 号)(以下简称 2017 年《调解法》)一并解读本规则,特别是该法的第 9、10 和 11 条。

5. 和解

5.1 调解员要确保达成的任何和解协议均以书面形式记录在案,并由当事各方签署,但各方另有要求的除外。

5.2 为免生疑问,书面记录的和解协议可采用电子记录的形式。

5.3 为免生疑问,如和解协议采用电子记录的形式,则可通过电子签名的方式签署该协议。

6. 退出

6.1 在发生以下情况时,调解员要退出调解:

(a)在其意识到其已违反本准则的任何条款时;

(b)如任何一方当事人以书面要求其退出调解;或

(c)在任何一方当事人要求其作出违反本准则或 SMC 调解程序的任何事情时。

调解员在发生上述(a)、(b)或(c)项的情况下,应立即将其退出调解之事通知 SMC。

6.2 调解员亦有权在以下情况下自行决定退出调解:

(a)任何一方当事人违反调解协议或 SMC 的调解程序;

(b)任何一方当事人行为不当;

(c)其认为没有达成和解的合理希望;或

(d)当事人指控其违反了本准则。

7. 相关费用

7.1 调解员在接受委任时,明确同意按照其担任 SMC 调解员的委聘条款收取薪酬,不得与任何一方当事人作出任何单方面安排。

8. 评估

8.1 调解员不会对当事各方的案请进行评估,除非所有各方均要求调解员评估案情,并且调解员确信其有能力作出此等评估。

附件 D

新加坡调解中心调解服务费用表

1. 当事各方向新加坡调解中心(以下简称 SMC)支付的费用如下:

(a)申请费;及

(b)调解费。

2. 申请费

2.1 各当事方[1]都必须向新加坡调解中心支付不可退还的267.50新元(包括消费税)的申请费,以便提供行政和支持服务。

2.2 SMC确认收到调解请求后的3个工作日内收取申请费。SMC仅在调解申请表中指定的各方缴纳申请费后,方会开始作出调解的行政安排。

3. 调解费

3.1 调解费应支付给SMC,其中包括SMC承担的以下费用:

(a)调解员费[2];

(b)在最高法院租用房舍[3];和

(c)午餐和茶点的食品和饮料费用[4]。

3.2 一般而言,两方调解的调解费如下:

诉讼请求及反诉请求金额(新元)	调解费(新元)
60,000以上至100,000	每方每天963.00(包括消费税)
100,000以上至250,000	每方每天1284.00(包括消费税)
250,000以上至500,000	每方每天2942.50(包括消费税)
500,000以上至1,000,000	每方每天3477.50(包括消费税)
1,000,000以上至2,500,000	每方每天4547.50(包括消费税)
2,500,000以上至5,000,000	每方每天5617.50(包括消费税)
5,000,000以上至10,000,000	每方每天6901.50(包括消费税)
10,000,000以上至20,000,000	每方每天8292.50(包括消费税)
20,000,000以上至50,000,000	每方每天9897.50(包括消费税)
超过50,000,000	每方每天12,037.50(包括消费税)

[1] 如果一方由律师事务所代理,则本费用表中提及的一方或多方将参阅代表的律师事务所。如果多方由同一家律师事务所代理,则就应付给SMC的费用而言,他们应共同视为一(1)方。

[2] 对于从上午9:30到下午6:00的一(1)整天调解。请注意,即使调解延迟开始或在下午6:00之前结束,调解员的费用也保持不变。加班费将从下午6:00开始收取。

[3] 根据最高法院场地的可用性,SMC保留更改调解地点和修改本费用表中引用的调解费的权利。

[4] 一方应支付的调解费包括调解员和每方最多三(3)人的午餐和茶点的餐饮费用。

3.3 请注意,当事人选择自己的调解员时,选中的调解员有权收取他/她的商业费率,且此费用表将不适用。

3.4 若调解有两方以上的当事人,则上述费率不适用,SMC 将就适用的调解费向各当事人提供建议。

4. 附加费用

4.1 除了调解费,SMC 将收取押金以支付第 4.2 段所述的附加费用。

4.2 各当事方在调解时,将被要求支付加班费和房间租金:

(ⅰ)持续时间超过工作日的下午 6:00;或者

(ⅱ)发生在周末或公共假期。

4.2.1 SMC 工作人员的调解员的加班费将按每两(2)小时或其部分时间 428 新元(包括消费税)的费率收取,对于调解员,每两(2)小时或其部分时间将按 214 新元(包括消费税)的费率收取。

4.2.2 SMC 将根据调解地点就适用的房间租赁费向当事人提供建议。

4.2.3 加班费和房间租赁费均由双方平均承担。

俄 罗 斯

联邦调解员参与替代争端解决程序法*

第1条　本法的调整对象和范围

1. 本联邦法律旨在创设适用于俄罗斯联邦中由独立人士作为中间人，即调解员参与解决争端之替代程序（调解程序）的法律规范，以便利商业伙伴关系的发展，培育商业关系伦理，促进社会关系的和谐。

2. 本法调整源自民事争端中与适用调解程序相关的事项，包括从事公司或其他经济活动所引发争端的情形，也包括与劳动法律关系和家事法相关之事项所引发的争端。

3. 对于本条第2款未规定之法律关系引发的争端，本法适用范围仅覆盖至由联邦法律规定可以通过调解程序解决之案件的相关事项。

4. 在争端转移至民事法律程序或商业[1]法庭所辖之法律程序后，该争端可以采用调解程序。

5. 调解程序不适用于集体劳动争端，也不适用于由本条第2款所规定之事项引起的争端，如果此类争端影响或可能影响未参加调解程序的第三方的权利和合法利益，或影响或可能影响公共利益。

6. 除非联邦法律另有规定，本法之规定不适用于法官或仲裁员在司法或仲裁过程中为促成当事方和解而提供协助所涉的关系。

第2条　本法所用术语

为本法之目的所用术语如下：

1）当事方：希望通过调解程序解决争端的，本法第1条所规定之关系的主体；

2）调解程序：在双方自愿同意的基础上，为达成相互满意的决定，由调解员协助进行的争端解决方法；

---

* 2010年发布，于2019年最新修订。——译者注

〔1〕 在俄罗斯立法中，仲裁法院（arbitrazh courts）有时与仲裁相混淆。在该译本中，为区别于仲裁，仲裁法院被称为“商事法院”。

3）调解员：由当事方聘请，作为争端解决之中间人协助当事方就争端之实体问题作出决定的一名或数名独立之个人；

4）调解机构[1]：以组织调解为主要活动类型之一，并有权开展现行联邦法律所规定之其他活动的法律实体；

5）适用调解程序的协议[2]：当事方在争端发生之前或争端发生之时缔结的，诉诸调解以解决当事方之间基于某些特定法律关系而发生或可能发生之争端的书面协议（调解条款）；

6）调解程序协议：当事方之间达成的，规定当事方之间争端适用某项调解程序的协议；

7）调解协议：当事方之间适用调解程序而达成的有关争端或争端所涉之诸多分歧的协议，该协议以书面为之。

第3条　调解程序的适用原则

适用调解程序应当根据当事方的共同意愿，并以自愿、保密、当事方之间相互合作和权利平等、调解员公正且独立的原则为基础进行。

第4条　由法院审理或交付仲裁之争端案件中调解程序的适用

1. 若当事方之间达成了适用调解程序的协议，在该协议所规定的调解程序不应适用于当事方之间已有或可能发生之争端的司法或仲裁解决的期限内，法院或仲裁应当服从此项义务，直至该义务的条件不再存在，但任一当事方认为应当通过调解来保护其权利的情形除外。

2. 若一争端被提交到法院或仲裁庭，当事各方可以在该法院或仲裁庭作出决定之前的任何时候申请适用调解程序。法庭或仲裁中案件之法律调查的推迟，或者其他需履行之法律程序，由程序立法具体规定。

第5条　有关调解程序之信息保密

1. 在调解程序进行过程中，任何与调解程序相关的信息均应被视为秘密，联邦法律或当事各方另行同意的案件除外。

2. 没有当事各方之同意，调解员无权披露与调解程序相关之信息，以及其在从事调解过程中获知的信息。

3. 当事各方、提供调解之机构、调解员以及任何其他参与调解程序

---

[1] 根据本法，“提供调解的机构”的确切措辞是“从事提供调解程序的活动的机构”。

[2] 根据本法之确切用语。一般称作“调解协议”。

的个人,无论作为调解程序所涉内容是否与诉讼或仲裁存在关联,均无权在诉讼或仲裁程序期间援引下列信息:

1)当事一方适用调解程序之建议,以及当事一方参与执行调解程序的意愿;

2)当事一方所陈述的意见,或当事一方就争端解决的可能性发表的意见或提议;

3)当事一方在调解程序适用期间所作之承认;

4)当事一方接受调解员或其他当事方就解决争端所作之提议的意愿。

4. 调解员或提供调解的机构不得提供与调解程序相关之信息,联邦法律规定或当事各方另行同意的情形除外。

第 6 条　调解员披露有关调解程序之信息的条件

若调解员从当事一方接收与调解程序相关之信息,则其只有在取得披露此信息之当事方同意的情况下,方可就该信息向另一当事方披露。

第 7 条　使用调解程序的条件

1. 使用调解程序应以当事各方同意为之,或以有关使用调解程序的协议为基础进行。协议中援引通过调解员协助解决争端之条件的文件,若该协议以书面缔结,则应被视作一项调解条款。

2. 调解程序可以在产生之争端被提交法院或仲裁之前,或诉讼或仲裁程序开始之后,以及法院或仲裁员为此建议的情形下适用。

3. 使用调解程序的协议,有关调解程序规定的协议,以及执行与此协议相关之程序存在的事实,不应被视为争端被提交至法院或仲裁的障碍,联邦法律另有规定的除外。

4. 调解程序自有关调解程序规定的协议达成之日起开始执行。

5. 若当事一方提交了一项使用调解程序的书面提议,自该提议作出之日起 30 日内,或在该提议规定的合理期限内,当事一方没有得到另一当事方使用调解的同意,则该提议应被视为拒绝。

6. 使用调解程序之提议应当包含本法第 8 条第 2 部分所列之信息。

7. 若当事一方如此请求,进行调解的提议可以由调解员或提供调解之机构作出。

第 8 条　调解程序协议

1. 调解程序协议应以书面为之。

2. 调解程序协议应包含以下内容：

1）争端内容；

2）一名或数名调解员，或提供调解之机构；

3）关于提供调解程序的过程；

4）关于当事方支付调解程序的费用的规定；

5）调解程序的时限。

第 9 条　调解员的选任

1. 为进行调解程序之目的，当事方应以合意的方式选择一名或数名调解员。

2. 若当事方以调解程序协议为基础向提供调解之机构提出此类请求之时，该机构可以推荐一名或数名调解员。

3. 在提供调解的过程中，依据本条选任的调解员若存在或产生可能影响其独立性或中立性的情形，有义务立即将该情形告知当事方，并在由机构提供调解的情形下同时通知该机构。

第 10 条　调解程序相关活动的费用支付

1. 调解员参与调解程序之活动可以有偿或无偿进行，但机构提供之调解仅可有偿为之。

2. 参与调解程序之调解员，或提供调解之机构的活动费用应当由当事各方平等负担，除非当事方另有约定。

第 11 条　调解过程

1. 调解过程由调解程序协议具体规定。

2. 调解过程可以由当事方在调解程序协议中，以援引调解机构所采纳的调解程序行为规则的方式确定。

3. 提供调解之机构所通过的调解程序行为规则应包括：

1）可以依据该规则进行解决的争端的类型；

2）选任调解员的程序；

3）当事方支付与调解程序相关之费用的条件；

4）由调解机构制定的有关调解员专业行为的标准规范；

5）调解过程，包括当事方在调解程序中的权利和义务、解决特定类型争端之调解程序的特殊规定,以及调解程序的其他条件。

4. 在调解程序协议中,除联邦法律或当事方协议(包括调解程序协议)另有规定外,当事方有权载明,调解员可以在考量有关争端之情形、当事方意愿以及迅速解决争端之需求的情况下,自行决定调解过程。

5. 除非当事方同意,调解员无权就争端之解决作出提议。

6. 调解进行过程中,调解员可以与当事各方共同或单独会面或联系。

7. 调解进行过程中,调解员不得因进行调解而使任何当事方处于优势地位,以及不得减损当事方的权利和合法利益。

第 12 条　调解协议

1. 调解协议的缔结应以书面为之,并应包含当事方、争端主要事项、已经开展之调解程序、调解员、各方同意的义务及其履行的期限和条件。

2. 当事方应基于自愿和善意原则履行调解协议。

3. 对于争端被先行交由法院审理或仲裁裁断的案件,经调解程序所达成的调解协议可以被法院或仲裁根据程序法、仲裁法、国际商事仲裁法确认为一项解决争端的友好和解协议。

4. 就民事法律关系所生之争端,若未被事先提交法院审理或仲裁裁断,经由调解达成的调解协议构成旨在确立、变更或终结当事方之间的法律权利与义务的民事交易。该交易由关于解除债务之赔偿、债务变更、放弃债权、抵消或侵权赔偿的民事立法调整。违反或不当执行调解协议所造成损害之权利的保护方法由民法具体规定。

第 13 条　调解程序的时限

1. 调解程序的时限由调解程序协议规定。无论如何,调解员和当事方应采用各种可能的方法在 60 日内结束调解程序。

2. 在争端内容复杂或需要取得其他信息或文件的例外情形下,调解程序的期限可以通过由调解员认可的当事方之间的协议延长。

3. 调解程序的期限不得超过 180 日,而交由法院审理或仲裁裁断的案件的调解期限不得超过 60 日。

第 14 条　调解程序的终结

调解程序可以在以下情形下终结:

1) 当事方达成调解协议,调解程序自签署该协议之日起终结;

2）当事方未就现存分歧达成一致，因而缔结了终结调解程序的协议，调解程序自签署该协议之日起终结；

3）调解员对当事方作出之书面声明，在询问当事方有关终结调解程序的意见后，因不便继续进行调解而终结调解程序，调解程序自该声明向当事方作出之日起终止；

4）当事一方、数方或当事各方向调解员作出的拒绝继续调解程序的书面声明，调解程序自调解员接到该声明之日起终止；

5）调解程序时限期满，调解程序根据本法第13条规定自调解期满之日起终止。

第15条　调解员的要求

1. 调解员履职可以专职或兼职为之；

2. 兼职履职之调解员应当由年满十八周岁、具备完全行为能力且没有犯罪前科之个人担任。专职履职的调解员的个人资质由本法第16条规定。

3. 调解员工作不属于营利性工作。

4. 履行调解员职责的个人有权从事任何俄罗斯联邦法律不加禁止的活动。

5. 除联邦法律另有规定，俄罗斯联邦公职人员、俄罗斯加盟成员之公职人员、国家公务员、市政公务员不得担任调解员。

6. 调解员不得：

1）作为任何当事方之代理人；

2）为任何当事方提供法律的、咨询的或其他的协助；

3）继续从事调解，若调解程序开展期间，其与调解结果存在个人利益关系，包括当事一方与其存在血缘关系；

4）未经当事方同意，就案件之实体问题发表公开意见。

7. 根据当事方协议或调解程序行为规则，经由调解机构确认后，可以对调解员设定其他要求，包括针对专职调解员的要求。

第16条　专职履职之调解员的调解

1. 专职调解员的调解应由年满二十五周岁、具有高等专业教育经历、通过调解员履职前培训课程且获得俄罗斯联邦政府认可登记之个人从事。

2. 调解机构可以设立协会形式或其他俄罗斯联邦法律规定之其他形式的联盟,旨在协调各自活动,发展并统一调解员专职活动的标准和规则,以及专职调解程序所依据的规则或规定。调解机构可以作为自治性调解员组织的成员。

3. 事先被提交至法院审理或仲裁裁断之争端的调解程序,可以仅由专职调解员进行。

第 17 条　调解员和调解机构的责任

对于因调解履职而对当事方造成的损害,调解员和调解机构应当依据民事法律之规定对遭受该损害的当事方承担责任。

第 18 条　调解员自治组织

1. 为了发展和设立专职调解员之标准和工作规则,以及针对专职调解员和(或)调解机构遵守相应标准或规则之表现评价程序,可以设立调解员自治组织。

2. 调解员自治组织应以协会或非商事合伙的形式设立。

3. 该组织自其信息被纳入国家调解员自治组织登记名册之日起取得调解员自治组织的法律地位,且在其被移出登记之日丧失该地位。俄罗斯联邦政府授权的行政机构负责维护调解员自治组织登记名册。

4. 符合下列条件的组织应当被纳入国家调解员自治组织登记名册:

1)拥有不少于 100 名专职履职的调解员,以及(或)不少于 20 个调解机构作为成员加入该调解员自治组织。相关个人或机构应当符合本法所确定的加入该组织的成员资格;

2)具备被通过的调解员自治组织成员工作表现评价程序,以及被通过的调解员职业伦理准则;

3)该自治组织符合《联邦自治性组织法(2007 年 12 月 1 日第 315 - F3 号》(以下简称《联邦自治组织法》)所规定的条件。

5. 对于调解员自治组织所开展的活动,该组织应在内部设立专门机构,旨在对该组织成员遵守本法之要求、其他俄罗斯联邦立法、调解员自治组织的标准或规定进行表现评价,或对调解员自治组织之成员遵守纪律措施的相关法律案件进行考量。

6. 调解员自治组织,在具有《联邦自治组织法》所规定之权利的同时,有权针对其成员在本法所规定的要求之外设立其他要求,并对其成员从事调解活动的责任作出规定。

7. 调解员自治组织不能再作为其他调解员自治组织的成员。

8. 专职调解员和调解机构只能作为 1 名调解员自治组织的成员。

9. 调解员自治组织有权在接纳会员之时对调解员、专职调解员和调解机构设置额外的要求,此类要求与调解员从事调解活动相关,且与本法和其他联邦立法不相违背。

10. 调解员自治组织之下持续运行之联合监管机构的成员,和专门机构的成员,可以同时行使这些机构的职能和从事调解活动。

第 19 条　调解员自治组织的主要职能

调解员自治组织履行如下职能:

1)探讨并设立调解员、专职调解员或调解机构取得调解员自治组织之会员资格的条件;

2)设立并实施针对其成员的纪律措施;

3)进行调解员自治组织之成员登记;

4)在与联邦公共机构、俄罗斯联邦加盟成员之公共机构、地方政府以及其他国际调解员专业机构的关系中代表调解员自治组织之成员全体;

5)发展并通过调解员专职履责的标准和规则;

6)发展并通过有关商业和调解员职业操守的规定,包括调解员职业伦理准则;

7)发展进行调解程序的规则;

8)发展调解员履职前资质要求;

9)针对成员遵守本法、其他联邦法律、其他俄罗斯联邦的监管性法律行为、该组织所规定的标准与规则的专职工作进行管理;

10)在其成员从事调解活动的范围内对其提供信息和方法上的支持;

11)行使《联邦自治组织法》所规定的其他职能。

第 20 条　本法的生效

本法于 2011 年 1 月 1 日生效。

调解员联盟调解规则*

调解员参与下的解决争议、困局、冲突替代程序(调解程序)

第1条 本规则第一部分的适用

1.1 本规则第一部分规定了调解员参与下解决争议、冲突的程序(以下简称调解程序)。

1.2 经调解员同意,当事方有权与调解员联盟(以下简称协会)授权人指定的或双方选定的调解员,就不适用本规则的某些规定,订立书面协议。

1.3 在调解过程中,参与方受俄罗斯联邦立法及本规则的指引。

第2条 调解程序原则

2.1 以当事各方自愿、保密、平等以及调解员秉持的中立和独立原则为基础,在当事方彼此表达意愿的基础上,开展调解。

第3条 调解程序的启动

3.1 有意通过调解程序解决争议、困局或冲突的一方,应向协会提出相应申请。

3.2 申请须含以下信息:

· 申请方的名称和地址;

· 对方的信息;

· 协商内容;

· 发起各方同意遵守本规则;

· 发起方授权人的签字。

3.3 随附材料:

· 申请指定的对方同意调解的表示(如有此同意);

· 确认支付调解费用的文件。

---

* 2011年由俄罗斯调解员联盟发布。——译者注

3.4 如申请中载明的对方无确认同意参加调解程序的文件，调解员应将收到的申请信息通知对方，并自申请之日起10日内，通知对方收到该通知，邀请对方参与调解程序。

3.5 收到对方拒绝调解请求的，调解员将把无法进行调解的信息，通知协会和调解程序发起方，建议提供协会专家和咨询人员提供的其他程序。

第4条 调解员的指定

4.1 当事方自行选定调解员或由一方提议候选调解员并取得另一方同意，也可委托本协会授权人指定调解员。

4.2 调解员联盟协会成员的人员，被选定或指定为调解员。

特殊情况下，可选定或指定非协会会员但承诺遵守本规则的专业调解员，由其担任调解员。

第5条 调解员的身份要求

5.1 专业从事调解的调解员，要求年满25岁、无犯罪记录、受过高等教育并接受过调解程序的专门教育。

5.2 调解员履职中，应保持中立、公正和独立。

5.3 与调解利益相关的人员，不得担任调解员。

5.4 由当事方选定或由协会指定的调解员，应将影响该调解员调解争议或纠纷的中立性、公正性和独立性的所有正当怀疑，告知协会授权人。调解员开展调解中知晓任何此类情形的，须立即通知协会授权人。

5.5 调解员不代表任一当事人。

第6条 调解员权力的终止

6.1 存在本规则第一部分第5条第5.3款至第5.4款情形的，当事方有权向调解员提出回避要求。存在上述情况的，调解员无法在规定时间内履行职责的，协会授权人有权决定调解员的回避。

6.2 调解员向本协会授权人提出自行回避申请时，其权力即告终止。

6.3 调解员权力终止的，将按本规则第一部分要求，另行选定或指定调解员。

第7条　调解程序规定

7.1　协会为调解程序提供组织与技术支持，履行以下职能：

· 向争议、困局、冲突各当事方和调解员传送文件；

· 协助调解员与当事方确定会面的时间地点，通知各当事方会面相关事宜；

· 提供其他必要支持。

7.2　与调解程序相关的信息为保密信息。未经各当事方同意，调解员、协会不得披露。

第8条　当事方参与调解

8.1　当事方有权亲自或通过其授权代表参加调解。

8.2　根据调解结果，参加调解程序、做出决定和签署调解协议的权力，必须由俄罗斯联邦法律规定的组成文件、授权书或其他文件确认。

第9条　调解员的职责

9.1　为了以当事方均可接受的解决办法为基础，达成解决争议或冲突的协议，调解员应向参加调解程序的当事各方提供协助。

9.2　调解员应以相关争议、困局、冲突为基础，考虑当事方之间关系，遵循客观、尽责、中立、独立原则。

9.3　调解员有权：

· 以其认为必要的方式进行调解；

· 在调解任何阶段，停止调解；

· 建议争议方提交表明各自立场的书面声明；

· 调解任何阶段要求争议任一方提供解决争议、困局或冲突所需的补充信息。

9.4　根据当事方建议，调解员有理由认为可能以当事方可接受的条件解决争议冲突的，调解员将帮助制定调解协议，提交当事方审议、修改、补充，在达成一致的条件下签署该协议。

9.5　调解员应采取措施，尽可能在不超过指定或选定之日起30日内，完成调解程序。特殊情况下，调解期限可根据2010年7月26日通过的Φ3－193法律规定，予以延长。

第10条　当事方的义务

10.1　当事方应与调解员真诚合作，参加与调解员的会面调解。

10.2 无论下列内容是否涉及争议或纠纷等调解程序,当事方均不在仲裁机构或法院审理程序中作为证据引用,或提出下列内容:

- 另一当事方针对可解决争议、困局、冲突表达的意见或建议;
- 另一当事方在调解程序中的陈述;调解员的建议。

第11条 保密要求

11.1 调解中,除联邦法律另有规定,除当事方另有约定外,与调解程序相关的所有信息,均应予以保密。

11.2 未经当事方同意,调解员无权披露与调解相关且在调解中为其所知的信息。

11.3 除非当事人另有约定,当事人、为确保调解开展活动的组织、调解员以及调解期间的其他在场人员,无论法院审理、仲裁审理与作为调解标的的争议、困局和冲突是否相关,均不得另行引用调解中获取的下列信息:

- 当事人一方提出的适用调解程序的建议,以及一方参与该程序的意愿;
- 当事人一方就解决争议、困局或冲突可能性所发表的意见或建议;
- 当事人一方在调解程序中的陈述;
- 当事人一方接受调解员或对方解决争议、困局或冲突的意愿。

11.4 除非俄罗斯联邦法律另有规定,除非当事方未有其他约定,不得向调解员和开展调解的机构索取与调解相关的信息。

11.5 调解员从当事方得到与调解有关信息的,征得提供信息当事方同意的,方可向另一当事方披露。

11.6 调解过程中,禁止录音、录像和速记,禁止第三方出现在调解现场。

第12条 当事方解决争议冲突的建议

12.1 争议当事方均有权主动提出解决争议、困局、冲突的建议。

12.2 各方建议不得包含违反俄罗斯联邦法律、第三方权利、受法律保护的利益以及违反公司和商业道德准则的争议解决机制。

第 13 条　调解协议

13.1　争议当事方签订调解协议系民事法律行为，调解协议对各方均具有法律约束力。

第 14 条　和解协议

14.1　和解协议是调解的结果或调解协议的一部分；如调解由法院提出，则该协议须提交建议调解的司法机关。

第 15 条　调解程序的终止

15.1　终止调解程序的依据：

- 除当事方商定其他终止调解程序者外，当事方签署调解、和解协议，终止调解程序；
- 在调解程序框架内，调解员根据争议当事方缺乏协商解决争议冲突可能性的书面声明；
- 当事各方（或一方）向调解员或授权人提交的、须终止调解程序的书面声明。

第 16 条　调解员参与仲裁或道德诉讼

16.1　调解员不得在调解解决相关争议、困局、冲突等仲裁或道德庭审中担任法官或仲裁员。

16.2　调解员不得在任何庭审中担任涉及调解程序的任一争议方代表。

16.3　双方承诺，庭审期间不接受调解员作为证人。

第 17 条　调解费用的支付与调节费

17.1　当事各方（或一方）针对调解程序支付费用的，按调解协会协调委员会确定的标准执行。

17.2　调解费由当事各方（或一方）预付。

17.3　当事方有权决定因调解所产生费用的分配程序。

南　　非

1991年特定民事案件速裁法院及调解法*（节选）

定义

1. 本法中，除非上下文另有说明——

（ⅰ）“审判官”是指按本法第6条指定的、本法第5条规定依照简易程序审理案件的法官；（ⅲ）

（ⅱ）“法庭书记官”是指依照《治安法院法》（1944年第32号法）第13条指定的治安法院书记官；（ⅷ）

（ⅲ）“法庭”是指依照第4条设立的法院；（ⅶ）

（ⅳ）“地区”（district）是指依照《治安法院法》（1944年第32号法）第2条（1）（a）设立的地区；（ⅴ）

（ⅴ）“治安法院”是指依照《治安法院法》（1944年第32号法）第2条（1）（f）设立的法院；（ⅸ）

（ⅵ）“调解程序”是指依照第3条的程序；（ⅱ）

（ⅶ）“调解员”是指依照第2条指定的仲裁员；（ⅰ）

（ⅷ）“部长”是指司法部长；（Ⅹ）

（ⅸ）“规定的”是指规则规定的；（ⅻ）

（ⅹ）“记录”是指书面、速记或其他机械方式记录；（ⅺ）

（ⅺ）“规则”是指依照第13条制定并存续的规则；（ⅳ）

（ⅻ）“本法”包括规则。（ⅵ）

第一章　调　　解

调解员的指定

2. （1）司法部长可从南非共和国法学会、南非律师总会、司法部共

---

* 1991年由南非政府发布。——译者注

同提交的名单中,为设有法院的区域或地区指定一个或多个调解员。

(2)本条第(1)款指定调解员的规定,应适用第6条(1)款(b)项、(2)款、(3)款和第7条。

(3)依照第(1)款指定的调解员,首次履行调解员职责前,应当宣誓或以签署下列文件的形式确认:

本人×××,特此庄严宣誓,由衷陈述并声明,无论调解哪个阶段需本人履行调解员职责的,将根据特定案件具体要求,依照与案件相关的南非共和国法律和惯例,大无畏地、无偏好地、无偏见地公正调解。

(4)该宣誓或签署应在所涉法院所在地向最资深的地区治安官进行。该地方治安官应当在宣誓或者签署的文件脚注写明该行为是在他面前作出和作出的日期,并在该脚注处签名。

(5)调解员因缺席或无行为能力不能履行调解的,应由另一调解员启动调解。

(6)调解员应接受相关法院所在地区治安官的行政管理。

调解程序

3.(1)(a)当事人或诉讼代理人在法院或治安法院民事诉讼机构发出传票之前或之后,宣判之前,均可:

(i)在法院或治安法院准备提起诉讼的案件中,书面通知书记官当事人同意将争议提交调解的意愿;或者

(ii)在法院或治安法院已提起诉讼案件中,书面通知书记官当事人同意将争议提交调解,且请求法院为调解案件休庭,延期审理。

(b)收到上文(a)项(i)目通知或上文(a)项(ii)目延期审理通知之日起十四(14)日内,相关法院认为调解程序并不会不合理延误庭审,对当事人并不会造成损害的,法庭书记官应书面通知诉讼当事人或诉讼代理人,于某具体时间、日期及律师办公室的具体地点,考虑当事人的庭外和解问题,或达不成庭外和解的,就下列问题,与调解员进行面谈,开展正式调查:

(i)当事人之间相关事项的简化问题;

(ⅱ)为准备提起诉讼或进一步提起诉讼而有意修改诉讼请求的必要性;

(ⅲ)为避免准备提起诉讼或进一步提起诉讼过程中不必要的举证,就

(aa)事实;或

(bb)来自当事人的书面文件、图片资料、录音资料、录像资料、计算机打印件、磁带、光盘、其他任何计算机存储设备的信息的可采性;

(ⅳ)准备提起诉讼或进一步提起诉讼中证人数量的限制;

(ⅴ)可能导致案件处理成本变化的其他事宜;

(c)书记官应采用书面形式向调解员提供该书面文件,为调解做准备。

(d)受托主持调解的调解员,可在其认为必要时,开展问询调查。

(2)(a)完成上述第(1)款面谈调查后,调解员应就下列事项作出调解令:

(ⅰ)当事人之间达成的和解,或

(ⅱ)当事人达成的或调解员准许的、就诉讼请求所作的修改,

(ⅲ)当事人就某个或某些事项达成的一致,及

(ⅳ)达成的和解。该和解是指当事人或诉讼代理人就准备提起诉讼或进一步提起诉讼的、未能通过承认或同意的方式达成和解的事项所达成的和解。

(b)前述(a)项调解令,应由调解员记录在案。

(3)调解结束后在法院或其他法院提起民事诉讼或继续民事诉讼的,前述第(2)款调解令应作为法庭卷宗一部分,该调解令应对当事人有约束力,除非庭审中为防止显著不公而得到修改。

(4)争议当事人依照前述第(1)款在参加调解员主持的调解之前或调解期间达成和解的,调解员可视具体情况,在参加调解中或在调解期间,书面记载达成的和解,可视具体情况,将此视为有管辖权法院或治安

法院的裁定,但尚未就该争议提起诉讼的,应将记录在案的该和解视为相关法院裁定。

(5)当事人一方接到该款规定的通知后未参加前述(1)款(b)项规定的调解的,调解员根据当时情况认为公平的,可签发调解令,包括向原告作出判决。

(6)调解员可根据调解规则,就本部分规定的调解费用负担,签发自认为妥当的调解令。

(7)本条规定的调解令是终局性的,不得上诉。

(略)

南非仲裁基金会调解规则*

1. 规则的适用

1.1 如当事各方同意根据南非仲裁基金会(the Arbitration Foundation of Southern Africa,AFSA)调解规则或具有类似效力的措辞将双方之间的争端或分歧提交AFSA调解,则该等争端或分歧应根据本规则提交调解,但须遵守经双方同意的规则修改。

1.2 如当事各方之间的协议记录该事项已提交AFSA进行调解、和解、替代争端解决方法或此类类似条款,则尽管术语表述不同,本规则仍应适用。

1.3 尽管存在双方协议签署日期,但除非另有明确约定,否则双方视作已根据在调解启动之日有效的AFSA调解规则提交调解。

1.4 凡提及"AFSA",均指获授权管理AFSA工作的AFSA秘书处。

2. 调解的启动

2.1 如存在拟根据本规则进行调解的在先协议,则:

2.1.1 任何希望启动调解程序的一方当事人应向基金会提交书面调解申请。书面申请应采用本规则所附标为"附件1"的申请范本,且须由提请调解方填写该附件的A部分。

2.1.2 调解自AFSA以书面形式受理调解申请之日启动。

2.1.3 调解的其他一方/多方(提请调解方除外)须在收到AFSA已受理调解申请的通知后7日内填写并交还附件1的B部分。

2.2 如并无拟根据本规则进行调解的在先协议,则:

2.2.1 希望启动调解程序的一方应以附件1的形式向AFSA提交书面申请;

2.2.2 在收到调解申请后,AFSA应根据本规则将该申请连同参

---

* 2019年由南非仲裁基金会发布。——译者注

与调解程序的邀请函一并交付申请中确定的被申请人/另一方；

2.2.3 被申请人/另一方如希望参与调解，应填写附件1的B部分并交还AFSA，以回应邀请；

2.2.4 在另一方书面表示接受根据本规则进行调解，且AFSA书面受理调解申请时，调解程序启动；

2.3 如在收到调解申请之日起15日内或在调解申请中明确规定的其他期限内，AFSA未收到另一方对调解申请的答复或另一方拒绝接受调解邀请，则AFSA应将这一事实通知申请方。

3. 调解员的委任及更换

3.1 双方可以共同指定1名调解员或商定调解员的委任机制。

3.2 如双方未能就调解员、拟委任的调解员的收费标准或委任调解员的替代程序达成一致意见，或如按调解员的委任机制未能在调解启动后15日内委任1名调解员，则AFSA应从AFSA认可调解员小组所列的调解员中委任1名调解员。

3.3 如双方在调解员的资历或专业知识要求上存在分歧，则应由AFSA作出决定，该决定为终局决定。

3.4 除非当事各方明确同意委任1名以上的调解员，否则应仅委任1名调解员。

当事各方可以随时书面同意更换调解员，如调解员辞职、丧失行为能力或因其他原因无法履行调解员职能，则应根据本规则另行委任1名新的调解员。

4. 调解员的公正性及独立性

4.1 任何候任调解员均应在接到委任提名通知后7日内，以“附件2”中的形式，向AFSA提交一份经签署的关于公正性及独立性的声明。如候任调解员未递交该声明，而是另行递交了一份用于披露可能影响或令人质疑其公正性、独立性或可能被视为造成利益冲突的相关情况的声明，则AFSA应立即将此等披露（或未披露）通知各方。

4.2 如在接到关于此等披露（或未披露）的通知后7日内，任何一方反对委任调解员的，则AFSA应更换调解员。

4.3 如调解员在调解过程中获知任何可能令当事各方质疑调解员的独立性或公正性的事实或情况，则调解员应立即以书面形式向当事各方披露该等事实或情况。一方当事人可以反对调解员继续参与调解。在此等情况下,AFSA 应更换调解员。

5. 代表

5.1 双方当事人应亲自参加调解。每一方当事人可以由其选择的 1 人或多人代表。

5.2 调解员可主动或应任何一方当事人的要求,随时以调解员决定的形式要求该当事人的代表作出委托授权的证明。

5.3 法定代表可以陪同一方当事人参加调解,但除非另有约定,参加调解的一方当事人的代表不得担任该方的外聘律师。

6. 调解的进行

6.1 调解员应向当事各方及其代表解释调解通常的进行方式。调解员可以在调解会议开始时或者调解前会议上就此作出说明。

6.2 调解员应公平地进行有关程序,对当事各方一视同仁,并应尤其审慎地确保各方均有充分机会陈词、参与有关程序,并有机会在最终确定任何解决方案前征询法律意见或其他意见。

6.3 调解员应结合案件的具体情况、当事各方的意愿以及迅速解决争端的需要后,以其认为适当的方式进行调解。

6.4 调解员无权将和解方案强加给双方当事人。

6.5 双方应善意配合调解员,尽快推进调解工作。

6.6 调解员有权与当事各方及/或其代表一同或单独举行会议。

6.7 调解员可在调解会议之前或会议期间与任何一方当事人取得直接联系,亦可要求当事各方提交文件、案件概要及备忘录。

6.8 如未达成具有相反内容的特定协议,则当事各方与调解员之间的调解会议应在 1 日之内举行。

7. 调解的终止

7.1 在下列情况下,调解应终止:

- 一方当事人退出调解或者拒绝参加调解的;
- 调解员认定无法达成友好和解的;或
- 签订了书面和解协议的。

7.2 如一方当事人拒绝缴纳其应支付给调解员的费用份额,或未在 AFSA 要求其缴纳该费用后 10 日内缴纳该费用,则 AFSA 可应调解的任何其他一方当事人的要求，出具一份确认调解已终止的证明书。

7.3　调解员可将调解延期，以便让当事各方考虑具体建议、获取进一步信息或出于调解员认为有助于推进调解程序的任何其他理由。只有在当事各方同意的情况下，调解才能另行择日重新举行。如调解延期，而当事各方不同意重新举行，则 AFSA 应出具一份确认调解已终止的证明书。

7.4　如当事各方未能就全部或部分争端达成和解，当事各方可共同提请调解员就妥善解决争端提出口头或书面建议。任何一方均非必须接受此等建议，调解员亦有权拒绝提出任何此等建议，而无须提供理由。除非所有各方均同意，否则调解员不得提出此等建议。

8. 和解协议

8.1　调解过程中达成的任何和解协议，只有在书面记录在案并由当事各方或其代表签署后，方具有法律约束力。

9. 保密

9.1　除非当事各方明确以书面方式达成具有相反内容的协议，否则参与调解的所有人（包括当事各方及其代表）、调解员及 AFSA 均承诺对与调解相关的所有文件、资料及材料以及关于任何和解的所有建议及条款保密，但依法必须作出披露或为强制执行和解协议而必须作出披露的，则属例外。

9.2　参与调解的所有人（包括当事各方及其代表）、调解员及 AFSA 均承认，在其之间传递的任何资料、材料及和解条款均仅为了调解的目的而出示，而不得作为证据出示或在法庭或任何其他正式或非正式的争端解决程序中披露，但法律另有规定的除外。

9.3　如一方当事人在调解过程中秘密向调解员披露任何资料，则调解员不得在未经披露该资料的一方明确同意的情况下向任何其他当事人或人士披露该资料，但法律强制调解员披露的除外。

9.4　在下列情况下，不适用以上第 1 ~ 3 款的限制：

- 有关一方或多方当事人同意披露；
- 法律规定调解员必须作出披露；
- 调解员有理由认为，如不披露有关资料，则有人的生命或安全会面临遭受严重损害的风险。

9.5 调解员、AFSA 的任何雇员或获委任参与调解的任何其他人均不得在调解结束后在与本争端有关的任何法律程序中担任或同意担任证人、专家、调解员或顾问。

9.6 当事各方(包括其代表)不得要求调解员、AFSA 的任何雇员或获委任参与调解的任何人(亦不得促使其被要求)在任何正式或非正式争端解决程序(包括法庭诉讼)中担任证人,亦不得要求其出示与调解有关的任何资料、材料或和解条款作为证据。

10. 责任的免除

调解员、AFSA、AFSA 雇员及获委任参与调解的任何人均不因调解过程中的任何作为或不作为而对任何人(包括争端各方)承担责任,无论此等行为是否被视作过失、重大过失或鲁莽。

11. 调解费用

11.1 管理费

11.1.1 AFSA 对每次调解收取单笔管理费。AFSA 收取的管理费情况可从 AFSA 办公室查阅,并在 AFSA 网站上公布。

11.1.2 管理费应由提请调解方在提交调解申请时全额缴纳。在管理费未获缴纳的情况下,AFSA 无须受理任何调解申请或采取任何行动。

11.2 调解员费用

11.2.1 如当事各方已就调解员的委任达成一致,而调解员已按商定的费用结构接受该项委任,则应适用商定的费用结构。

11.2.2 在所有由 AFSA 委任调解员的情况下,费用结构应根据 AFSA 不时公布的费率,按调解员的资历情况确定。

11.2.3 AFSA 公布的调解费包括针对正常准备时间(可能包括调解员与当事各方之间的调解前交涉)及一整天的调解程序提供的费用。

11.2.4 如有关事宜涉及大量预备性资料审阅,或调解会议预计会延期超过一日,则须向调解员另行支付费用。调解员与双方应尝试就额外费用达成一致,如未达成一致,则应由 AFSA 决定额外费用,AFSA 所作的决定为终局决定。

11.3 除非 AFSA 另作书面同意,调解员费用应在调解员获委任之时向 AFSA 全额缴纳。每一方当事人均有责任按比例缴纳等额份额的调解员费用。如一方未缴纳其等额份额,其他任何一方均可缴纳未缴欠款,并向未缴款方追索,但双方另有约定的除外。

11.4 调解员费用由 AFSA 代持,并在调解会议结束后支付给调解员。

11.5 如调解会议未能进行,则调解员费用仅在 AFSA 于预定会议举行前 7 日以上收到会议延期或取消通知的情况下,方可退还给当事各方。如调解在预定的调解会议举行前 7 日内被当事各方取消或延期,则 AFSA 有权单方决定将全部或部分调解员费用支付给调解员。

11.6 除非已收到全额缴款,否则调解员或 AFSA 均无须采取任何措施推进调解。

11.7 (管理费和调解员费用)的所有款项均应以电子资金转入 AFSA 的银行账户的方式向 AFSA 缴纳,账户详细信息可从 AFSA 获得。付款证明以及对应的案例编号应通过电子邮件发送给 AFSA。

12. 证明书与反馈

12.1 每次调解结束时,应要求调解员按照本规则"附件 3"中规定的格式填写一份证明书。在调解会议开始之前,每一方当事人均必须表明调解员是获授权只填写证明书的第 1 部分,还是获授权同时填写两部分。除非所有各方均同意调解员填写证明书的第 2 部分,否则调解员不得填写证明书的第 2 部分。

12.2 调解员填写的证明书应提交给 AFSA,并在任何一方索取时予以提供。调解员证明书的内容并非保密内容。

12.3 每次调解结束时,每一方当事人需填写一份反馈问卷,作为 AFSA 质量控制流程的一部分。反馈问卷由 AFSA 提供,提交的每份表格的内容均应由 AFSA 保密,仅用于 AFSA 的内部质量控制流程。

巴　　西

巴西调解法*

第1条　本法规定，调解是解决个人间争议以及在公共行政范围内自我解决争议的一种手段。

独立款　调解指由当事人选择或接受无决定权的公正独立第三方，协助并促其达成一致性解决方案的技术活动。

第一章　调　　解

第一节　总　　则

第2条　调解应当遵循以下原则：

Ⅰ　调解员的公正性；

Ⅱ　双方当事人平等；

Ⅲ　通俗易懂；

Ⅳ　变通性；

Ⅴ　当事人自愿；

Ⅵ　寻求共识；

Ⅶ　保密性；

Ⅷ　诚信。

第1款　合同规定调解条款的，当事方必须参加首次调解会议。

第2款　对是否继续参与调解程序，无强制性要求。

第3条　调解对象为涉及可支配权利或不可支配权利的争议。

第1款　可调解争议的整体或部分。

第2款　当事人协议涉及不可支配但可转让权利的，应由法院确认，并由检察官办公室予以确认。

---

* 2015年发布。——译者注

第二节　调　解　员

第一小节　一般规定

第4条　调解员应由法院指定或由当事人选定。

第1款　调解员主持当事人之间沟通，寻求理解和共识，促进争议的解决。

第2款　如确有必要，当事人可获免费调解。

第5条　关于妨碍和质疑法官任职资格的法律规定，同样适用于调解员。

独立款　被指定担任调解员的人选，应于接受该角色之前，向当事人披露任何可能对调解的公正性产生合理怀疑的事实或情况。在此情形下，该人选可被任何一方拒绝担任调解员。

第6条　最近一次调解结束后1年内，调解员不得协助、代表，或为任何一方提供代理辩护。

第7条　调解员不得在其担任调解员的争议的司法、仲裁程序解决中，担任仲裁员或者证人。

第8条　就刑法而言，调解员和所有调解程序中提供协助的人，在履行其职责时，享有与公职人员同等待遇。

第二小节　庭外调解员

第9条　任何受当事人信任、有能力调解的人，均可担任庭外调解员，无论是否担任任何委员会、团体或协会成员，无论是否注册。

第10条　当事人可获律师或公设辩护人的协助。

独立款　仅一方当事人有律师或公设辩护人陪同出庭的，调解员将暂停程序，直到所有当事人都得到适当协助。

第三小节　司法调解员

第11条　司法调解员应具有如下资格：教育部认可的大学毕业两年或以上的；获得国家法官培训学院（ENFAM）或法院认证的调解员资格的，以及符合国家司法委员会与司法部共同制定的最低要求的。

第12条　法院将为已获得授权从事司法调解的合格调解员建立档案，保持登记册的更新。

第1款　进行司法调解员名单登记的，应由利害关系方在预期从事调解地区的管辖法院申请。

第 2 款　法院规范调解员注册和解聘程序。

第 13 条　根据本法第 4 条第 2 款，司法调解员报酬应由法院确定，并由当事人承担。

第三节　调解程序

第一小节　一般规定

第 14 条　第一次调解会议开始及认为必要时，调解员应提醒当事人，注意适用该程序的保密规定。

第 15 条　根据当事方或调解员的请求，征其同意后，基于争议的性质和复杂性，可允许其他调解员参与同一程序。

第 16 条　即使仲裁或司法程序进行中，当事人亦可提请调解。在此情形下，应请求法官或仲裁员中止程序，就期间协商一致。

第 1 款　根据双方共同商定的中止程序，决定不可上诉。

第 2 款　程序中止的，并不妨碍法官或仲裁员批准临时禁令。

第 17 条　调解应视为首次调解会议安排日开始。

独立款　进入调解程序的，诉讼时效中断。

第 18 条　调解开始后，只有在双方同意的情况下，方可安排后续会议。

第 19 条　调解员履行职责时，可集体或单独会见当事人，要求当事人提供其认为有利于双方理解的必要信息。

第 20 条　为调解最终拟定调解文书、达成协议或达成协议无望的，应通过调解员或任何当事人的声明宣告结束。

独立款　双方达成协议的，最终调解文书将成为庭外可执行依据。该协议获法庭确认后，成为可执行司法文书。

第二小节　庭外解决

第 21 条　启动庭外解决程序的邀请，可通过任何通讯方式发出，并应提及拟协商的范围、第一次会议的日期和地点。

独立款　一方向另一方发出邀请的，另一方自收到之日起 30 日内未予答复的，视为拒绝。

第 22 条　调解合同应至少包含以下条款：

Ⅰ　召开第一次调解会议的最短和最长期限，自收到邀请之日起计算；

Ⅱ　第一次调解会议的地点；

Ⅲ　选择调解员或调解小组的标准；

Ⅳ　被邀请方未出席第一次调解会议的处罚。

第1款　合同条款可以用信誉良好的调解服务机构发布的规定代替上述条款，包括选择调解员和举行第一次调解会议的明确标准。

第2款　没有完整合同条款的，第一次调解会议的举行应符合以下标准：

Ⅰ　从收到邀请之日起，最短10个工作日，最长3个月；

Ⅱ　召开涉及保密信息的会议地点；

Ⅲ　包含5名合格调解员的名单，包括姓名、联系方式及专业推荐人；被邀请方可以明确选择5名调解员中的任何一位。被邀请方无回应的，视为接受名单中的首位调解员；

Ⅳ　被邀请方未出席第一次调解会议，在后续调解范围内的仲裁或诉讼中胜诉的，应承担诉讼成本和费用损失的50%。

第3款　因无调解约定的商业合同或公司合同引发争议的，当事人决定签署文书启动调解并自愿选择调解程序，庭外调解员应仅收取其服务费用。

第23条　按照调解合同规定，当事人承诺在一固定期限内或满足特定条件之前不启动仲裁程序或法律程序，仲裁员或法官应在先前商定的固定期限内或满足特定条件之前，中止仲裁程序或其他法律行为。

独立款　上述规定不适用通过司法机关采取的、防止权利丧失的临时禁令。

第三小节　司法调解

第24条　法院应设司法中心，协商解决争议。该中心应负责程序前及程序中的调解会议和听证会，负责制定旨在协助、指导和鼓励自我和解的方案。

独立款　该中心的组成及管理，应由各法院根据国家司法委员会发布的标准确定。

第25条　根据本法第5条，司法调解中，调解员不受当事人事先接受的条件约束。

第26条　当事人应获律师或公设辩护人的协助，但1995年9月26

日第9.099号法和2001年7月12日第10.259号法规定的情形除外。

独立款 能够证明财力不济的,可获公设辩护人办公室的援助。

第27条 诉求符合必要条件且未被驳回的,法官将安排调解听证会。

第28条 司法调解程序应在自第一次会议起60日内终结,除非当事人双方一致同意请求延期。

独立款 达成协议的,调解记录应提交法官,由法官决定案件终止。当事方请求的,法官应通过司法判决和最终调解书确认协议,并确定结案。

第29条 传唤被告出庭之前通过调解解决争议的,无须支付法庭收费。

第四节 保密及其例外

第30条 与调解程序有关的任何信息,应对第三方保密,即使仲裁或司法程序中也不得披露,当事人另有明确约定,法律要求披露或为依照调解达成的协议需披露的情形则除外。

第1款 保密义务适用于直接或间接参与调解程序的调解员、当事人、其代理人、律师、技术顾问和其信任的其他人,涉及:

Ⅰ 一方为寻求对争议的理解而向另一方作出的声明、意见、建议、承诺或方案;

Ⅱ 任何一方在调解过程中对事实的认知;

Ⅲ 接受调解员提出的和解方案的声明;

Ⅳ 专门为调解程序准备的文件。

第2款 与本条规定不一致的证据,仲裁或司法程序中不予采信。

第3款 涉及公共犯罪的相关信息,不受保密规定约束。

第4款 保密规定不排除主条款所述当事人在最终调解文书完成后向税务机关提供信息的义务,其代理人也有保守国家税法1966年10月25日第5.172号法第198条规定的信息保密义务。

第31条 一方在非公开会议中提供的信息,应视为机密,调解员不得向其他方透露,除非得到明确授权。

第二章　一方为公法管辖的法律实体所涉争议的自我解决

第一节　一 般 规 定

第 32 条　联邦政府、各州、联邦特区和市政当局可在各自公共司法机构的范围内,设立预防和解决行政争议的调解室,并有权:

Ⅰ　解决公共行政机构和实体之间的争议;

Ⅱ　个人与受公法管辖的法人实体之间发生争议的情形下,评估双方通过协议请求解决争议的可受理性;

Ⅲ　在适用时促进文书的规范。

第 1 款　上条提及的机构组建和运作方式,应由各联邦实体颁布法律规定。

第 2 款　可选择将争议提交给上述机构,且仅适用于各自联邦实体法规所规定情形。

第 3 款　双方达成共识的,应采取书面形式订立协议,成为具有庭外执行力的文件。

第 4 款　上条提及的机构权力,应不包括仅通过立法授权行为或权力解决的争议。

第 5 款　上条提及的调解室,应包括预防和解决行政部门与个人签署协议中涉及经济与财务平衡的争议。

第 33 条　设立上条所提调解室之前,可依照本法第一章第三节第一小节的调解程序规定,解决争议。

独立款　联邦政府、州、联邦区和市政当局的公共司法机构,可依职权启动集体调解程序,解决与公共服务有关的争议。

第 34 条　为协商解决公共行政范围内的争议而启动行政程序的,诉讼时效不受影响。

第 1 款　公共机构或部门做出可受理性决定时,该程序应视为已启动,诉讼时效的中止将追溯至正式请求解决争议之日。

第 2 款　涉税案件诉讼时效的中止,应符合国家税法——1966 年 10 月 25 日第 5.172 号法规定。

第二节　涉及联邦公共行政直属部门、代理机构和基金会的争议

第35条　争议涉及联邦公共行政直属部门、代理机构和基金会的，可通过妥协交易(Transação de Adesão)方式进行，基于：

Ⅰ　联邦大律师局的授权，基于联邦最高法院或高等法院的判例；或

Ⅱ　联邦大律师局的意见，经共和国总统批准。

第1款　妥协交易的要件，应由特定的行政决定确定。

第2款　申请妥协交易时，利害关系方应附上符合行政决定规定要件的证明。

第3款　行政决定应具有普遍效力，且适用同类案件，及时应对妥协交易，即使仅能解决部分争议。

第4款　妥协交易意味着当事人就行政决定本身的主要事项，放弃行政或司法性质的诉讼或上诉权利。

第5款　利害关系方为通过集体行动启动法律诉讼的一方，应通过向案件法官申请来表示放弃诉讼权利。

第6款　以妥协交易为目的的行政决定的形成，并不意味着对诉讼时效的默认放弃，也不意味着诉讼时效的中断或中止。

第36条　由联邦公共行政部门组成的受公法管辖的机构或实体间涉及诉讼争议的，联邦大律师局办公室应据其规定的程序，对争议进行庭外协商解决。

第1款　主条款提到的情形下未能就法律争议达成一致的，联邦大律师局应依法解决该争议。

第2款　争议解决意味着承认政府、机构和基金会对受联邦公法管辖的法律实体具有强制执行力，联邦大律师局可要求计划、预算和管理部，将为清偿债务进行的预算调整合法化。

第3款　争议庭外解决，不应排除引起债务的公共代理人责任，只要证实其作为或不作为理论上构成违纪行为，即须承担责任。

第4款　针对不正当行政行为的诉讼讨论中或联邦会计法院已对该行为做出决定时，主条款中的调解，应取决于主审法官或报告法官的明确同意。

第 37 条 各州、联邦区和市政当局、代理机构和公共基金会，以及上市公司和联邦混合公司，可将其与联邦公共行政实体或机构的诉讼提交联邦大律师局办公室，庭外解决争议。

第 38 条 法律争议与巴西联邦税务局管理的税收或在联邦债务中登记的信贷有关时：

Ⅰ 第 32 条主条款的第 2 款及第 3 款应不适用；

Ⅱ 竞争制度下开展生产或销售商品或提供服务的经济活动的上市公司、公私混营及其子公司，不得行使本法第 37 条规定的选择权。

Ⅲ 当事方属于第 36 条主条款提及的关联方时：

a）联邦大律师局办公室将争议提请庭外解决，意味着放弃向税务行政委员会上诉的权利；

b）信贷的减少或取消，取决于联邦大律师局和财政部长的共同决定。

独立款 本条规定不排除 1993 年 2 月 10 日第 73 号补充法第 4 条第Ⅴ款、Ⅹ款及Ⅺ款，以及 1997 年 7 月 10 日第 9.469 号法规定的联邦大律师局相关权力。（根据 2016 年 7 月 29 日第 13.327 号法）

第 39 条 将联邦公共行政部门组成的受公法管辖的机构或实体同时作为原告和被告提起的法律诉讼，应事先获得联邦大律师局的授权。

第 40 条 参与争议庭外解决程序的公职人员与代理人，仅在故意不当行为或欺诈获得任何不正当的利益或使第三方获益时，方可追究其民事、行政或刑事责任。

第三章 附 则

第 41 条 司法部管辖的国家调解学院可建立一个最佳实践数据库，并保存调解员和调解机构名单。

第 42 条 在适当情形下，本法应适用其他友好协商形式的争议解决，例如社区和学校调解以及庭外和解，前提为在其权限范围内。

独立款 劳动关系中的调解，应受特定法律管辖。

第 43 条 公共行政机构和实体可设立调解室，解决当事方之间关于管理或监督相关事宜的争议。

第 44 条 1997 年 7 月 10 日第 9.469 号法第 1 条和第 2 条生效条

文如下：

“第1条　联邦大律师局（直接或通过其代表）及联邦上市公司决策人，连同涉及有关事宜的法定官员，可授权执行协议或采取行动，预防或终止诉讼（包括司法诉讼）。

第1款　可设立专门调解室，由公职人员或代理人组成，分析和拟定协议或解决方案。

（……）

第3款　上述第1款提及的机构组成，应至少包括1名联邦大律师局代表，或一名上市公司法律助理或同等职能人员。

第4款　诉讼涉及金额高于法律规定时，在被认定为无效和作废的情况下，和解或妥协方式应取决于联邦大律师局和相关领域主管部委，或众议院议长、联邦参议院、联邦会计法院、法院或委员会或总检察院的事先明确授权，如利害关系方隶属于立法和司法或检察机关，除独立的联邦上市公司以外，仅需获主条款所提官员的事先明确授权。

第5款　当事人直接或通过代理人达成的终止法律程序的交易或协议中，包括法院要求行政延期付款的情况下，当事人可确定各方应支付的相关律师费用。”

“第2条　联邦大律师局、巴西中央银行检察院及第1条提到的联邦上市公司的决策人，可直接或通过委托授权执行协议，防止或终止庭内或庭外的涉及金额低于法定金额的诉讼。

第1款　在联邦上市公司情形下，上述授权应仅限于由至少一名法定官员组成的合议机构。

第2款　主条款中所提协议，可按月和连续分期支付债务，最高限额为60。

第3款　在付款时，每月分期付款金额应增加与联邦证券特别结算和托管系统（SELIC）利率相等的利息，按月累计，从合并后的次月开始计算，直到支付的前一个月再加上付款当月的1%。

第4款　分期付款违约时，30日后应启动执行程序。”

第45条　1972年3月6日第70.235号法补充以下第14条第A款后生效：

“第14条－A款　在确定和要求政府税收抵免的情形下，且纳税人是公共法律约束的联邦公共行政实体时,联邦大律师局办公室将诉讼提交庭外解决,应视为基于国家税法1966年10月25日第5.172号法第151条第3款规定的目的而作出的权利主张。”

第46条 双方就调解达成一致的,可通过互联网或其他远程方式进行。

独立款 居住在国外的当事方,可以根据本法规定进行调解。

第47条 本法自正式公布之日起180日后生效。

第48条 1997年7月10日第9.469号法第6条第2款同时废止。

巴西商事仲裁和调解会商事调解规则*

Ⅰ. 始则

1.1　CAMARB-巴西商事仲裁和调解会,以下简称为 CAMARB,其设立目的是主管仲裁程序及其他非司法争端解决方法。

1.2　调解程序是供自愿选择的程序,基于善意及当事各方的意愿而提起。

1.3　只要当事各方同意,CAMARB 调解规则(以下简称规则)即应适用,无论是否存在一项对 CAMARB 调解规则或米纳斯吉拉斯仲裁会(CAMARB 的前身)调解规则的适用作出了规定的调解条款或多层次争端解决条款。

1.4　除非另有约定,否则应适用在提出调解申请之日有效的规则。

Ⅱ. 调解员

2.1　CAMARB 调解员名单中的成员和其他不属于该名单的人士均可被委任为调解员,只要其确能胜任且为当事各方信赖之人。

2.2　获委任为调解员的人士须签署一份声明,通报可能令人有理由怀疑其对接受调解各方或待调解争端是否具有公正性及独立性的任何情况,以及其是否愿意在指定期限内进行调解。

2.2.1　调解员如在调解过程中获知任何可能影响其公正性或独立性的事实或情况,应通知当事各方和 CAMARB 将其免职的必要性。

Ⅲ. 调解申请

3.1　拟在 CAMARB 的管理下通过调解解决争端者,应将其意图传达给本机构秘书处,告知下列事项:

–　当事各方及其法律顾问(如有)的名称/姓名、实际地址和电子地址以及全部身份信息;

–　包含调解条款或多层次争端解决条款(如有)的文书的完整

* 2018 年由巴西商事仲裁和调解会发布。——译者注

副本;

- 争端标的简要概述;
- 争端的估计价值。

3.2 当事各方提交的所有文件均应以足够份数的副本交付 CAMARB 秘书处,以便转交给调解员,CAMARB 除留存一份调解申请副本和一份调解合同副本外,不保管任何文件。

3.3 CAMARB 秘书处与调解员之间的往来函件以及当事各方声明的副本,应以信函、电子邮件或任何其他形式的书面函件寄至当事各方向秘书处提供的地址,或在该方委任了代理人的情况下,仅发送给该代理人。

3.4 在申请启动调解程序时,申请人应缴纳相当于其分摊的管理费份额的不可退还的保证金。

3.5 如不符合第 3.1 项和第 3.4 项的要求,秘书处应确定符合要求的期限。如在确定的期限内仍不符合该要求,则调解申请应作归档处理,但不影响提出新申请的可能性。

3.6 CAMARB 秘书处应按申请人告知的地址将调解申请发送给被申请人,并随附本规则以及调解员名单内所含的姓名的名单副本,以便其在收到调解申请后 15 日内发表对该申请的意见,并缴纳相当于其分摊的管理费份额的不可退还的保证金。

3.7 如未成功送达被申请人,秘书处应立即通知申请人,申请人必须在 10 日内向 CAMARB 秘书处提供新的地址,否则调解申请应作归档处理,但不影响提出新申请的可能性。

3.8 如被申请人拒绝参加调解,CAMARB 秘书处应书面通知申请人。

Ⅳ. 调解前程序

4.1 如双方初步同意参加调解程序,则在确有意向的情况下,可邀请双方在 CAMARB 秘书处事先安排的时间、地点和日期前往 CAMARB 办公室进行调解前面谈。

4.2 调解前面谈可由当事各方自行决定或在 CAMARB 秘书处的建议下通过电话会议的方式进行。

4.3 调解前面谈应由 CAMARB 秘书处与每一方单独进行,但当事各方事先同意联席进行的,则属例外。

V. 调解员的委任

5.1 CAMARB 秘书处应要求当事各方在收到函件后 10 日内经双方同意共同委任调解员参与调解程序。

5.2 如调解员需要由 CAMARB 理事会委任,则 CAMARB 秘书处应向当事各方送交一份至少包含 3 名调解员提名人的名单(内含其各自的简历),要求当事各方在五(5)日内表明各方对提名调解员的优先选用顺序,并将其按从 1 ~ 3 的顺序进行排列。

5.3 调解应由双方共同委任的调解员进行。

5.4 如未就调解员委任事宜达成一致,CAMARB 秘书处可再次实施第 5.2 项规定的程序,如当事各方确有意向,则送交一份新的建议名单。

5.5 如任何获委任的调解员亡故,或被宣布在履职时受到妨碍,或察觉到可能无法履职,或即将无法履职,而当事各方仍同意继续调解,则各方应在十(10)日内共同另行委任一名调解员,否则,CAMARB 秘书处可再次实施第 5.2 项规定的程序,送交一份新的建议名单。

VI. 调解合同

6.1 委任调解员后,CAMARB 秘书处应编制调解合同草案,其中应包含下列内容:

- 当事各方及其代理人(如有)的名称/姓名、职业、婚姻状况和住所;
- 获委任调解员的姓名、职业和住所;
- 待调解事项;
- 调解程序中采用的语言;
- 指定调解会议的地点、日期和时间;
- 保密条款及其延期;
- 调解期限;
- 关于调解员不得在与提交调解的争端标的有关的司法或仲裁程序中担任仲裁员或证人的条款;
- 调解员费用及管理费的付款条件,以及关于各自款项及调解费用缴纳责任的声明;
- 当事各方、调解员和 CAMARB 秘书处成员的签名。

6.2 根据第 13,140/15 号法律第 17 条的规定,调解视作在排定的首次调解会议召开之日启动。

6.2.1 截至首次调解会议召开之日，调解协议必须已由当事各方及调解员签署，同时，调解员费用必须已根据本规则缴存。

6.2.2 根据第13,140/15号法律第18条的规定，调解启动后，只有在当事各方同意的情况下，才能安排后续的由当事各方出席的会议。

6.2.3 根据第13,140/15号法律第17条的规定，在调解程序进行期间，诉讼时效应予中止。

Ⅶ. 调解程序

7.1 调解程序的步骤和规则应由调解员自行确定，并在首次调解会议开始时由其说明。

7.2 调解会议可以联合举行，也可以单独举行，以调解员认为适当的方式而定。

7.3 如认为确有必要，调解员可要求当事各方在排定的首次会议召开之日前不超过十(10)日内以书面形式提交一份调解计划，说明包括调解目标、对双方的利益、需求及可能存在的争端风险的分析，以及双方认为对调解员正确了解争端问题关系重大的任何文件在内的事项。

7.4 如当事各方明确声明，则调解员应将调解期间提交的所有资料及文件视为机密。

7.5 为确保调解程序的效力，应调解员的要求，当事各方必须证明出席调解会议的人士有权代表其与会并作出有效解决争端所必需的决定，包括以达成协议的方式作出决定。

7.6 调解员可以限定每一方代表人的人数，以便提供有利于调解程序取得正常进展的环境。

7.7 在以下情况下，调解程序应视作终结：(ⅰ)当事各方达成协议终结调解；(ⅱ)任何一方宣布无调解意向或未能达成协议；或(ⅲ)在认定没有理由进一步努力达成共识的情况下，调解员决定终结调解。

7.7.1 在第7.7项规定的情况下，当事各方或调解员(视情况而定)应将其决定通知CAMARB秘书处，而无须声明其作出决定的理由。

7.8 一旦调解程序完成，当事各方提交的或在调解过程中出示的所有文件均应在三十(30)日内提供给提交该文件的一方。在此期限之后，CAMARB经明确授权销毁所有文件。

7.8.1 调解员应销毁其在调解过程中收到或出示的所有记录及其他文件。

7.9 一方当事人可选择是否由法律顾问代表其参加调解。如由法律顾问代表参加调解,则法律顾问必须签署保密协议。

7.9.1 如只有一方当事人在法律顾问的协助下参加调解,则调解员应中止调解程序,直到所有当事人均得到适当协助。

7.10 如无法达成最终协议,则应在调解会议结束前起草关于上述最终协议所涉及主要问题的总体指引文件。

7.10.1 调解的保密要求不适用于本指引文件,该文件可用于在州法院或仲裁中证明达成的协议的条款。

Ⅷ. 管理费、调解员费用及其他费用

8.1 由 CAMARB 主管的调解程序中发生的费用应按照提出调解申请时有效的费用表认定,应包括管理费、调解员费用及该表中所列的其他费用。

8.2 如在调解过程中发现当事各方告知的争端的经济价值低于根据调解过程中产生的因素确定的实际经济价值,则 CAMARB 秘书处或调解员应作出相应的修正,当事各方应在收到传票后 15 日内补足最初缴存作为管理费及调解员费用的金额。

8.3 如任何一方未能按费用表所列的时间及金额缴纳管理费及/或调解员费用,则另一方可代违约方缴纳相应的款额,以便使调解得以进行。如管理费及/或相关费用未在 15 日内全额预缴,则调解应中止,并可在缴纳上述款项后重新启动。

8.4 因拖欠款项而中止调解 30 日后,应通知违约方在 10 日内缴款,逾期未缴款,则调解视为已终止。已缴纳的与管理费及调解员费用相关的款额应分别偿还给 CAMARB 和调解员。

8.5 因在调解程序中采取行动而产生的费用应由申请采取相应措施的一方当事人承担,如该措施是由调解员主动采取或在本规则中有规定的,则由双方共同承担。CAMARB 秘书处可要求当事各方预缴一笔足够支付相关调解费用的款额,该款额应根据具体情况确定,具体金额以提交账目为准。

8.6 在调解程序结束时,CAMARB 应负责评估当事各方缴纳的款额,以核实是否需要补交款项,无论是作为调解员费用,还是作为管理费的补充,或者(视情况而定)偿还费用,这些费用必须得到 CAMARB 或调解员(视情况而定)的适当证明。但是,如有应退还给当事各方的余额,则应将该余额退还给当事各方。

Ⅸ. 终则

9.1　如仲裁程序是在调解已进行后方启动的,任何曾参与同一争端调解的调解员均不得担任仲裁员。

9.2　调解员不得在可能为解决同一争端而提起的任何诉讼或仲裁程序中担任证人。

9.3　调解程序应严格保密,CAMARB、调解员、当事人本身及所有其他参与者未经全体当事人明确同意,不得披露其因其职位或参与调解程序而可能接触到的任何资料,但有法定披露义务的,则属例外。

9.4　调解的保密范围包括当事各方、调解员及其他参与调解程序的人士从利害关系方提交调解申请到调解程序结束之前提交的所有资料、文件和数据,而无论当事各方之间是否有协议,但以下情况除外:(ⅰ)明确标识为"非密件"的资料和文件;(ⅱ)已为公众所知的文件和资料;(ⅲ)参与各方已知的、不受单独条文、条款或合同中约定的保密义务保护的文件和资料。

9.5　除非另有规定,调解地点为 CAMARB 总部。

9.6　如双方无法达成协议,则调解员应考虑所有相关情况(包括合同采用的语言),以确定调解程序中采用的语言。

9.7　在符合当事各方利益的前提下,即便可能启动诉讼或仲裁程序,亦不妨碍继续进行或启动调解程序。

9.8　调解员应负责解释及适用本规则中与其权限、职责和特权有关的所有事项。

9.9　如调解员未获委任,则遗留事项由 CAMARB 理事会的调解员解决。

9.10　CAMARB 理事会应负责确定费用表及调解员名单。

9.11　适用提出调解申请时有效的费用表及调解员名单。

9.12　本规则于 2018 年 5 月 7 日生效,仅可通过 CAMARB 理事会决议的方式加以修订。

印　　度

印度民事诉讼法[*]（节选）

第 89 条 争议的庭外和解

（1）法院认为存在可为诉讼当事人接受的因素的，应制定和解条件，供当事人考虑。法院收到当事人意见后，可重新制定可能的和解条件，用于：

（a）仲裁；

（b）和解；

（c）司法和解，包括通过人民法庭（Lok Adalat）和解；

（d）调解。

（2）将争议：

（a）提起仲裁或和解的，应适用《1996 年仲裁和解法》（1996 第 26 号），如同已根据该法的规定提起以仲裁或和解方式解决争议；

（b）向人民法庭提起的，法院应依照《1987 年法律服务局法》（Legal Services Authority Act）（1987 第 39 号）第 20 条第 1 款，将争议交由人民法庭审理。向人民法庭提交的争议应适用该法的其他所有规定；

（c）提请司法和解的，法院应将争议提交适当的机构或个人，该机构或个人应视为人民法庭，应适用 1987 年（1987 第 39 号）《法律服务局法》所有规定，如同依照该法将争议交由人民法庭审理；

（d）提请调解的，法院应促成当事人遵循规定程序达成妥协。

---

* 1908 年发布，于 2018 年最新修订。——译者注

印度仲裁与调解协会调解规则*(节选)

第一部分
IIAM 调解规则

规则 1

范围及适用

(a)如任何协议、仲裁协议或提交仲裁文件规定由印度仲裁与调解协会(India Institute of Arbitration & Mediation, IIAM)或根据《印度仲裁与调解协会调解规则》(以下简称 IIAM 调解规则)进行调解或和解,则当事各方应视作已同意应根据以下规则或 IIAM 可能已通过并在调解启动前生效的经修订的规则或附属规则进行调解或和解。本规则可随时经当事各方书面同意进行修改。

(b)本规则适用于现有或将来争端的调解,只要当事各方寻求根据 IIAM 调解规则友好解决该等争端,或在当事各方同意根据 IIAM 调解规则利用调解协助其达成交易的情况下,用作交易调解、成交调解或辅助交易撮合。

(c)本规则亦适用于根据"仲裁—调解—仲裁"程序启动的调解,只要调解是根据 IIAM 仲裁规则经仲裁庭提请调解而启动。

(d)本规则亦适用于通过调解中心或在线调解的方式在 IIAM 的数字平台 Peacegate 应用程序上启动的调解。

(e)在发生国际或跨境争端或交易的情况下,当事各方应根据《亚太仲裁与调解中心调解规则》(以下简称 APCAM 调解规则)解决争端或辅助交易撮合,该规则在调解启动时应为有效。

---

* 2021 年由印度仲裁与调解协会发布。——译者注

规则 2

定义

在本规则中,除上下文另有规定外:

(a)“主管官员”是指根据本规则指派的 IIAM 官员,该官员应履行本规则规定须由 IIAM 履行的所有职能。

(b)“调解协议”是指由当事各方和调解员签署的调解任何争端或进行辅助交易撮合的书面协议,具体规定了调解员的委任、当事各方和调解员的职能和义务以及调解程序。

(c)“附属调解中心”或“AMC”是指附属于 IIAM 的调解中心,负责根据本规则的规定进行调解。

(d)“AMA 程序”是指 IIAM 仲裁规则规定的一种混合程序,即仲裁—调解—仲裁程序,在此程序中,一方当事人根据 IIAM 的“仲裁—调解—仲裁条款”或“AMA 条款”将争端提交仲裁解决。

(e)“认可调解举行地点”或“AMAP”是指有认可调解员可供根据本规则条文进行调解的地方。

(f)“操守准则”是指根据本规则规定的调解员须遵守的职业调解行为操守准则。

(g)“和解”是指进行调解的过程,借此过程,当事各方同意赋予 MSA 与根据 1996 年《仲裁与和解法》第 73 条签署的和解协议同等的法律地位。

(h)“操守评估”,如本规则所述,是指调解员根据收到的对调解员的投诉进行的调解员操守评估。

(i)“成交调解”、“交易调解”或“辅助交易撮合”是指当事各方试图一名或多名第三人(“调解员”)的协助下进行或达成交易的过程,该第三人无权向当事各方强加任何建议,但有助于达成交易。

(j)“数字管理员”或“ODR 管理员”是指在 Peacegate 数字平台或该等其他数字平台上对在线协商、调解或在线争端解决进行管理和协调的实体。

(k)“国内调解”是指对任何视作民事、社区、关系、合同或商业性质的争端进行的调解,或对印度当事各方之间因可罚款抵罪的罪行引起的任何争端,或对印度当事人之间因任何辅助交易撮合引起的任何争端进行的调解。

(l)“热线中心”是指当合同双方选择进行项目调解时,由合同双方和项目调解员组成的 Peacegate 应用程序中的聊天平台。

(m)“IIAM”是指印度仲裁与调解协会。

(n)“IIAM 分会”是指印度仲裁与调解协会的全功能中心。

(o)“IIAM 调解费明细表”是指在根据本规则提交调解之日适用的 IIAM 费用明细表。

(p)“国际调解”或“跨境调解”是指对根据印度现行法律视作商业争端的争端进行的调解,或对任何辅助交易撮合进行的调解,只要至少有一方当事人是:

(i)作为印度以外任何国家的国民的或惯常居于该国的个人;或

(ii)在印度以外的任何国家设立或营业地点位于该国的法人团体;或

(iii)在印度以外的任何国家实行集中管理和控制的社团或个人团体。

(q)“经调解后达成的和解协议”或“MSA”,就调解而言,是指部分或全部调解当事人达成的书面协议,用以解决全部或部分争端,或最终确定交易条款,并由当事各方与调解员签署。

MSA 的内容即便以任何形式记录,该协议亦为“书面形式”。如电子通信所载的信息可以存取,以便后续查阅之用,则电子通信亦满足该协议应采用书面形式的要求。

(r)“调解”是指这样一种过程,即无论使用何种表达方式或在何种基础上进行该过程,借此过程,当事各方均试图在无权将解决方案强加给争端各方的一名或多名第三人(“调解员”)的协助下,友好地解决其争端。

(s)“调解通信”是指为进行调解或在调解过程中所说的任何内容或所做的任何行为,或为进行调解或在调解过程中所拟备的任何文件或报告或提供的任何资料,包括调解协议或经调解后达成的和解协议。

通信包括电子通信、在线通信或数字通信。

(t)“调解会议”是指调解员与争端一方或多方或交易各方根据本

规则安排的会议,包括为安排或筹备该会议而进行的任何活动,不论会议是否举行;同时,亦包括对该会议中提出的任何事项或问题的任何跟进行动。

会议包括通过电子通信、视频会议或其他电子方式举行的会议。

调解会议可包括由所有当事人和调解员出席的"全体"会议,以及仅由调解员和任何一方当事人或一组当事人出席的"非公开"或"核心"会议。

(u)"调解员"是指获委任进行调解并协助争端各方达成双方均认可的协议以解决争端或辅助交易撮合的个人。

凡为一项调解委任多于一名调解员,则本规则所指的一名调解员,即指该项调解的所有调解员。

(v)"非当事人"是指参与调解但并非当事人或调解员的人士,包括每一方当事人的法律顾问/咨询师/顾问、争端或交易标的方面的专家、秘书/IIAM 工作人员或参加调解程序的任何第三方。

(w)"在线争端解决"或"ODR"是指通过使用电子或数字平台及其他信息和通信技术解决争端的机制,不需要亲身出席会议或参加审理,也可以用同时包括线上和线下要素的混合程序,其中可以包括协商、调解、仲裁。

(x)"在线调解"是指作为一种在线争端解决机制发起及/或进行的调解,通过 Peacegate 电子平台或当事各方商定的其他平台进行。

(y)"在线会议"或"虚拟会议"是指根据本规则安排的调解员与一方或多方当事人之间通过音频会议、视频会议或其他类似通信方式进行调解的会议。

(z)"调解一方"是指提请调解的全部或部分争端的任何一方当事人,或参与交易的任何一方当事人,但不包括进行调解的任何调解员。

当事人可包括多方当事人,包括发起方以及对方。

"发起方"是指根据本规则发起调解程序的一方。

"对方"是指根据本规则发起的调解所针对的一方。

(aa)"Peacegate 应用程序"是指 IIAM 独家唯一的妥善争端解决方式 ERP 软件及数字平台,提供通过调解中心或在线进行协商、调解及仲裁的设施,可在 www. peacegate. in 的网络平台上使用,也可作为 Apple iOS 及 Android 工具中的应用程序使用。

(bb)“PMC”是指由 IIAM 和人民调解协会(People's Mediation Society,PMS)连同其他组织或机构根据 IIAM 社区调解服务计划设立的人民调解中心。

(cc)“项目调解”是指一种争端管理程序,在此程序中,当事各方在合同中委任 1 名调解员,以便在合同尚未履行期间解决争端,更具体的规定详见第 5 条。

(dd)“登记官”是指根据本规则指派的 IIAM 官员,该官员应按照主管官员的转授权履行应由 IIAM 履行的所有职能。

第 1 条

国 内 调 解

规则 3

启动调解程序

(a)如发生争端,一方当事人可向另一方(以下简称对方当事人)递交一份书面调解邀请函,要求启动调解。此等调解邀请函应包含一份简短的自我解释性声明,说明争端的性质、争端的数量(如有)、所寻求的救济或补救措施,并提名一名或多名被认为合适的调解员。

(b)收到调解邀请函的对方当事人应在收到邀请函后 15 日内通知发起方和 IIAM 其是否愿意调解,以及是否可以接受提名的调解员。任何一方未在 15 日内答复的,应视为拒绝调解。在收到答复后,发起方应向 IIAM 提交提请调解表。

(c)无论规则 3(a)有任何规定,争端一方或所有各方均可通过向 IIAM 提交调解申请来请求启动调解。

(d)IIAM 收到调解申请后,应向对方当事人发出调解邀请函,注明调解申请和首次调解会议的预定日期、时间和地点。邀请函还应说明提名调解员的详细情况。收到调解邀请函的一方可按照邀请函出席调解员主持的调解会议,亦可告知其无法如期出席,或表示反对所提名的调解员,以便 IIAM 可照顾当事各方和调解员的便利,另行提名一名调解员或重新安排首次会议日期。如任何一方当事人表示拒绝调解,或者如一方或所有各方未在预定日期出席会议,则其应视为拒绝调解。

(e)如调解是根据“仲裁—调解—仲裁”程序启动的,则 IIAM 应向当事各方发出参加首次调解会议的邀请函,注明1名或多名调解员(视情况而定)的姓名以及首次会议的日期、时间和地点。各方当事人可以按照邀请函出席调解员主持的调解会议,亦可告知其无法如期出席,或表示反对所提名的调解员,以便IIAM照顾当事各方和调解员的便利,另行提名一名调解员或重新安排首次会议日期。如任何一方当事人表示拒绝调解,或者如一方或所有各方未在预定日期出席会议,则其应视为拒绝调解。

(f)如发起方已通过提交调解申请发起在线调解,则IIAM应向当事各方发出参加首次调解会议的在线邀请函,注明一名或多名调解员(视情况而定)的姓名,并告知在线平台的详细情况以及首次调解会议的日期和时间。当事各方可根据在线平台的邀请函出席调解会议,亦可告知其无法如期出席,或表示反对所提名的调解员,以便IIAM照顾当事各方和调解员的便利,另行提名一名调解员或重新安排首次会议日期。如任何一方当事人表示拒绝调解,或者一方或所有各方未在预定日期和时间出席会议,则其应视为拒绝调解。

(g)如调解是通过Peacegate应用程序发起的,则当事各方、调解员或IIAM发出的调解申请、调解邀请函及此等其他通信内容均应通过该应用程序本身以通知、电子邮件或短信的方式发出。

(h)如是交易调解,则当事各方可通过提交调解申请共同发起调解。如当事各方未提名调解员,则应由IIAM提名调解员,并应向当事各方发出参加首次调解会议的邀请函,注明一名或多名调解员(视情况而定)的姓名,并告知首次会议的详细情况。当事各方可按照邀请函出席调解会议,亦可告知其无法如期出席,或表示反对所提名的调解员,以便IIAM照顾当事各方和调解员的便利,另行提名一名调解员或重新安排会议日期。

规则4

委任调解员

(a)当发起方提交调解申请时,其可从IIAM认可调解员小组中提名一名调解员。

(b)如发起方未提名调解员,或对方反对提名调解员,或当事各方未能就调解员的委任达成一致,则应由IIAM委任一名愿意任职的调解员。

(c)原则上应仅有一名调解员,但当事各方同意委任多名联合调解员的除外,即当事各方决定由两名或两名以上的调解员。如有多名调解员,则每一方均有权委任一名调解员。如当事各方未提名调解员或如当事各方提出要求,则 IIAM 应委任愿意任职的调解员。如有多名调解员,则多名调解员应从其团队中推荐一名调解员负责与当事各方协调程序活动,否则,应由 IIAM 从获委任的调解员中提名该调解员。

(d)IIAM 根据本项规则委任调解员,视作根据 1996 年《仲裁与和解法》第 64(2)条的规定经当事各方同意而作出委任。

(e)除非经当事各方同意,否则任何人不得在该人因调解而享有任何经济或个人利益的任何争端中担任调解员。在接受委任之前,被提名的调解员应向当事各方或 IIAM 披露任何可能造成偏见推定或妨碍争端迅速解决的情况。如作出了任何披露,IIAM 应立即将该资料传达给当事各方,以征求其意见。如任何一方在两日内对被提名的调解员作出反对,则不得委任该调解员。替补调解员的委任方式应与被替换的调解员相同。

(f)如当事各方同意调解,并就调解员达成一致,并且被提名的调解员愿意任职,则当事各方应签署一份调解协议,继而按照本规则进行调解。

规则 5

调解程序

(a)委任调解员后,IIAM 应与当事各方共同确定每次调解会议的时间和地点。

(b)当事各方可就调解员在进行调解程序时须遵循的具体程序达成一致意见。

(c)如当事各方未就调解员须遵循的任何特定程序达成一致意见,则调解员须遵循下文所述的程序,即:

(ⅰ)调解员应在征询当事各方意见后,确定全体当事人均须出席的每次调解会议的时间安排、日期和时间。

(ⅱ)调解员应在 IIAM 分会、附属调解中心(Affiliated Mediation Centres,AMC)、认可调解举行地点(Approved Mediation

Access Points,AMAP)、人民调解中心(People's Mediation Centres,PMC)或其与当事各方同意且最终由其决定的任何其他便利地点进行调解。

(iii)调解员可与当事各方举行联席会议或单独会议。

(iv)如有要求,当事各方或其法律顾问/咨询师/顾问应在调解启动前向调解员和 IIAM 提交一份调解前意见书("立场声明"或"简报"),阐明其认为需要解决的问题或需要进行的交易及其对该等问题的立场,以及调解员要了解这些问题而合理需索的所有资料;双方还应相互交换该备忘录。

(v)在调解启动前,应当事各方的法律顾问/咨询师/顾问的要求,或在调解员要求的情况下,调解员应与该法律顾问/咨询师/顾问召开一次调解前预备会议,以便就调解的过程及具体程序进行初步讨论。

(vi)在调解过程中,每一方当事人均应向调解员提供其可能需索的与待解决或处理的问题相关的其他资料。

(vii)如当事各方同意,或者调解员发现由于存在任何限制,当事各方无法实地出席会议,则调解员可在征询 IIAM 意见后,安排当事各方召开虚拟会议,虚拟会议亦视作调解会议。

(viii)如当事各方通过 Peacegate 应用程序发起在线调解,则调解员和当事各方应通过数字聊天室或视频聊天室在线举行调解会议。

规则 6

调解的时间期限

调解员应当尽最大努力在其获委任之日起 60 日内终结调解。未经当事各方书面同意,委任期限不得延长超过 3 个月。

规则 7

调解员的职能

(a)调解员可结合具体案情、当事各方的意愿以及迅速解决争端或达成有效交易的需要,按其认为适当的方式进行调解。

(b)调解员不受诉讼法或《证据法》的约束。

(c)调解员应遵循公平正义原则,并受《IIAM 调解员职业操守准则》的约束。

(d)调解员经当事各方同意,可获得专家的服务,专家可协助调解员或当事各方促进争端的解决或了解争端或交易的标的。专家在参与调解过程中应当签订保密协议。当事各方应当承担获得该项服务所发生的费用。

(e)调解员应向另一方披露其从一方当事人处收到的有关争端或交易的所有资料的内容,另一方当事人应有权接受相关说明。

但当一方当事人向调解员提供资料时,受规定该资料须保密的特定条件所制约,调解员不得向另一方当事人披露该资料。

另外,但如已作为密件披露的资料与披露或关乎下列事项的资料有关:

(ⅰ)企图对一方当事人实施任何身体或心理威胁或伤害;或

(ⅱ)实施犯罪,包括企图实施犯罪,则调解员可告知提供该资料的一方,其不受保密条款的约束,并有权查明该资料是否属实。调解员可权衡该资料的重要性,决定其是否需要向对方当事人披露该资料,或者其是否需要退出调解。

(f)调解员应努力促使当事各方自愿解决争端,并将每一方当事人的意见传达给另一方,协助双方查明问题,减少误解,厘清重要事项,探索达成和解的空间,提出旨在解决争端的可选方案,并强调当事各方有责任作出对产生影响的决定,且调解员不得向当事各方强加任何和解条款。

(g)在进行交易调解的情况下,调解员应努力促使当事各方进行自愿商讨,并与每一方当事人进行沟通,协助其厘清重要事项,减少误解,探索实现互利的空间,提出旨在达成交易的可选方案,并强调各方有责任作出对其产生影响的决定,且调解员不得向当事各方强加任何条款。

(h)每次调解会议之后,调解员应向 IIAM 提交一份调解记录表,说明调解会议的时长及会议结果。如为例行调解,则此调解记录表应由调解员和 IIAM 签字;如为临时调解,则此调解记录表应由调解员和当事各方签字。

(i)在对调解保密的前提下,调解员可在调解期间随时书面通知当事各方,说明调解员退出调解的一般理由,从而退出调解。

但调解员退出调解本身不应妨碍调解员再次在该调解中担任调解员。

规则 8

当事各方的职能

(a)调解员可在全体会议上与当事各方共同沟通,亦可在核心会议或非公开会议上分别与当事各方单独沟通,每一方当事人均应与调解员合作。当事各方应当全力配合,使调解能够在规定的时间内进行并终结。

"当事各方"一词可包括其各自的法律顾问/咨询师/顾问。

(b)当事各方必须理解,调解员只是在作出解决争端或达成交易的决定时提供协助,并不就调解必然达成和解或交易作出任何保证。

(c)每一方当事人均可主动或应调解员的邀请,就解决争端或达成交易提出建议,调解结果应经当事各方共同同意而决定,调解员不得为解决争端或达成任何交易而向当事各方提出建议或强加任何决定。

但调解员应所有各方的请求,可自行考虑是否提出评价性建议或提议,但应由当事各方决定是否接受该等建议或提议。

(d)尽管不能强迫任何人承诺通过调解解决案件或达成交易,但当事各方应承诺本着解决争端或达成交易的意图善意参与调解程序。参与调解在任何时候均应为自愿行为。

(e)一方当事人可:

(ⅰ)在调解期间随时退出调解,

(ⅱ)由一名并非一方当事人的人士(包括法律顾问、咨询师或顾问)陪同并协助参与调解,或

(ⅲ)在调解期间随时征询独立法律意见。

(f)一方或多方当事人可因任何理由终止对调解员的委任,并应告知调解员终止理由,同时另行委任一名调解员或请求 IIAM 另行委任 1 名调解员。

规则 9

IIAM 的职能

(a)IIAM 须为调解作出必要安排,包括:

（ⅰ）委任调解员；

（ⅱ）组织调解场地并指定调解日期；

（ⅲ）组织交换调解前意见书或任何此等意见书（如有）；及

（ⅳ）提供一般行政支持，包括提供在线支持。

（b）如有必要，IIAM 应与调解员一起协助起草经调解后达成的和解协议。

规则 10

代表及非当事人

（a）当事各方均可由其选择的人士代表或协助。每一方当事人均应事先将此等人士的姓名和职能告知 IIAM 及另一方当事人。每一方当事人均完全有权在调解员主持下解决问题或达成交易。当事各方应授予其代表解决争端或达成交易所必需的权限。

（b）如任何一方不能亲自出席调解，可由其授权人士或授权书持有人代表出席。

（c）每一方当事人的法律顾问/咨询师/顾问或标的方面的专家或任何能协助调解程序的第三方，如获调解员准许并经当事各方同意，均可出席调解程序。此等非当事人应签署一份保密声明。

（d）如任何一方由法律顾问/咨询师/顾问协助，则另一方亦有权由法律顾问/咨询师/顾问加以协助。

（e）争端或交易各方的名称/姓名、地址、手机号码和电子邮件及其代表的姓名、地址、手机号码和电子邮件，均应提供给 IIAM，并在各方之间交换。

规则 11

非公开、保密及自愿程序

（a）调解是一项非公开、保密及自愿程序。当事各方可随时通知调解员及所有其他各方而退出调解，而无须提供任何退出理由。

（b）未经当事各方和调解员同意，第三方不得参加调解会议。

说明——为免生疑问，特此澄清，调解员只要愿意，即可接受由其指定的秘书或 IIAM 工作人员的协助，以获得文书方面的协助，但前提是该人亦签署了保密声明。

（c）任何一方为进行调解程序或因涉及调解程序而披露或出示的

每一项文件、通信内容或资料,均须在保密的基础上予以披露,且该等披露不得放弃任何特权或保密义务。保密义务亦适用于经调解后达成的和解协议,但披露该协议为执行或强制执行所必需的,则属例外。

但保密义务不适用于规则7(e)的但书。

(d)调解程序属辅助性协商,在调解程序进行过程中作出的所有提议、承诺、行为及陈述,不论采用书面或口头形式,均不得在任何诉讼或对任何争端的仲裁中予以采信。但是,原本可采信的证据不因其在调解会议中使用而变为不可采信。

(e)调解应以保密方式进行,不得制作文字记录或正式记录。不得对调解程序进行音视频录制。调解过程中只允许调解员、当事各方及/或其代表和顾问以及秘书/IIAM工作人员出席。

(f)调解过程中发生的任何事情,均非旨在亦不得以任何方式影响争端各方在任何后续仲裁、裁判或诉讼中的权利或地位。

(g)当事各方应对调解过程中发生的事件保密,不得在任何其他程序中信赖或引入关于以下事项的信息:

(i)一方当事人在调解程序进行过程中发表的意见。

(ii)调解期间取得的文件(而该等文件是明文规定须视为密件),或由当事各方或调解员提供的其他记录、草案或资料。

(iii)调解员提出的建议或表达的意见。

(iv)一方当事人在调解程序进行过程中作出的承认。

(v)一方当事人是否表示愿意接受一项建议的事实。

规则12

和解

(a)当调解员发现存在和解因素时,其应拟定可能达成的和解协议的条款,并将其提交当事各方征求意见。调解员在收到当事各方的意见后,可重新拟定该条款。

(b)如双方就和解条款达成协议,调解员可在IIAM的协助下,按照双方商定的条款拟定经调解后达成的和解协议(Mediated Settlement Agreement,MSA),双方可签署MSA协议。调解员应对协议进行认证,并向每一方当事人提供一份副本。

(c)当事各方签署 MSA 协议时,该协议应为最终协议,对当事各方及根据该协议提出权利主张之人均具有约束力。

(d)在拟定和解协议时,如当事各方向调解员提出申请,其希望赋予 MSA 协议终局性及可执行性,各方同意将调解程序视作达成和解,并同意使 MSA 协议具有根据 1996 年《仲裁与和解法》第 73 条签署的和解协议的法律地位,由此达成的 MSA 协议将具有与仲裁裁决同等的法律地位,并可作为法院法令予以执行及强制执行。

(e)对于"仲裁—调解—仲裁"程序,如争端得到全部或部分解决,则应以书面形式将上述解决方案记录在案,由当事各方签署并呈交 IIAM,IIAM 应将上述解决方案与调解情况报告一并转交仲裁庭。

(f)对于法院移交的调解,如当事各方就诉讼中的所有问题或部分问题达成协议,则应以书面形式将上述协议记录在案,并由当事各方签署。如由法律顾问代表当事各方,则法律顾问应核签其各自委托人的签字。以此方式签署及核签的各方协议,须呈交调解员,调解员须连同附函将该协议转交案件待审法院。如双方未在规定期限届满之前达成任何协议,或者调解员认为不可能达成和解,则调解员应以书面形式向该法院报告上述情况。

(g)对于交易调解,如当事各方最终决定了交易的全部或部分条款,则应以书面形式将该条款记录在案,并由各方签署。调解员应对 MSA 协议进行认证,并向每一方当事人提供一份副本。

规则 13

终止调解

(a)调解程序须在以下情况下终结:

(ⅰ)当事各方签署 MSA 协议后,或

(ⅱ)调解员在征询当事各方意见后提出书面意见,表示调解员认为再无理由继续尝试调解,或

(ⅲ)任何一方随时书面通知调解员及其他各方终止调解。

但如一方当事人不答复另一方当事人、调解员或 IIAM 的邀请函,或者未出席调解会议而杳无音讯,亦不答复另一方当事人、调解员或 IIAM 提出的任何澄清问询,则此即视作该方发出终止调解的通知。

(b)调解终结后,调解员应向 IIAM 提交调解终结报告。

(c)在收到调解终结报告后,如当事各方提出要求,IIAM 可向其出具一份调解情况报告,告知调解程序的最终状况。

即使争端没有解决或因对方缺席而无法进行调解,亦可提供调解情况报告。如调解因所有或部分对方当事人缺席而无法启动,则 IIAM 可向出席的当事人出具一份调解未启动证明书,以告知调解程序的最终状况。

(d)在根据"仲裁—调解—仲裁"程序进行调解的情况下,IIAM 应向仲裁庭送交一份调解情况报告。如当事各方已全部或部分解决争端,还应向仲裁庭转交一份和解协议副本。

规则 14

费用

(a)除非另有约定,否则无论调解或任何后续仲裁或司法程序的结果如何,每一方当事人均应自行承担费用。所有其他费用及开支均须由当事各方平均分担,当事各方须对向调解员支付该等费用负连带责任,具体包括:

(ⅰ)调解员费用及开支;

(ⅱ)调解员经当事各方同意而要求提供的任何专家建议或意见的开支;及

(ⅲ)IIAM 支持调解而发生的行政费用。

(b)调解员费用应由 IIAM 根据 IIAM 调解费明细表确定,但调解员和当事各方在委任调解员时已就不同的委聘条款达成一致的除外。

(c)调解的行政费用应由 IIAM 根据 IIAM 调解费明细表确定。

(d)当事各方应遵守 IIAM 调解费明细表中的付款进度及缴存要求,如拖欠款项,则 IIAM 可中止调解程序,直至款项缴存为止。

(e)任何已缴存的超额资金均应在调解终结时退还给当事各方。

(f)每一方当事人均有义务向其各自的法律顾问/咨询师/顾问支付费用或服务费。

规则 15

反馈

除非在相关情况下有欠妥当,调解员应在调解终结时邀请当事各方、顾问以及任何联合调解员或助理调解员填写附件－2 规定的反馈表及/或附件－3 规定的评估表,并将上述表格送交审查员或 IIAM。

规则 16

调解员在后续程序中的职能

当事各方承诺,调解员不得在任何后续裁判、仲裁或司法程序中被委任为任何一方当事人的裁判员、仲裁员或代表、法律顾问或专家证人,无论该后续程序是因调解涉及的争端还是与同一合同有关的任何其他争端引起的。任何一方均无权在因同一合同引起的任何后续裁判、仲裁或司法程序中传唤调解员担任证人。

规则 17

非法律顾问或专家

(a)所有各方均同意,在调解会议和调解程序的任一其他阶段:

(ⅰ)IIAM 和调解员均不得担任任何一方的法律顾问或法定代表。

(ⅱ)IIAM 和调解员均无义务主张、分析或保护任何一方的法定权利或义务,包括留置权、诉讼时效或任何其他时限或索偿要求。

(ⅲ)IIAM 和调解员均无义务对案情进行独立的专家分析,提出当事各方没有提出的问题,亦无义务决定是否需要其他各方参与调解。

(ⅳ)IIAM 和调解员均不能保证调解会议必然达成和解或交易。

(b)在调解程序的任何阶段,当事各方均可由法律顾问/咨询师/顾问代表,并鼓励当事各方就调解程序或任何拟议的和解协议听取法律意见。

规则 18

责任的免除

(a)当事各方共同及各别免除、解除及补偿调解员及 IIAM 的一切责任,不论是否涉及过失,或是因与根据本规则进行的任何调解相关的、因之而引起的或以任何方式与之有关的任何作为或不作为而导致,但欺诈、失信或违反《IIAM 调解员职业操守准则》造成的后果除外。

(b)任何一方不得传唤调解员就调解程序进行期间收到的资料或采取的行动或就拟备或向其出示的草案或记录出庭作证。

规则 19

对调解员采取的行动

任何当事人一方如认为调解员违反了《IIAM 调解员职业操守准则》,该方当事人应在一个月内启动 IIAM 调解员职业操守评估程序。

规则 20

通则

(a)根据本规则须由 IIAM 作出的决定,应由主管官员作出。如有需要,主管官员可将该等职责及职能转授予登记官,而登记官可就主管官员如此明确授权的事宜作出决定。

(b)本规则中任何条文的解释均须由 IIAM 作出。

(c)本规则规定的费用结构应为 IIAM 在提请调解之日在 IIAM 调解费明细表中公布的费用。附件 -4 所述的 IIAM 现行费用明细表应由 IIAM 不时予以通报或在其官方网站上公布。

(d)主管官员可单方决定更改上述任何程序,以符合个别案件的实际情况。本规则未具体涉及的任何事项,或本规则中的任何冲突或含糊之处,应由主管官员予以决定。主管官员有权单方决定编制表格、解决程序性争端、对当事各方设定时限,以及以其他方式要求一方当事人采取行动或不采取行动。

(e)IIAM 有权实现本规则的目的,包括制定适当的规则、程序、准则和建议,以管理调解及依法变更、修订或修改本规则。

第 2 条
国 际 调 解

规则 21

范围

(a)如任何协议、仲裁协议或提交仲裁文件规定由印度仲裁与调解协会("IIAM")或根据《印度仲裁与调解协会调解规则》("IIAM 调解规则")进行调解或和解,且如此等调解涉及国际或跨境争端,则应根据调解启动时有效的《亚太仲裁与调解中心调解规则》("APCAM 调解规则")对该等国际或跨境争端进行调解。

(b)如任何协议、仲裁协议或提交仲裁文件规定由亚太仲裁与调解中心("APCAM")或根据《亚太仲裁与调解中心调解规则》("APCAM调解规则")进行调解,则当事各方视作已同意根据APCAM调解规则或APCAM可能已通过并在调解启动前生效的经修订的规则进行调解。

(c)在符合第(a)及(b)款规定的情况下,当事各方应被视作已同意由IIAM对根据《亚太仲裁与调解中心调解规则》进行的调解进行管理,即只要调解场地位于印度境内,由驻印度APCAM中心管理。

规则22

IIAM的职能

(a)IIAM为驻印度APCAM中心,并与其他国家的相关机构共同成为APCAM的成员。

(b)作为驻印度APCAM中心,IIAM应为调解作出必要安排,包括:

(ⅰ)根据APCAM调解规则在印度管理国际或跨境调解。

(ⅱ)与其他国家的APCAM成员协调,以将一方当事人的国际或跨境调解从印度移交至任何该等国家。

(ⅲ)为APCAM提供一般行政支持。

第3条

在线调解

规则23

范围

(a)如任何协议、仲裁协议或提交仲裁文件规定由IIAM或根据IIAM调解规则进行调解或和解,则一方当事人可选择使用Peacegate或当事各方同意的其他平台,通过数字平台进行在线调解。

(b)本规则亦适用于对现有或将来争端的在线调解,只要当事各方寻求根据IIAM调解规则友好解决此等争端,或者在在线争端解决条款涵盖此等争端的情况下,只要当事各方已指定适用IIAM调解/仲裁规则。

规则24

启动在线调解

(a)发起方可通过向数字管理员送达调解申请启动在线调解,调解申请应提供发起方的详细信息以确认其身份,亦应提供对方的详细信息

(包括手机号码和电子邮件地址)。

(b)在根据在线争端解决方式启动调解程序的情况下,发起方可通过在线平台直接与对方进行协商,协商不成的,发起方可启动在线调解。

(c)当事各方可从调解程序开始时或在线下调解程序的任何阶段启动在线调解程序,亦可选择同时包含在线和线下要素的混合程序。

(d)委任调解员的程序和调解程序均须符合的正当程序标准,与根据本规则在线下调解情况下适用于该程序的正当程序标准相同。

规则 25

在线安全与推定

(a)用于在线调解的数字平台应确保实现以下功能和安全措施:

(ⅰ)允许当事各方选择文字通信方式——聊天室、音频会议或视频会议。

(ⅱ)为当事各方提供在线等候室、全体讨论室和核心会议室等设施。

(ⅲ)仅限已注册当事人进入相关会议室,并向所有参会当事人发出参会者名单及受保护密码。

(ⅳ)确保通信内容处于非公开及保密状态,禁止对任何通信内容进行录制。

(b)在在线调解期间,如一方当事人无法连接,或者在调解会议过程中失去连接或面临中断,则数字管理员应将上述事实通知所有当事人和调解员,调解员或数字管理员应通过向注册手机号码或注册电子邮件地址发送短信或数字通知的方式通知断开连接方,并要求断开连接方作出澄清。

但如一方当事人在没有事先通知的情况下,与正在进行的调解会议中断连接达 15 分钟或更长时间,则应视作连接问题。

(c)在此等连接中断的情况下,调解会议应暂停,直到该方在平台上重新连接为止。

(d)如一方当事人未按照调解邀请函或按照在线平台上的后续日程安排出席调解会议,则虽在表面上不视作拒绝调解,但应推定为中断或打断连接。调解员应通过电子邮件、通知、电话或任何其他认可的通信媒介与未出席方取得联系,并澄清立场。如该方澄清其无意调解或无意继续调解,或者未在3日内回复该电子邮件,则视作拒绝调解,调解程序应予终止。

(e)在在线调解中,当事各方和调解员可使用在线平台制作和签署调解协议及MSA协议,只要协议内容以电子格式予以记录,且上述内容可供存取,以便日后参阅,并确保了签署文件之人的身份安全。

但一旦签名已签署在MSA协议上,系统即应将该签名从网络平台上删除,使其不能被再次使用。

第4条

根据"仲裁—调解—仲裁"程序进行的调解

规则26

范围及程序

(a)一旦一方当事人根据IIAM仲裁规则附件-3援引AMA条款,启动"仲裁—调解—仲裁"程序,紧急仲裁员应暂停仲裁,并通知IIAM该案应提交调解。IIAM应根据本规则发起调解,将案件提交调解。

(b)调解须在调解启动之日起8周内终结,但IIAM认为延长调解时间是适当的除外。

(c)调解终结后,调解员应向IIAM提交调解终结报告。

(d)IIAM在收到调解终结报告后,应按下列方式出具调解情况报告:

(ⅰ)如争端未通过调解解决,则IIAM应出具调解情况报告,通知紧急仲裁员或终审仲裁庭(视情况而定)该争端无法通过调解解决,以便仲裁程序得以继续进行。

(ⅱ)如争端全部或部分得到解决,则IIAM应出具调解情况报告,通知紧急仲裁员或终审仲裁庭(视情况而定)已达成和解,并附上和解协议副本。

第5条

项 目 调 解

规则27

范围及程序

(a)IIAM争端预防及管理(Dispute Prevention & Management,DPM)制度规定,各方可在其项目合同中选择争端管理条款(以下简称DM条款),在此条款中,合同各方可共同委任一名“项目调解员”,借此各方有机会在更协同互利的环境下合作,并监督合同顺利实施。

(b)DM 条款可为合同中的独立条款,亦可为争端解决条款的一部分。

(c)当缔约方自行商讨无法解决某一特定争端或分歧时,或者各方需要从不同的角度看待需要共同解决的问题时,缔约方委聘项目调解员。

(d)一旦各方在其合同中加入了 IIAM 的 DM 条款,即在 Peacegate 应用程序中与合同各方和项目调解员共同建立一个专属热线中心。

(e)在合同履行结束之前,各方均可使用热线中心,在此期间,各方和调解员应在 Peacegate 应用程序中保持登录状态。

规则 28

启动调解

(a)任何希望启动调解程序的合同一方均可或各方可联合在热线中心递交调解启动申请,并应向所有各方及项目调解员发出通知和电子邮件。

(b)数字管理员应立即告知调解启动,调解员应与各方协调并安排调解会议日期。调解员和各方可决定调解是在线进行还是线下进行。

(c)调解程序须符合的正当程序标准,与根据本规则适用于该程序的正当程序标准相同。

(d)如根据这一程序提交的争端未得到解决,则各方有权发起合同规定的常规争端解决程序,包括紧急仲裁。

规则 29

紧急调解

(a)根据项目调解机制,如遇意外紧急情况,可由一方单独或多方共同启动紧急调解,以解决争端。

(b)当启动紧急调解时,数字管理员和调解员应争取无论如何在 24 小时内尽快启动调解。

(c)在紧急调解的情况下,调解应在线进行,只有在所有各方均决定线下进行的情况下,才应选择线下进行调解。

(d)调解员须争取在 7 日内终结紧急调解,但如有需要,各方有权延长时间期限。

规则 30

项目调解期间保持现状

当各方根据本规则发起项目调解时，各方同意不得中断合同项下的服务或合同义务，而应继续履行合同条款。

第二部分
IIAM 调解员职业操守准则

（根据 APCAM 及 IMI 职业操守准则获得通过）

信任是调解程序的基础。如当事各方不信任调解员在能力、勤勉、中立、独立、公正、公平及保密能力方面具有诚信，调解就不太可能成功。

《IIAM 调解员职业操守准则》（以下简称准则）为调解服务用户提供了一份简明扼要的声明，说明其可期待选择采用该准则条款的调解员遵守的职业道德标准，并设定其有望满足的标准。

如用户认为本准则中规定的标准未得到满足，可选择就调解员操守评估向 IIAM 投诉。

IIAM 小组、IIAM 社区调解服务计划或 IIAM 认可的调解服务机构下辖的调解员必须让用户知悉，由本准则规范其职业调解行为。

就本准则而言，调解/和解被定义为两方或多方当事人委任第三方中立人员（以下简称调解员）在不具约束力的对话中协助其解决争端及/或达成交易或协议条款的过程。

1. 调解员委任

（a）推广调解员服务

调解员应当按照适用的规范职业行为的法律法规如实介绍和推广其业务。调解员可自由引用并链接到其在 IIAM 网站或 Peacegate 应用程序上的个人资料，亦可出于自身职业目的复制该个人资料或从中摘录。

（b）委任

调解开始前，调解员应告知当事各方（例如，通过引导其访问在 IIAM 网站或 Peacegate 应用程序上或在调解协议中的调解员个人资料）：

- 调解员的相关背景和经验；
- 调解员应遵守的操守准则；
- 在一方当事人认为调解员未达到所述操守准则的标准的不太可能的情况下所适用的程序；以及
- 在调解程序结束时，当事各方将受邀就调解程序和调解员的职能提供书面反馈。

2. 勤勉、独立、中立、公正

(a)勤勉

调解员可在其认为有能力以调解员身份任职的任何情况下接受指派担任调解员。

(b)独立、中立及公正

(ⅰ)调解员在未先行披露其所知的可能或可能被视为对其独立性、中立性或公正性有重大影响的任何事情之前，不得接受委任。这一披露义务在整个调解程序中是一项持续义务。

(ⅱ)存在可能影响或看来会影响调解员的独立性、中立性或公正性的情况，并不当然地表示不适宜担任调解员，只要该等情况已全面披露并得到令当事各方及调解员信纳的处理。

(ⅲ)调解员应始终以独立、中立和公正的方式履职。调解员应当行事公正，公平、高效而怀有敬意地对待各方。如调解员在任何时候认为无法以独立、中立和公正的方式进行调解，其应表明此种顾虑，并提出退出调解。这些情况包括：

- 在调解结果中享有经济利益或个人利益。
- 调解员知晓的与任何当事人或其代表之间存在过去或未来的财务、业务或职业关系。
- 与可能影响调解员的独立性、中立性或公正性，或理应造成偏袒或偏见表象的人士或机构相关的其他潜在的偏袒或偏见来源。

(c)利益冲突

(ⅰ)调解员应进行合理调查，以确定是否存在任何利益、利益冲突或潜在偏见。调解员有披露任何可能在调解程序中显露的利益、利益冲突或潜在偏见的持续义务。

(ⅱ)在作出任何此等披露后,如任何一方提出异议,则调解员应拒绝作为调解员参与特定案件,但合同、适用法律或法院命令仍要求调解员参与调解的除外。即便如此,如调解员个人认为披露的事项可能妨碍其实际公正性,调解员仍应卸任调解员职位。

(ⅲ)调解员在接受委任后,在调解程序结束前,未经事先向各方披露并征得各方同意,不得建立可能影响或理应造成利益冲突、偏袒或偏见的表象的财务、业务、职业、家庭或社会关系,亦不得获取可能影响或理应造成利益冲突、偏袒或偏见的表象的经济利益或个人利益。

(ⅳ)在调解结束后 12 个月内,调解员不得就同一事宜或存在实质关联的事宜以顾问身份代表调解的任何一方,但调解各方在此事得到充分披露后明确同意该等代表行为的除外。在可能涉及部分或全部当事人的其他争端解决程序中担任中立者(例如,担任调解员或仲裁员),不视作本条款意义上的以顾问身份进行的代表行为。

(ⅴ)调解结束后的任何时间,调解员均不得在其从另一方当事人处获取机密资料后,代表一方当事人在提出或对抗针对同一调解的另一方当事人的索偿的过程中举证或作证,但所有该等资料均不再为机密资料或受保密条款保护的一方当事人作出同意的,则属例外。

3. 调解程序

(a)程序

调解员应当令其自身信纳,调解当事各方及其顾问了解调解程序的特点、其作为当事人和顾问的职能以及调解员的职能。调解员应确保在调解开始之前,当事各方已了解并同意规制调解的条款及条件,包括与调解员及当事人的保密义务有关的条款及条件。最佳实务典范是将该等条款载于书面调解协议之中,但当事各方另有决定或发生其他情况的,则属例外。

(b)程序公正而健全

(ⅰ)调解员应向当事各方及其顾问说明调解程序,并确信其同意所使用的程序和所选定的调解员(但适用法律、法院规则或合同要求使用特定程序及/或调解员的除外)。调解员应确保,如应与调解员进行任何调解前的非公开沟通,则所有各方均知悉其应享有平等的提出问题的机会。

(ⅱ)调解员在进行调解程序时应公平对待所有各方,并应尤其重视确保所有各方在最终确定任何解决方案之前均有充分的机会发表意见、参与调解程序,并有机会征询并获得法律意见或其他意见。

(ⅲ)调解员应采取合理步骤,防止可能使调解时达成的协议失效或造成或加剧敌对氛围的任何不当行为。调解员亦应信纳,各方已自愿达成协议,并已在知情的情况下同意了任何解决方案。

(c)终止调解程序

(ⅰ)调解员应确保当事各方了解,当事各方可随时通知调解员和所有其他各方退出调解,而无须提供任何退出理由。

(ⅱ)如当事各方之间的协商在调解员看来是有违情理或涉嫌违法,调解员可退出调解。

(d)反馈

除非在某些情况下有欠妥当,调解员应在调解终结时邀请当事各方及顾问以及任何联合调解员或助理调解员填写一份反馈表,并将其发送给审查员或IIAM。

(e)费用

(ⅰ)调解员应在接受委任前与当事各方商定调解员的费用及开支的计算方法,以及当事各方支付这些费用的方式(如由当事各方分担,则应商定具体分担比例)。退出案件的调解员应向当事各方退还在其退出案件后一段时间内已支付的任何费用。

(ⅱ)调解员不得向当事各方建议,调解员报酬应以调解结果为计酬依据,或应与调解结果挂钩。

4. 保密

(a)调解员须对在担任某项调解的调解员的过程中取得的所有资料保密,除非:

(i)法律、法院或某些具有相应职权及管辖权的政府机构强制其作出披露;或

(ii)根据第4(b)款的要求,在此种情况下,机密资料的接收方本身应承担保密义务;或

(iii)特定资料进入公有领域(因调解员披露而进入公有领域的除外);或

(iv)当事各方解除调解员的保密限制;或

(v)有必要为调解员进行抗辩,使其不因其可能面临的任何法律程序或指控而承担任何责任。

(b)但是,调解员可披露以前曾在涉及其中一方或多方当事人的调解中担任过调解员,但不得披露该案件的任何详细案情。

(c)调解员应在调解开始之前或调解开始时与当事各方讨论保密事宜,并征得当事人同意调解员进行的任何涉及披露机密资料的通信或行为。

(d)调解员在认为有必要防止对一方当事人造成身体或心理伤害、实施犯罪(包括企图实施犯罪)、隐瞒犯罪或对一方当事人的威胁的情况下,可使用或披露在调解过程中获得的机密资料。在使用或披露此等资料之前,如法律并未另行要求披露此等资料,则调解员必须在其认为适当的情况下,秉持善意尽力说服该方及/或其法律顾问或其他顾问以可能补救此种情况的方式行事。

5. 职业操守问题及投诉

(a)调解员应严格、尽职地遵循及遵守本准则,不得进行任何理应视作与调解员身份不符的活动或行为。

(b)调解员可就任何职业或道德难题咨询本机构或IIAM。

(c)在调解员受本准则规管的前提下,调解一方如认为存在不遵守本准则的情况,可就此向IIAM提出调解员操守评估方面的投诉。

(d)遵守本准则并不能替代或限制任何规管个别职业的法例或规则,或任何可能在特定情况下适用的更宽泛的行为规则。

第三部分
IIAM 调解员操守评估程序

(根据 APCAM 及 IMI 职业操守评估程序获得通过)

勤勉、独立、中立、公正、公平和廉洁的原则对调解程序至关重要,并在《IIAM 调解员职业操守准则》中予以规定。调解服务用户有权相信 IIAM 派驻的调解员严格遵守此等基本原则。如在极小概率下 IIAM 调解员未能遵守 IIAM 准则,则 IIAM 调解员进行的调解的一方当事人可申请根据本程序对调解员的行为进行独立评估。

评估程序最多包括以下两个步骤:

- 商讨
- 职业操守评估

所有关于 IIAM 调解员不遵守 IIAM 准则的投诉必须首先与调解员进行商讨。如此举不能解决投诉,当事人可提出正式的职业操守评估申请。

1. 商讨步骤

调解一方如认为调解员未遵守《调解员操守准则》,并希望提起投诉,则必须在知悉涉嫌违反该准则的情况后 1 个月内,先当面向调解员提出此事。这一商讨步骤应在保密的前提下进行,所有各方必须将所有非公开资料视为机密资料。

2. 职业操守评估程序

(a)如商讨步骤未能在 1 个月内解决问题,则调解一方可启动职业操守评估程序,为涉嫌违反操守准则的行为寻求补救。为启动评估程序,该方当事人应向 IIAM 提交正式投诉书。IIAM 应立即确认收到投诉书,并将副本发送给其行为是投诉对象的调解员。

(b)如该投诉在表面上显得无意义,则 IIAM 应驳回该投诉,并告知该方。

(c)在收到可受理的申请后,IIAM 应立即委任 1 名职业操守评估(为独立律师、退休法官或其他 IIAM 委派的调解员)审理投诉和调解员的案件,并就解决方案作出决定。

(d)评估员应就每宗个案决定适当的程序,可能涉及一次或多次亲自审理,审理方式包括书面、电子、视频或电话通信方式,或任何适当的组合方式。评估员在任何情况下均应尽力了解所有相关事实,并使该方当事人和调解员有充分机会陈述各自的情况并反驳对方的论点。每一方当事人均有权得到法律顾问的协助,评估员可传唤和听取证人和专家的意见。评估会议应采取非公开形式。

(e)评估程序不得超过 IIAM 委任评估员后 3 个月。评估程序结束时,评估员须作出具含有以下一项或多项结果的决定:

(ⅰ)驳回全部或部分投诉。

(ⅱ)支持全部或部分投诉,但不作出任何处罚。

(ⅲ)发出书面警示或斥责。

(ⅳ)令 IIAM 调解员停职,最长可达 1 年。

(ⅴ)将调解员永久撤出 IIAM 小组。

(ⅵ)如各方不同意平均分担评估程序的费用,则就评估程序的费用作出命令。

(f)评估员的决定应附有理由。该决定的效力视同仲裁裁决的效力。

(g)在对 IIAM 调解员执行停职或永久撤职的处罚时,评估员有权决定暂缓执行这一处罚,除非调解员在随后一段时间内进一步违反《职业操守准则》。

(h)评估员须立即将其决定的副本送交:

- 该方当事人;
- 投诉所针对的调解员;以及
- IIAM。

(i)根据第(e)(ⅵ)款的规定,评估程序的费用应由该方当事人与调解员平均分担。

3. 评估员

(a)IIAM 应尽量在每宗案件中委任与当事各方和调解员距离合理的当地的评估员,以控制费用。

(b)在委任评估员后,应立即向当事各方提供费用预算。

(c)如发生实际或潜在的利益冲突或因任何其他可能有损公正性的正当理由,评估员可由该方当事人或调解员申请回避。回避决定应由

IIAM 作出。

(d)该方当事人或调解员提出的任何回避申请必须在不迟于发出评估员身份确认通知后 7 日内向 IIAM 呈交,并有充分的理由支持。

4. 保密

评估员以及所有各方和 IIAM 均有义务对其在评估程序中接触到的所有资料保密,但下令公布最终具有约束力的决定的,则属例外。

5. 公布

IIAM 有权以其认为适当的方式公布评估员的决定,但不得公布任何可能确定当事人身份或披露任何机密资料的详细信息。

第四部分
附　　件

附件 –1(略)

附件 –2(略)

附件 –3(略)

附件 –4(略)

附件 –5

建议条款

将来的争端

拟根据 IIAM 调解规则将任何将来的争端提交调解的合同各方,可根据其要求在合同中加入争端解决条款,使用下列示范条款中的任何一项。

建议的调解条款

“如发生因本合同引起或与本合同有关的任何争端、分歧或争议,包括关于本合同的存续、效力或终止的任何问题,当事各方应根据 IIAM 调解规则通过调解/和解寻求解决该争端。”

建议的调解—仲裁条款

“任何因本合同引起或与本合同相关的争端、分歧或争议,包括关于本合同的存续、效力或终止的任何问题,应首先提交印度仲裁与调解协会(IIAM)根据其当时的现行调解规则进行调解。如调解员放弃调解,或在争端或分歧未得到解决的情况下以其他方式终结调解,则此等争端或分歧应由 IIAM 根据其仲裁规则及《仲裁法》提交仲裁并通过仲裁予以裁决。”

建议的“仲裁—调解—仲裁”条款

“任何因本合同引起或与本合同相关的争端、分歧或争议,包括关于本合同的存续、运作、终止、效力或违反的任何问题,均应根据《仲裁法》提交仲裁并通过仲裁最终解决,并应由印度仲裁与调解协会根据其当时有效的仲裁规则(‘IIAM 仲裁规则’)进行仲裁。

各方进一步同意,在仲裁启动后,各方应根据当时有效的 IIAM‘仲裁—调解—仲裁’程序,尝试通过调解善意解决此等争端、分歧或争议。调解过程中达成的任何和解协议均应提交 IIAM 委任的仲裁庭,并可按照商定的条件作出批准裁决。”

建议的 ODR 条款

“如发生任何因本合同引起或与本合同相关的争端、分歧或争议,当事各方可尝试通过直接协商友好解决争端,如未能解决争端或分歧,则应将其提交印度仲裁与调解协会(IIAM)根据其当时的现行调解规则进行调解。如调解员放弃调解或在争端或分歧未得到解决的情况下以其他方式终结调解,则此等争端或分歧应由 IIAM 根据其仲裁规则及《仲裁法》提交仲裁并通过仲裁予以裁决。当事各方可通过 IIAM 的 Peacegate 应用程序在线发起并进行协商、调解及仲裁程序。”

* 各方不妨同时在争端解决条款中加入以下内容:
    - 仲裁员人数为(1 人或 3 人)。
    - 仲裁地点/场地为(某城市及/或国家)。
      [仲裁地点表示司法管辖地点,仲裁场地表示实际地点]
    - 仲裁采用的语言为(某语言)。

项目调解

拟根据 IIAM 调解规则在合同中纳入项目调解的合同各方,可按照以下示范条款在合同中加入争端管理条款。

建议的争端管理条款

当事各方同意,在合同尚未履行期间,各方同意根据 IIAM 调解规则共同委任(调解员姓名)为项目调解员,令其在整个合同期内协助各方解决特定的争端或分歧,或者在各方需要从不同的角度解决需要共同解决的问题时,根据本合同的规定共同委任调解员。

*当事人可选择将上述任何一项争端解决条款与争端管理条款一并加入合同,以使合同更具效力及完备性。

国际争端

国际或跨境合同的各方如希望将任何将来的争端提交调解,可使用IIAM条款或使用APCAM调解条款,该条款可在APCAM网站www.apcam.asia上获取。

现有争端

当事各方如希望调解现有争端,但当事各方之间不存在调解协议,则可签订IIAM调解协议,亦可在不存在任何协议的情况下径行启动调解。

第五部分
IIAM调解规则指南(略)

中国香港特别行政区

香港法例第620章《调解条例》*

本条例旨在订立一个框架,就进行调解的若干事宜作规管,并作出相应及相关的修订。

1. 简称

(1)本条例可引称为《调解条例》

(2)(已失时效而略去——2013年第1号编辑修订记录)

2. 释义

(1)在本条例中——

争议(dispute)包括分歧;

经调解的和解协议(mediated settlement agreement)指调解的部分或全部当事人就他们的全部或部分争议所达成的和解协议;

调解(mediation)——见第4条;

调解协议[1](agreement to mediate)指2人或多于2人所订立的书面协议,同意将他们之间的争议交付调解,不论——

(a)协议是另一协议中的调解条款,还是作为单独协议存在;

(b)协议是在争议发生之前或之后订立的;及

(c)在协议订立时,是否有委任调解员;

调解员(mediator)指第4(1)条提述的不偏不倚的个人;

调解通讯(mediation communication)指为调解的目的或在调解的过程中而——

(a)说出的任何说话或作出的任何作为;

(b)拟备的任何文件;或

(c)提供的任何资料,

但不包括调解协议,亦不包括经调解的和解协议。

---

* 2012年由香港特别行政区政府律政司发布,于2017年最新修订。——译者注

[1] 调解协议可采用电子形式——亦参看《电子交易条例》(第553章)第5(1)条。

(2)在本条例中,提述调解的当事人、调解的任何一方或调解的每一方,不包括提述调解员。

3. 本条例的目的

本条例的目的是——

(a)提倡、鼓励和促进以调解方式解决争议;及

(b)使调解通讯得以保密。

4. 调解的含义

(1)就本条例而言,调解是由一个或多于一个分节构成的有组织程序,在该等分节中,一名或多于一名不偏不倚的个人在不对某项争议或其任何部分作出判决的情况下,协助争议各方作出下述任何或所有事宜——

(a)找出争议点;

(b)探求和拟订解决方案;

(c)互相沟通;

(d)就解决争议的全部或部分,达成协议。

(2)就第(1)款而言,分节指调解员与争议一方或多于一方的会议,并包括就下述事宜进行的任何活动——

(a)为会议作出安排或预备,不论会议是否有举行;及

(b)跟进会议中提出的事宜或问题。

(3)就第(2)款而言,会议包括透过电话、视像会议或其他电子方式进行的会议。

5. 本条例适用的调解及调解通讯

(1)除第(2)款另有规定外,如有任何调解根据调解协议进行,而下述其中一项情况适用,则本条例适用于该调解——

(a)该调解全部或部分在香港进行;或

(b)该协议规定,本条例或香港法律适用于该调解。

(2)本条例不适用于附表1指明的程序。

(3)凡本条例适用于任何调解,本条例亦适用于与该调解相关的调解通讯。

(4)就施行本条而言,下述事宜无关重要——

(a)有关的调解协议是在本条例的生效日期之前、当日或之

后订立的,或该协议是在香港或其他地方订立的;

(b)有关的调解是在本条例的生效日期之前、当日或之后进行的,或该调解已于该日期之前完结;或

(c)有关的调解通讯是在本条例的生效日期之前、当日或之后作出的。

6. 对政府的适用性

本条例适用于政府。

7. 在调解过程中提供协助或支援

《法律执业者条例》(第159章)的下述条文,不适用于在调解过程中向调解的任何一方提供协助或支援——

(a)第44条(非法执业为大律师或公证人的罚则);

(b)第45条(不合资格人士不得以律师身份行事);

(c)第47条(不合资格人士不得拟备某些文书等)。

7A. 第三者资助调解

《仲裁条例》(第609章)第10A部适用于调解,犹如——[1]

(a)在该部中——

(ⅰ)提述仲裁之处,是提述调解;及

(ⅱ)提述仲裁机构之处,是提述调解员;

(b)在该条例第98F条中,仲裁、仲裁机构、紧急仲裁员及调解程序的定义已被略去;

(c)(增补尚未实施——见2017年第6号第4条)

(d)(增补尚未实施——见2017年第6号第4条)

(由2017年第6号第4条增补)

8. 调解通讯的保密

(1)除按第(2)或(3)款的规定,任何人不得披露调解通讯。

(2)在下述情况下,任何人可披露调解通讯——

(a)所有下述人士均同意作出该项披露——

(ⅰ)有关的调解的每一方;

---

[1] 《仲裁条例》(第609章)第10A部第3及5分部尚未就调解而适用。请参阅《2018年〈2017年仲裁及调解法例(第三者资助)(修订)条例〉(生效日期)公告》(2018年第260号法律公告)。

(ⅱ)有关的调解的调解员,如有多于1名调解员,则每名调解员;及

(ⅲ)作出该项调解通讯的人(如该人并非有关的调解的任何一方或调解员);

(b)该项调解通讯的内容,是公众已可得的资料(但仅因非法披露才属公众可知的资料除外);

(c)该项调解通讯的内容,是假若无本条规定,便会符合以下说明的资料:受民事法律程序中的文件透露规定所规限,或受其他要求当事人披露他们管有、保管或控制的文件的类似程序所规限;

(d)有合理理由相信,为防止或尽量减少任何人受伤的风险,或任何未成年人的福祉受严重损害的风险,作出该项披露是必需的;

(e)该项披露是为研究、评估或教育的目的而作出的,并且既没有直接或间接泄露该项调解通讯所关乎的人的身份,亦相当不可能会直接或间接泄露该人的身份;

(f)该项披露是为征询法律意见而作出的;或

(g)该项披露是按照法律施加的要求而作出的。

(3)在根据第10条获得法院或审裁处的许可下,任何人可为下述目的,披露调解通讯——

(a)执行或质疑经调解的和解协议;

(b)(如有人提出指称或申诉,而针对的是调解员所作出的专业失当行为,或任何以专业身份参与有关的调解的其他人所作出的专业失当行为)就该指称或申诉提出证明或争议;或

(c)有关的法院或审裁处认为在有关个案的情况下属有理由支持的任何其他目的。

(4)在本条中——

未成年人(child)指未满18岁的人。

9. 调解通讯作为证据的可接纳性

在任何程序(包括司法、仲裁、行政或纪律程序)中,只有在根据

第 10 条获得法院或审裁处的许可下,调解通讯方可获接纳作为证据。

10. 关于披露或接纳作为证据的许可

(1) 第(3)款指明的法院或审裁处可应任何人的申请而给予许可,准许根据第 8(3)条披露调解通讯,或根据第 9 条接纳调解通讯作为证据。

(2) 为施行第(1)款,有关的法院或审裁处在决定是否就披露调解通讯或接纳调解通讯作为证据给予许可时,须考虑——

(a) 该项调解通讯是否可以根据第 8(2)条披露,或是否已经如此披露;

(b) 披露该项调解通讯或接纳该项通讯作为证据,是否符合公众利益,或是否有助于秉行公义;及

(c) 有关的法院或审裁处认为属相关的任何其他情况或事宜。

(3) 为施行第(1)款而指明法院或审裁处如下——

(a) 如在终审法院的程序中寻求披露有关的调解通讯或接纳该项通讯作为证据——终审法院;

(b) 如在上诉法庭的程序中寻求披露有关的调解通讯或接纳该项通讯作为证据——上诉法庭;

(c) 如在区域法院的程序中寻求披露有关的调解通讯或接纳该项通讯作为证据——区域法院;

(d) 如在土地审裁处的程序中寻求披露有关的调解通讯或接纳该项通讯作为证据——土地审裁处;或

(e) 在任何其他情况下——原讼法庭。

11. (已失时效而略去——2017 年第 4 号编辑修订记录)

附表 1

[第 5 条]

本条例不适用的程序

1.《劳资审裁处条例》(第 25 章)第 6、15 及 25 条提述的调停。

2.《学徒制度条例》(第 47 章)第 39 条提述的调停。

3.《劳资关系条例》(第55章)第2部提述的调停及特别调停。(编辑修订——2013年第1号编辑修订记录)

4.《劳资关系条例》(第55章)第2A部提述的调解。(编辑修订——2013年第1号编辑修订记录)

5.《婚姻制度改革条例》(第178章)第17条描述的程序。

6.《申诉专员条例》(第397章)第11B条提述的调解。

7.《小额薪酬索偿仲裁处条例》(第453章)第4及14条提述的调停。

8.《性别歧视条例》(第480章)第64及84条及《性别歧视(调查及调停)规则》(第480章,附属法例B)第8条提述的调停。

9.《残疾歧视条例》(第487章)第62及80条及《残疾歧视(调查及调停)规则》(第487章,附属法例B)第8条提述的调停。

10.《家庭岗位歧视条例》(第527章)第44及62条及《家庭岗位歧视(调查及调停)规则》(第527章,附属法例A)第8条提述的调停。

11.《种族歧视条例》(第602章)第59及78条及《种族歧视(调查及调停)规则》(第602章,附属法例B)第8条提述的调停。

12.《仲裁条例》(第609章)第32(3)及33条提述的调解程序。

附表2(略)

实务指示 31—调解*

A 部

1.《高等法院规则》和《区域法院规则》的基本目标之一是利便法律程序中的各方就其争议达成和解。法院推行积极的案件管理的其中一个范畴,就是肩负起达致上述目标的职责,在其认为合适的情况下,鼓励各方采用另类排解程序,并为有关程序提供利便(下称"有关职责")。法院有职责协助各方和解案件,而各方及其法律代表也有责任协助法院履行有关职责〔1〕。

2. 本实务指示旨在协助法院履行有关职责。本实务指示适用于所有在高等法院原讼法庭和区域法院借令状而开展的民事法律程序〔2〕,但列载于附件 A 的法律程序则属例外。

3. 另类排解程序指的是一个过程,各方协议委任一名第三者协助他们和解案件或解决争议。各方之间所进行的和解谈判,并不等同于另类排解程序。调解是一种常见的另类排解程序。本实务指示适用于调解的程序。凡各方正进行仲裁的程序,有关的法庭程序会予以搁置,而本实务指示将不适用于该等程序。

4. 法庭行使酌情权裁定讼费时,会考虑所有相关的情况,包括根据法庭可以接纳的资料而证实诉讼人没有合理解释但不曾参与调解一事。法律代表须向其当事人提出忠告,使他们明白法庭可能会对不曾参与调解但没有合理解释的一方,发出不利的讼费令。

5. 在下述情况中,法庭不会以诉讼人没有合理解释但不曾参与调解为理由,发出对其不利的讼费令:

(1) 该诉讼人已参与调解,并达到各方之前所协定的最低参与程

---

* 2014 年由香港特别行政区终审法院发布。——译者注

〔1〕 参阅第 1A 号命令第 1(e)条、第 3 条、第 4(2)(e)及(f)条规则。

〔2〕 此等程序包括借原诉传票开展的法律程序,其后经法庭命令须犹如该宗讼案或事宜是借令状开展一样地继续进行。参阅第 28 号命令第 8 条规则。

度,或达到法庭在调解前依据本实务指示第 13 段所指示的最低参与程度。

(2)诉讼人有合理的原因解释为何不曾参与调解。倘若各方已在无损权利的前提下展开积极的和解谈判并取得进展,这点相当可能是合理的解释之一;但谈判一旦破裂,此项解释就不再成立,各方须转而考虑案件是否适宜进行调解。如果各方为使争议得以和解,已经在期间积极地进行其他形式的另类排解程序,这点也可以是合理地解释为何不参与调解的原因。

6. 法庭在所有的情况下,包括在处理因本实务指示的规定而引起的事宜以及行使酌情权裁定讼费时,均不可强迫各方披露任何依据法律原则而受保密权所保护的资料,例如享有法律专业保密权的资料,以及受无损权利的通讯特权所保护的资料,法庭也不可接纳此等资料为证据。在调解过程中发生的事情,属于无损权利的通讯,也受保密权所保护。在此须强调的是,法庭绝不会削弱由保密权所提供的保护。

7. 下文 B 部适用于各方均由律师代表的法律程序,C 部则适用于至少其中一方没有律师代表的法律程序。

B 部

8. 此部适用于各方均由律师代表的法律程序。

(1)调解证明书

9. 凡法律程序中的各方均由律师代表,代表各方行事的律师根据第 25 号命令第 1 条规则把"设定时间表的问卷"送交法院存档的同时,必须把"调解证明书"存档。"调解证明书"须采用附件 B 的格式撰写及填上所需的资料,必要时可加以改动,并由律师及其代表的当事人签署作实。

(2)调解通知书和回覆书

10. 法律程序中任何一方(即"申请人")如果有意尝试调解,经存档"调解证明书"后,应在切实可行的范围内尽快把"调解通知书"送达予争议中的另一方或其他各方(即"答辩人")。"调解通知书"须采用附件 C 的格式撰写及填上所需的资料,必要时可加以改动,并由申请人或其律师签署作实。

11. 答辩人收到"调解通知书"后,应在14日内(或在各方所同意的其他时限或法庭所指定的时限内)以"调解回覆书"作出回应。"调解回覆书"须采用附件D的格式撰写及填上所需的资料,必要时可加以改动,并由答辩人或其律师签署作实。

12. 各方在"调解通知书"和"调解回覆书"中提出的建议若有不同,他们应在切实可行的范围内,尽快尝试就各项建议的分歧进行商讨以求取得共识。经商讨达成的共识,应以书面记录,并由申请人和答辩人(或他们的律师)在该份"调解记录"上签署作实。

13. 在各方未能就"调解通知书"和"调解回覆书"中若干有关调解的建议达成共识的情况下:

(1) 各方如果愿意由法庭指示他们如何解决分歧,可以提出共同申请,要求法庭作出指示以解决彼此的分歧;而

(2) 否则的话,任何一方可向法庭申请指示,而法庭也可以为解决各方在"调解通知书"和"调解回覆书"的建议的分歧而作出适当的指示,但只限于就上述第11段时限的事宜,以及就有关通知书和回覆书第4、5、6及7段所述的事宜作出指示[1]。

14. 如果各方依据"调解通知书"、"调解回覆书"及任何"调解记录"而达成进行调解的协议,各方应按照其中所订明的规则和时间表行事,并可于适当时向法庭提出暂时搁置法律程序的申请。

15. "调解通知书"或"调解回覆书"送达予另一方时,须同时送交法庭存档。"调解记录"经双方当事人或其代表签署后,亦须在3天之内送交法院存档。法庭于裁定讼费事宜时,或会参阅此等文件。

(3) 为进行调解而申请搁置法律程序

16. 法庭可应至少一方的申请或主动行使其权力,把有关的法律程序或其中部分程序搁置,以便各方进行调解。有关程序搁置的时限和条款,按照法庭认为合宜的而定,但法庭必须注意,尽量避免扰乱进度指标

---

[1] 第13(2)段旨在利便调解,借法庭作出的指示,为已同意尝试调解的各方,解决在调解过程中技术和细节上的分歧。除非双方均愿意由法庭解决他们的分歧,否则其中一方不可提出申请,要求法庭指示另一方参与调解,或要求法庭不顾另一方的反对而作出委任某一调解员等指示。参阅第13(1)段。

日期和延迟审讯日期;除非情况特殊,否则审讯日期不应予以押后。

17. 于法庭搁置法律程序期间,如果案件达成和解,原告人必须立即通知法庭,而各方也应采取必需的步骤正式结束法律程序。

C 部

18. 本部适用于至少其中一方没有律师代表的法律程序。

19. 法庭可应一方的申请或主动行使其权力,视所有的情况而定,在适当的时候考虑案件是否适宜进行调解。法庭可因此而要求各方提供资料,但一定会尊重资料的保密权。

20. 当法庭认为案件适宜进行调解时,法庭可指示各方依循上文 B 部所列的程序行事,并可对有关程序作出必要的改动。

D 部

21. 本实务指示取代之前于 2009 年 2 月 12 日发出的《实务指示 31—调解》。

22. 本实务指示将于 2014 年 11 月 1 日起生效。

香港调解守则*

一般责任

1. 调解员须公平地对待调解各方，对任何和解协议的条款不得有任何个人利害关系，不得偏袒任何一方，需要在合理的情况下应调解各方的要求提供调解服务，并确保调解各方均获告知调解程序。

对调解各方的责任

1. 保持公正无私/避免利益冲突

   调解员必须以公正无私的态度对待调解各方。调解员若有可能或曾与任何一方之间有任何从属/利害关系，必须向调解各方披露；如属这情况，调解员必须在展开调解程序前取得调解各方的书面同意。

2. 知情同意

   (a) 调解员须向调解各方解释调解程序的性质、将采用的程序和调解员的角色。

   (b) 调解员须确保调解各方进行实质磋商前已签署调解协议。

   (c) 调解协议须订明调解员和调解各方的责任和义务。

3. 资料保密

   (a) 调解员必须将调解过程所产生或与调解工作有关的所有资料保密，但若借法律或基于公共政策理由而被强制者则作别论。

   (b) 对于任何一方在机密的情况下向调解员披露的资料，在未取得事先准许的情况下不得向另一方披露。

   (c) 若这些资料包含对人命或人身安全构成实际或潜在威胁的内容，则上文第4(a)段及4(b)段所述守则并不适用。

---

* 2010年由香港特别行政区政府律政司发布。——译者注

4. 暂停或终止调解

调解员须告知调解各方他们有权退出调解。如调解员认为任何一方不能或不愿意实际参与调解程序,调解员可暂停或终止调解。

* 夹附调解协议的样本。

5. 保险

调解员须考虑在专业弥偿保险方面受保是否适当,如属适当,须确保自己充分受保。

确立调解程序

1. 独立意见和资料

假如调解的任何一方没有法律代表或未获取有关的专业意见,调解员须考虑是否鼓励这一方获取法律意见或有关的专业意见。

2. 费用

调解员有责任以书面方式订明和阐述所收取的调解费用。调解员不得收取成功酬金或按调解结果收取费用。

对调解程序及公众的责任

1. 适任程度

调解员在进行调解程序中必须具备能力和知识。相关的因素包括教育、专门训练及持续进修,令调解员依据有关标准及/或认可计划而获得认可。举例来说,当调解与分居/离婚有关,调解员便必须接受过相关的专门训练和具备适当的认可资格。

2. 委任

调解员在接受委任前,必须确信自己可腾出时间,以确保调解可以迅速进行。

3. 宣传/推广调解员所提供的服务

调解员可进行执业推广,但须以专业、诚实和保持尊严的方式行事。

*调解协议

本协议于年____月____日签订,协议各方(在本协议内称为"调解各方")为:

________________	________________
(调解一方姓名:请用正楷填写)	(调解一方姓名:请用正楷填写)
________________	________________
(联络电话号码)	(联络电话号码)
________________	________________
________________	________________
________________	________________
(地址)	(地址)

及调解员(下称"调解员")为:

____

(调解一方姓名:请用正楷填写)

____

(联络电话号码)

____

____

____

(地址)

委任调解员

调解各方现委任调解员按照本协议的条款就他们之间的争议进行调解。

调解员的角色

1. 调解员将保持中立和公正,并借下列方法协助调解各方尝试解决他们的争议:

(a)有系统地把争议事项分开处理;

(b)就这些争议促展解决方案;以及

(c)探讨这些解决方案在符合调解各方的利益和需要方面是否有用。

2. 调解员可与调解各方共同或分开会面。

3. 调解员不会：

(a)为任何一方提供法律或其他专业意见；或

(b)把某个结果强加于任何一方之上；或

(c)为任何一方作出决定。

利益冲突

调解开始之前，调解员必须尽其所知，向调解各方披露他与任何一方先前的事务往来以及调解员在争议中的任何利益。

假如在调解过程中调解员察悉任何可合理地被认为会影响调解员公正行事的能力，调解员须即时把这些情况告知调解各方，然后调解各方会决定是否由该名调解员继续进行调解，还是由调解各方委任新的调解员进行调解。

调解各方的共同合作

调解各方同意在调解期间与调解员及调解对方衷诚合作。

和解授权及在调解会议上进行陈述

1. 调解各方同意出席调解会议的同时，有权力在任何合理预计范围内作出和解。

2. 在调解期间，调解各方均可由一名或多于一名人士（包括具有法律专业资格的人士）陪同，以提供协助及意见。

调解员与调解各方之间的沟通

任何一方在私下向调解员披露的资料，调解员须以保密方式处理，但披露资料的一方说明无须保密则作别论。

调解保密原则

1. 参与调解的各人：

(a)须把进行调解所产生的所有资料以及与调解有关的所有资料保密，包括达成和解的事实和条款，但不包括将会或已进行调解这个事实，或根据法律规定为实行或执行和解条款而须披露资料的情况；以及

(b)须承诺在调解各方与调解员之间传递的所有资料（不论透过

任何方式传递)不得用以损害任何一方的法定权益,亦不得向任何法官、仲裁员或任何法律程序或其他正式程序中的其他决策人提交这些资料作为证据或披露这些资料,但根据法律规定须披露资料的情况则作别论。

2. 当一方在调解前、调解时或调解后私下在机密的情况下向调解员披露任何资料,调解员不得在没有取得披露资料一方同意的情况下,向任何其他一方或人士披露该等资料,除非法律有所规定,则作别论。

3. 调解各方不得传召调解员作证人,亦不得要求他在争议或调解所引致或与此有关的任何诉讼、仲裁或其他正式程序中,提交与调解有关的任何记录或笔记作为证据;调解员亦不会在任何该等程序中充当或同意充当证人、专家、仲裁员或顾问。

4. 调解过程不会以任何逐字记录或逐字誊写文本形式予以记录。

终止调解

1. 调解的任何一方可在咨询调解员的意见后随时终止调解。

2. 调解员在咨询调解各方后如认为无法协助调解各方解决争议,可终止调解。

为争议达成和解

1. 透过调解而达成的和解条款,须以书面形式列明,并经调解各方或其代表签署,方具法律约束力。

免除责任及弥偿

1. 调解员不会因为根据本协议书履行调解员的责任或其意是根据本协议书履行有关义务时的作为或不作为而须向任何一方负上法律责任,但该作为或不作为含有欺诈成分则除外。

2. 调解每一方须就调解员因为或在任何情况下基于其根据本协议书履行调解员的义务或其意是根据本协议书履行其责任时的作为或不作为而被该方或任何属该方的人或任何人经该方提出的所有申索,对调解员作出弥偿,但该作为或不作为含有欺诈成分则除外。

3. 调解各方或其代表或调解员在调解期间提出或使用的陈述或意见,不论是书面还是口头,均不得援引作为依据以进行任何涉及诽谤、永久形式诽谤、短暂形式诽谤或相关投诉的诉讼,而本文件可用以禁制任何这类诉讼。

调解守则

1. 调解必须按照本协议及香港调解守则的条款进行。

调解费用

1. 调解各方必须按照附表所列支付调解员的费用和开支。

2. 除调解各方另有书面协定外,调解一方同意平均分担调解费用,并承担本身的法律费用及其他费用,以及在调解前准备和出席调解的开支("调解一方的法律费用")。调解一方并同意,不论调解是否导致争议达成和解,在有关的诉讼或仲裁的案件中有权评核讼费或发出判付讼费命令的法庭或审裁处,可把调解费用及调解一方的法律费用视为该宗案件的讼费。

调解的法律效力及效果

1. 除非调解各方同意或法院另有命令,否则虽然进行调解,但任何关于该项争议而打算提出或正在进行的诉讼或仲裁,均可展开或继续。

2. 本协议书受香港特别行政区的法律管限,香港特别行政区法院有专有审判权,就本协议书及调解所引起或与此有关的任何事宜作出裁定。

全面披露(适用于家事调解)

1. (a) 调解各方同意全面和诚实地披露调解员和对方要求披露的所有相关资料。

(b) 任何一方如果没有全面和坦诚地披露相关资料,可导致在调解过程中所达成的任何协议遭作废。

签署调解协议

日期:______________________________

____

调解一方或其代表的姓名(请以正楷填写然后签署)

____

调解一方或其代表的姓名(请以正楷填写然后签署)

____

调解一方或其代表的姓名(请以正楷填写然后签署)

____

调解一方或其代表的姓名(请以正楷填写然后签署)

____

调解员姓名(请以正楷填写然后签署)

调解员的费用及开支

附表
调解员的费用及开支

1. 所有准备工作	$	(每小时)
2. 调解工作	$	(每小时)
3. 租用房间费用	$	
4. 费用分配如下:		
第一方		%
第二方		%
第三方		%
第四方		%
或		
调解各方平均分担		%

香港国际仲裁中心调解规则*

规则简介

本规则由香港国际仲裁中心(HKIAC),经与香港调解会(HKMC)协商后编订出版。本规则与香港特别行政区政府的调解规则类似,两者均由香港国际仲裁中心管理。本规则取代合同普遍引用的香港国际仲裁中心调解规则的之前版本。

香港国际仲裁中心与香港调解会

香港国际仲裁中心成立于一九八五年,旨在协助涉及争议的当事人通过仲裁、讼外争议处理方案(ADR)及调解等方式解决争议。香港国际仲裁中心是一家非牟利有限担保公司,由香港主要的商业及专业人士建立,拟成为亚洲区的争议解决中心。仲裁中心获香港商界和香港政府的慷慨资助,然而,仲裁中心却是完全独立于商界及政府。仲裁中心可认可具备适当资格的人士为调解员。香港调解会是香港国际仲裁中心属下的一个处理调解的部门,负责安排调解员的培训及推广调解作为解决争议的方法。

拟议调解条款

"凡因本合同产生或与本合同有关的任何争议或歧见,均应先行提交香港国际仲裁中心,并按其当时所奉行的调解规则调解。如调解员放弃调解或调解后有关争议或歧见仍未解决时,则应将该争议或歧见提交香港国际仲裁中心,并按其本地仲裁规则通过仲裁解决。"

调解规则(简称"规则")

调解

1. 按本规则所进行的调解,是一项保密、自愿和私下的解决争议的过程,透过一位中立人士(调解员)协助当事人协商达致解决方案。

---

* 1999 年由香港国际仲裁中心发布。——译者注

规则的适用

2. 倘若当事人欲以友好协商方式解决争议并已在其合同条款或通过协议方式同意采用本规则,则本规则适用于当事人之间目前或将来的争议。当事人可在任何时间协议更改本规则。

提请调解

3. (a)如发生争议,一方当事人可以向另一方或各方送达一份提请调解的书面要求,并将副本送交香港国际仲裁中心。该份提请调解要求须包括一份简略解释争议性质的陈述、争议之数额(如有的话)、要求的济助或弥偿及提名一位或多位认为适合之调解员。

(b)争议的各当事人及其代表须互相交换其名称(姓名)、地址、电话和传真号码,并将之送交香港国际仲裁中心。

对提请调解要求的响应

4. 争议一方或其他各当事人在收到提请调解要求后的十四日内须通知其他各方当事人及香港国际仲裁中心是否接受任何提名的调解员,争议任何一方未能于十四日内响应者,视为拒绝调解。

委派调解员

5. 争议各方如同意提名的调解员,而该调解员亦愿意接受委任,有关各方须通知香港国际仲裁中心,调解便可按照本规则进行。如争议各方未在本规则第四条规定的时限内达成协议,彼等须通知香港国际仲裁中心,由仲裁中心委派一名愿意出任调解、已获认可、以及未有按本规则第六条规定被取消资格的调解员担当调解工作。

调解资格的取消

6. 除经争议各方同意外,在任何争议的调解结果中占有财政或个人利益的人士,不得担任该争议的调解员。拟定的调解员在接受委派前,必须向争议各方当事人披露(如由香港国际仲裁中心按照本规则第五条规定而委派的,则须向香港国际仲裁中心披露)任何可能产生假定偏见或妨碍尽快达成调解的情况。在收到该项资料后,香港国际仲裁中心须立即将资料通知各当事人,并征询其意见。如任何一方当事人在七天内提出反对该拟定的调解员时,香港国际仲裁中心须另行委派一位合适及已获认可的调解员。

调解程序

7. 调解员获委派后,须尽快展开调解工作,并须尽最大努力于获委派后四十二天内结束有关调解。除非得到争议的各当事人全体书面同意,其任期不可延续超过三个月。

调解员的任务

8. 调解员在考虑案情、各当事人的意愿及迅速解决争议的需要后,可按其认为适当的方法进行调解。

各当事人之责任

9. 调解员可与所有当事人或任何一方当事人联络,包括进行非公开会议,各当事人应与调解员合作。当事人可在任何时间要求会见调解员。当事人应全力协助调解,使之能在规定时限内完结。

代表

10. 当事人可自行选择他人代表或协助其进行调解,并须事先将该人士的姓名及职责知会调解员和对方当事人。各方当事人均应具有和解的一切权力或由具有上述权力的人士陪同协助下进行和解。

调解的终结

11. 调解程序在下列情况时,即告终结:

(a)双方当事人签立和解协议;或

(b)调解员经与双方当事人协商后以书面知会当事人,表示已无充分理由继续进行调解;或

(c)任何一方当事人在任何期间以书面方式通知调解员及对方当事人调解已终止。

保密

12.(ⅰ)调解是一项非公开及保密之程序。任何一方当事人为调解的目的或因与调解有关的原因而披露、制作或呈交的一切文件、通讯或资料,均是在受保密权涵盖及无损权益的基础上披露,而作出上述披露并不表示放弃任何保密权特权通讯或保密要求。除因履行或执行和解协议所需,和解协议亦同样受保密要求的规范。

(ⅱ)任何一方概无意被调解过程中披露的任何事宜影响,而该等披露亦不会影响争议的当事人在任何后继的仲裁、审裁或诉讼中的权益或当事人在其中的地位。

费用

13.(ⅰ)除另有约定外,不论调解结果或其后任何仲裁或司法程序之结果如何,各方当事人须各自承担其本身的费用。一切其他费用及支出须由双方当事人平均分担,双方当事人并须就此承担共同及各别责任,向调解员支付该等费用,包括:

(a)调解员的费用及开支;

(b)在双方当事人同意的情况下由调解员要求的任何证人、专家咨询及意见的费用;及

(c)任何其他支持调解程序之行政费用,包括香港国际仲裁中心的费用。

(ⅱ)调解员可以在调解过程中的任何时间,要求当事人提交保证金以支付任何额外预期费用及开支,并可中断调解直至该保证金已获缴纳为止。

(ⅲ)任何预缴款项的余额,应在调解终结时退还给当事人。

调解员在后继程序中的角色

14.当事人承诺不得委任调解员作为任何后继的审裁、仲裁或司法程序中任何一方当事人的审裁员、仲裁员或代表、大律师或专家证人,不论该等程序是否因是次调解或因同一合同中其他争议而引起。任何一方当事人均无权传召调解员作为任何因同一合同而引起之后继审裁、仲裁或司法程序中的证人。

豁免责任

15.各方当事人共同及各别地免除、撤销及弥偿调解员以及香港国际仲裁中心就与任何按本调解规则进行的调解有关或由此引起或有任何关连的任何(不论涉及疏忽与否的)作为或不作为而引起的所有责任,任何欺诈或不诚实所产生的后果除外。

香港和解中心调解规则*

简介

调解规则("规则")

本规则由香港和解中心(Hong Kong Mediation Centre, HKMC)根据2013年1月1日生效的《调解条例》(香港法例第620章)制定,该条例旨在就调解的某些问题提供监管框架并作出相应的和相关的修订。本规则亦应与HKMC《调解守则》及《道德守则》一并解释。

香港和解中心

HKMC成立于1999年,旨在协助争议各方通过调解解决争议。HKMC是一家担保有限公司形式的法人实体,具有香港特别行政区税务局认可的慈善机构的地位。HKMC亦是香港首间具有慈善机构地位的非牟利调解机构。HKMC由一群致力于推动调解的各领域专业人士组成。

合同中建议的调解条款

"因本合同引起的或与本合同有关的任何争议或分歧,应首先提交香港和解中心(HKMC)根据当时的调解规则进行调解。"

规则

调解

1. 调解是一种结构化的、保密的、自愿的和私下的争议解决过程,包括一个或多个会议,其中一个或多个公正的个人(调解员)在不对争议或争议方面作出裁决的情况下,协助争议各方达成一致、协商解决。

规则的适用

2. 倘若当事人欲以友好协商方式解决争议并已在其合同条款中或通过协议方式同意采用本规则,则本规则适用。

---

* 香港和解中心仅发布了英文版的调解规则,本规则为深圳市蓝海法律查明和商事调解中心提供的版本,仅供学习研究使用。——译者注

提请调解

3. (a)争议一方当事人可以向另一方或各方送达一份提请调解的书面要求,并将副本送交HKMC。该份提请调解要求须包括一份简略解释争议性质的陈述、争议之数额(如有的话)、要求的济助或弥偿及认为适合之调解员的提名。

(b)争议的各当事人及其代表须互相交换其名称(姓名)、地址、电话和传真号码,并将之送交HKMC。

(c)书面请求中应明确规定14日的答复期限,未答复应视为拒绝接受调解。

对提请调解要求的响应

4. 争议一方或其他各当事人在收到提请调解要求后的14日内须通知其他各方当事人及HKMC是否接受调解及任何提名的调解员,争议任何一方未能于14日内响应者,视为拒绝调解。

委派调解员

5. 争议各方如同意提名的调解员,而该调解员亦愿意接受委任,有关各方须通知HKMC,调解便可按照本规则进行。如争议各方未在本规则第4条规定的时限内达成协议,彼等须通知HKMC,由HKMC委派一名愿意出任调解、已获认可、以及未有按本规则第6条规定被取消资格的调解员承担调解工作。

利益冲突

6. 除经争议各方同意外,在任何争议的调解结果中占有财政或个人利益的人士,不得担任该争议的调解员。拟定的调解员在接受委派前,必须向争议各方当事人披露(如由HKMC按照本规则第5条规定而委派的,则须向HKMC披露)任何可能产生假定偏见或妨碍尽快达成调解的情况。在收到该项资料后,HKMC须立即将资料通知各当事人,并征询其意见。如任何一方当事人在7日内提出反对该拟定的调解员时,HKMC须另行委派一位合适及已获认可的调解员。

调解程序

7. 除非争议具有特殊性且经当事人一致同意,调解员获委派后,须尽快展开调解工作,并须尽最大努力于获委派后42日内结束有关调解。除非得到争议的各当事人全体书面同意,其任期不可延续超过3个月。

调解员的任务

8. 调解员在考虑案情、各当事人的意愿及迅速解决争议的需要后，可按其认为适当的方法进行调解。

各当事人之责任

9. 调解员可与所有当事人或任何一方当事人联络，包括进行非公开会议，各当事人应与调解员合作。当事人可在任何时间要求会见调解员。当事人应全力协助调解，使之能在规定时限内完结。

代表

10. 当事人可自行选择他人代表或协助其进行调解，并须事先将该人士的姓名及职责知会调解员和对方当事人。各方当事人均应具有和解的一切权力或由具有上述权力的人士陪同协助下进行和解。

调解的终结

11. 调解程序在下列情况时，即告终结：

(a) 双方当事人和解并签立和解协议或任何其他和解的书面记录；或

(b) 调解员经与双方当事人协商后以书面知会当事人，表示已无充分理由继续进行调解；或

(c) 任何一方当事人在任何期间以书面方式通知调解员及对方当事人调解已终止。

保密

12. (ⅰ) 调解是一项非公开及保密之程序。任何一方当事人为调解的目的或因与调解有关的原因而披露、制作或呈交的一切文件、通讯或资料，均是在受保密权涵盖及无损权益的基础上披露的，而作出上述披露并不表示放弃任何保密权特权通讯或保密要求。除因履行或执行和解协议所需，和解协议亦同样受保密要求的规范。

(ⅱ) 任何一方概无意被调解过程中披露的任何事宜影响，而该等披露亦不会影响争议的当事人在任何后继的仲裁、审裁或诉讼中的权益或当事人在其中的地位。

(ⅲ) 除非根据《调解条例》第8条第(2)款或第(3)款的例外规定，任何人不得披露调解通讯。

调解费用

13.（ⅰ）除另有约定外，不论调解结果或其后任何仲裁或司法程序之结果如何，各方当事人须各自承担其本身的费用。一切其他费用及支出须由双方当事人平均分担，双方当事人并须就此承担共同及各别责任，向调解员支付该等费用，包括：

(a)调解员的费用及开支；

(b)在双方当事人同意的情况下由调解员要求的任何证人、专家咨询及意见的费用；

(c)任何会议场地的费用；及

(d)任何其他支持调解程序之行政费用，包括 HKMC 的费用。

（ⅱ）调解员可以在调解过程中的任何时间，要求当事人提交保证金以支付任何额外预期费用及开支，并可中断调解直至该保证金已获缴纳为止。

（ⅲ）任何预缴款项的余额，应在调解终结时退还给当事人。

（ⅳ）尽管有上述规则 13（ⅰ），当事人双方同意任何法院或仲裁庭可以将调解费用和各方当事人的费用视为与任何诉讼或仲裁有关的案件的费用，而无论调解是否能解决争议，该法院或仲裁庭有权对费用进行评估或下达命令。

调解员在后继程序中的角色

14. 当事人承诺不得委任调解员作为任何后继的审裁、仲裁或司法程序中任何一方当事人的审裁员、仲裁员或代表、大律师或专家证人，不论该等程序是否系因是次调解或因同一合同中其他争议而引起。任何一方当事人均无权传召调解员作为任何因同一合同而引起之后继审裁、仲裁或司法程序中的证人。

豁免责任

15. 各方当事人共同及各别地免除、撤销及弥偿调解员以及 HKMC 就与任何按本调解规则进行的调解有关或由此引起或有任何关连的任何（不论涉及疏忽与否的）作为或不作为而引起的所有责任，任何欺诈或不诚实所产生的后果除外。

中国澳门特别行政区

澳门民法典*(节选)

(第 39/99/M 号法令)

第十四章
和　　解

第一千一百七十二条

(概念)

一、和解系指当事人互相让步以防止争议发生或终止争议之合同。

二、让步可涉及设定、变更或消灭与所争议之权利不同之权利。

第一千一百七十三条

(不可和解之事宜)

各当事人不得对其不可处分之权利作出和解,亦不得就不法之法律行为所涉及之问题作出和解。

第一千一百七十四条

(方式)

如为产生预防性和解或诉讼外和解所可能出现之某种效果必须采用公证书,则上述和解应以公证书作出;在其他情况下,和解应以书面为之。

---

* 1999 年发布。——译者注

澳门民事诉讼法典*（节选）

（第55/99/M号法令）

第二百三十五条

舍弃请求、认诺及和解之自由

一、原告得于诉讼程序之任何时刻舍弃全部或部分请求，而被告亦得就请求作出全部或部分认诺。

二、当事人亦得于诉讼程序之任何时刻就案件之目标进行和解。

第二百三十六条

认诺及和解之效果

认诺及和解导致有关请求完全按认诺及和解之内容而改变，或按其内容结束案件。

第二百四十二条

作出认诺、诉之撤回、请求之舍弃或和解之方式

一、认诺、诉之撤回、请求之舍弃或和解得在符合实体法在形式上之要求下，以公文书或私文书作出，亦得在诉讼中以书录作出。

二、只要利害关系人提出口头请求，办事处即须作出书录。

三、作成书录或附具有关文件后，须根据认诺、诉之撤回、请求之舍弃或和解之目标及作出该等行为之人之资格，查核该等行为是否有效；如属有效，则以判决宣告有效，并完全按行为之内容作出判处或驳回有关请求。

四、如和解经法官调解而达成，亦得在记录中载明之；在此情况下，法官仅须以判决认可该和解，并按有关内容作出判处，而该判决经口述载于记录。

---

* 1999年发布，于2019年最新修订。——译者注

第三百四十五条

程序

一、法院收到临时扶养之请求书后,须立即指定审判日期,并须提醒当事人应亲自到场参与听证,或由获赋予作出和解之特别权力之受权人代理其到场参与听证。

二、答辩系于听证中提出,且在听证中法官应设法透过双方协议订定扶养金额,并立即以判决认可之。

三、任一方当事人缺席或试行调解失败时,法官须命令调查证据,随后以口头作出判决,并简要说明其理由。

第四百二十八条

试行调解

一、如案件所涉及之事宜系双方当事人有权处分者,而双方当事人共同声请试行调解该案件,或法官认为宜试行调解者,得于提交诉辩书状之阶段结束后 15 日内,或如有采取按上条第一款之规定而进行之措施,于该等措施结束后 15 日内,试行调解有关案件。

二、得于诉讼程序中其他时刻试行调解,但不得纯粹为此而传召当事人多于一次。

三、须通知当事人亲自到场或由具有和解之特别权力之诉讼代理人代表其到场。

四、案件之试行调解系在法官主持下进行,且旨在获得一衡平之解决方法。

第四百二十九条

清理批示

一、试行调解后,又或无进行此措施时,于提交诉辩书状之阶段结束后或第四百二十七条第二款及第三款所指之期间届满后,如有需要,法官于 20 日期间内作出旨在进行下列行为之批示:

a)审理由当事人提出之延诉抗辩及诉讼上之无效,或根据卷宗所载资料审理应依职权审理之延诉抗辩及诉讼上之无效;

b)立即审理案件之实体问题,只要诉讼程序之状况容许无需更多证据已可全部或部分审理所提出之一个或数个请求,又或任何永久抗辩。

二、在上款 a 项所指之情况下,所作之批示于确定后,即对已具体审理之问题,构成在诉讼关系上裁判已确定之案件。

三、法官因欠缺资料而决定留待最后方依据第一款之规定对其应审理之事宜作出裁判者,对该决定不得提起上诉。

四、对于旨在维护占有之诉讼,如被告仅声请其拥有所有权,而不对原告之占有提出争执,且立即审理所有权之拥有问题属不可能者,法官须于清理批示中命令维持或返还占有,但不影响将所有权之拥有一事留待最后作出裁判。

第五百五十四条

听证之展开及押后

一、一经召唤已被传召之人,听证立即展开。

二、然而,遇有下列情况,听证须予押后:

a)须由合议庭参与听证,而不可能组成合议庭;

b)某一已被传召之人缺席,而其未被免除到场,或对于一份已提交之文件,即使中止听证工作一段时间,他方当事人仍不能在听证中查阅该文件,且法院认为在该缺席之人不在场或就该文件未作答复之情况下进行听证有严重不便者;

c)其中一名律师缺席,而其缺席一事须告知委任人;在此情况下,须立即指定听证日期,但对缺席之律师,无须遵守第一百零五条第一款之规定。

三、不得透过当事人间之协议押后听证,亦不得押后听证多于一次,但须由合议庭参与听证而不可能组成合议庭者除外。

四、在第二款b项所指之情况下,如法院认为进行听证无严重不便者,则听证时首先调查可立即调查之证据,而该听证在就事实事宜进行辩论前中断;在决定中断时须指定继续进行听证之日期,该日必须系可听取缺席之人陈述或就已提交之文件可作答复者,但属前者情况时中断期间不得超过30日,属后者情况时则不得超过10日。

五、遇有应到场之任何人缺席之情况,须于有关听证中或在随后5日内作出解释,但指定该人之当事人放弃对该人之听证除外。

六、已被传召以便试行调解之当事人一方或双方缺席,不构成押后听证之理由,即使其并无委托具有和解之特别权力之律师亦然。

第五百五十五条

试行调解及事实事宜之辩论

一、如无押后之理由,则进行案件之辩论。

二、如案件所涉及之事宜系双方当事人有权处分者,主持听证之法官须试行调解双方当事人。

三、如调解不成,则进行下列行为:

a)当事人作陈述;

b)展示机械复制品,而主持听证之法官得命令仅于当事人、当事人之律师及宜在场之人在场时方展示;

c)受命到场之鉴定人作口头解释;

d)询问证人;

e)就事实事宜进行辩论,而辩论时每一律师得反驳一次。

四、如有理由变更上款所指证据调查之顺序,则主持听证之法官得变更之。

五、未经主持听证之法官许可,已被听取陈述之人不得离开;如当事人反对,或当由合议庭参与听证时助审法官反对,则主持听证之法官不得许可该人离开。

六、如须于法院以外地方作陈述或证言,则于辩论前中断听证,而法官及律师立即或于主持听证之法官指定之日期及时间前往该地方听取陈述或证言;该陈述或证言作出后,听证于法院继续进行。

七、在辩论时,律师须尽量确定应视为获证实之事实及未获证实之事实;任一法官或他方当事人之律师得中断上述律师之行为,但他方当事人之律师须经其当事人及主持听证之法官同意方得为之,而该中断应以解释或更正所作之任何声明为目的。

八、法院得于任何时刻听取所指定之技术员之意见。

第六百七十六条

辩论及审判之听证

一、任何当事人之缺席,即使经说明理由,亦不构成押后听证之原因。

二、如被传召之证人缺席,则法官决定是否押后或中止听证。

三、如当事人在场或由诉讼代理人代理,法官须试行调解当事人;如调解不成，则命令进行调查措施。

四、如法官认为为对案件作出裁判，必须进行某一证明措施，而该措施不能在听证中进行者，则命令中止该听证，并立即指定进行有关措施之日期；但审判应于30日内完成。

五、调查证据后，各当事人，或其由他人代理时，其诉讼代理人，得作出简短之口头陈述。

六、对事实事宜及法律事宜作出裁判之判决须扼要说明理由。

七、判决经口述载于记录中，但法官鉴于案件复杂，认为应以书面作出判决者除外。

第六百七十七条

执行名义之类别

仅下列者方可作为执行依据：

a）给付判决；

b）经公证员作成或认证且导致设定或确认任何债之文件；

c）经债务人签名，导致设定或确认按第六百八十九条确定或按该条可确定其金额之金钱债务之私文书，又或导致设定或确认属交付动产之债或作出事实之债之私文书；

d）按特别规定获赋予执行力之文件。

第六百九十九条

对以其他名义为基础之执行提出异议之依据

一、如执行以其他名义为基础，则被执行人除得以第六百九十七条适用部分所指之依据提出反对外，亦得以其在宣告诉讼程序中可提出作为防御方法之其他依据提出反对。

二、即使当事人之调解、认诺或和解经司法判决认可，而执行以该调解、认诺或和解为依据，被执行人亦得于提出反对时陈述任何导致该等行为无效或予以撤销之原因。

第九百五十三条

定出试行调解之日期

一、如无初端驳回起诉状之理由，且起诉状具条件继续获处理，则法官应指定试行调解之日期，并通知原告及传唤被告以便彼等亲自到场，如原告或被告不在澳门，则由具特别权力之受任人代理。

二、如被告下落不明,则一经遵守第一百九十条之规定后,就试行调解之日期所作之指定不生效力,而法官须命令公示传唤被告作答辩。

第九百五十四条

试行调解之实行

一、如试行调解时双方当事人均在场,但调解不成,亦未能达成两愿离婚协议,法官应尽量使夫妻双方就以下事项达成协议:

a)扶养;

b)如何行使对子女之亲权;

c)在诉讼待决期间,家庭居所之使用。

二、如一方当事人或双方当事人不到场,又或调解不成或未能达成两愿离婚协议,则法官命令通知被告在30日期间内作答辩;上述通知应立即作出,在通知时须将起诉状复本交予被告。

第九百五十六条

两愿离婚之协议

一、在试行调解时或在程序其他阶段,如符合两愿离婚之前提,当事人得协议两愿离婚。

二、就两愿离婚达成协议后,在诉讼离婚程序中,应遵循经作出必要配合之第一千二百四十二条及随后数条所规定之步骤。

三、宣告两愿离婚后,须缴之诉讼费用由夫妻双方平均承担,但另有协议者除外。

第一千二百四十四条

会议

一、如夫妻双方均出席会议,或在上条第二款所指之情况下由具特别权力之受权人代表出席,则法官试行调解夫妻双方。

二、如会议因夫妻双方或一方舍弃请求而结束,应将舍弃请求一事载于记录,并由法官确认。

三、如法官行使《民法典》第一千六百三十一条第三款b项赋予之特权,又或有第二次会议,则应将夫妻双方就离婚之协议载于会议记录,但并非明确显示无法调解者除外;此外,应将有关《民法典》第一千六百三十条第三款所指协议之裁判载于会议记录。

四、如无出现以上两款所指之情况,则法官宣告离婚,并认可《民法典》第一千六百三十条第二款及第三款所指之协议。

第一千二百四十九条

程序

一、欲依据《民法典》第一千六百四十八条之规定获给予家庭居所之人，应指出其认为应将此权利赋予其本人所依据之事实。

二、法官须召集利害关系人或前配偶以便试行调解，对此适用经作出必要配合之第九百五十三条及第九百五十四条第二款之规定，但提出反对之期间为10日。

三、不论有否提出反对，法官在采取必需措施后作出裁判；对该裁判得提起上诉，而上诉具中止效力。

四、如诉讼离婚之诉正处待决或已结束，则该请求须以附文方式提出。

五、以上各款之规定经作出适当配合后，适用于《民法典》第一千零四十二条所指之不动产租赁权之移转。

第一千二百九十四条

辩论及审判之听证

一、于辩论及审判之听证开始时，法官试行调解双方当事人；如调解不成，则命令进行证明措施。

二、法官不限于审理由当事人提供之证据，而可命令调查在其谨慎裁断下认为对案件作出良好裁判属必需及适当之其他证据。

三、由法官负责询问证人，询问内容涵盖其认为对案件作出良好裁判属重要之所有事宜。

四、每询问一名证人后，任何当事人，或其由他人代理时，其诉讼代理人，均得请求法官向该名证人提出附加问题。

五、调查证据完成后，各当事人，或其由他人代理时，其诉讼代理人，得作出简短之口头陈述。

澳门调解协会暨澳门调解中心
调解规章*

第一条

性质

澳门调解协会暨澳门调解中心(以下简称本中心)是从事调解服务活动的非营利性质的非政府组织,旨在鼓励市民利用调解解决纠纷,促进行业自治与社会和谐。

第二条

调解范围

不涉及不可处分权利之任何争议,均可提交本中心调解,除非法律另有规定或者当事人另有约定。

第三条

调解规则的适用

当事人同意将争议提交本中心调解的,适用本调解规则。但当事人就调解程序或者调解适用的规则另有约定者,从其约定。

第四条

意思自治原则

调解应当坚持当事人自愿的原则。

第五条

平等原则

调解员应当公平、公正对待各方当事人,协助当事人解决争议。

第六条

适当原则

调解员可以在充分考虑案情、当事人意愿以及快速解决纠纷需要的

---

* 2019 年由澳门调解协会暨澳门调解中心发布。——译者注

情况下,采取其认为合适的方式进行调解,包括但不限于:

(一)单独或者同时会见当事人及其代理人进行调解;

(二)要求当事人补充提交材料和书面意见;

(三)要求当事人提出书面或者口头的解决争议的方案;

(四)征得当事人同意后,聘请有关专家就技术性问题提供咨询或者鉴定意见;

(五)提出解决争议的建议和意见。

第七条

调解工作的安排

经当事人共同申请,且经本中心同意,本中心可与其他争议解决机构进行联合调解,也可以接受其他机构的邀请或委托,对争议进行联合或单独调解。

第八条

调解的申请

本中心根据一方、双方或者多方当事人的申请受理调解案件。

第九条

调解申请所需数据

一、当事人向本中心申请调解,需要提交:

(一)调解申请书,内容包括:

1. 各方当事人的姓名或者名称、住所、邮政编码、电话号码、传真、电子邮件以及其他可能的快捷联系方式;

2. 调解请求及争议的事实。

(二)其认为适当的其他文件和证据材料,可以声明该部分文件和证据材料仅供调解员查阅。

(三)身份证明文件。

第十条

费用

一、当事人申请调解时,应当按照本中心确定的标准缴纳案件注册费用,有关收费标准以本规章的附件形式公布。

二、各方当事人应当自收到本中心发送的收费通知之日起 10 日内按照本中心的调解收费标准各向本中心预交同等比例的调解费用。当事人对于预交的比例另有约定的,从其约定。

三、当事人不预交调解费用,视为不同意调解。

四、聘请有关专家参加调解工作的,当事人应当预交相关费用。

五、调解在本中心所在地进行。如果当事人另有约定,可以在其他地点进行。由此发生的费用,由当事人负担。

第十一条

调解通知、调解规则、调解员名册的告知

本中心收到当事人的申请后,立即向各方当事人发送调解通知及本调解规则、调解员名册。

第十二条

对方当事人需提交的数据

一、对方当事人收到调解通知后,需要在10日内向本中心提交:

(一)是否同意将争议提交本中心调解的书面意见;

(二)对对方调解请求的书面意见;

(三)其认为适当的文件和证据材料,可以声明该部分文件和证据材料仅供调解员查阅;

(四)身份证明文件。

二、当事人特别声明仅供调解员查阅的材料,需要提交一式一份。调解员人数超过一人的,增加相应份数。

三、当事人未明确声明仅供调解员查阅的材料,需要提交一式二份。当事人人数超过2人或者调解员人数超过1人,增加相应份数。

第十三条

调解程序的启动

一、各方当事人在调解程序开始前已经达成将相关争议提交本中心调解解决的协议,则对方当事人在本调解规则第十二条规定的期限内不提交书面意见,并不影响调解程序的继续进行。

二、各方当事人在调解程序开始前未达成将相关争议提交本中心调解解决的协议,则对方当事人在本调解规则第十二条规定的期限内没有明确表示接受调解的,视为拒绝调解。

三、对方当事人在期限届满后表示同意调解的,由本中心决定是否继续调解程序。

第十四条

调解员

一、除非当事人另有约定,调解由 1 名调解员进行。

二、本中心设有推荐性调解员名册,供当事人选择调解员。当事人也可以在调解员名册外选择调解员。

三、在调解员名册外选择调解员的,当事人应当提交该调解员必要的联系方式。

四、各方当事人自收到调解通知之日起 15 日内不能共同选定一名调解员或者不能共同委托本中心会长指定调解员的,视为不同意调解。当事人另有约定除外。

第十五条

调解员的回避

一、调解员接受选定或者指定的,知悉与案件当事人或者代理人存在可能导致当事人对其独立性、公正性产生怀疑的情形,应当书面披露。

二、任何一方当事人申请更换调解员的,该调解员应当退出案件的调解。各方当事人应当在收到重新选定调解员的通知后 10 日内另行选定调解员。不能共同选定亦不能共同委托本中心会长指定的,调解程序终结。

第十六条

代理人的参与

当事人可以委托代理人参加调解,但应当向本中心提交载明具体权限的授权委托书。

第十七条

保密义务

一、除非当事人另有约定,调解不公开进行。调解过程不记笔录。

二、调解员、当事人及其代理人、证人、专家、本中心工作人员以及其他参与调解过程的人员对于调解的一切事项负有保密义务。

三、调解员可以将一方当事人在另一方当事人不在场的情况下陈述的有关情况告知另一方当事人,以便另一方当事人作出相应说明。但作出陈述的一方当事人明确反对或者要求调解员予以保密的除外。

第十八条

调解期限

一、当事人可以约定调解期限。调解员经商当事人同意后,也可以确定必要的调解期限。

二、当事人未约定且调解员亦未确定调解期限的,则调解员应当自接受选定或者指定后的30日内完成调解,当事人同意延期的除外。

第十九条

达成和解

经过调解,当事人达成一致意见的,签订和解协议。和解协议对各方当事人有约束力。

第二十条

调解程序的终止

出现下列情形之一,调解程序终止:

(一)当事人拒绝调解或不同意调解;

(二)当事人达成和解协议;

(三)调解员认为调解已无成功的可能并书面声明终止调解程序;

(四)当事人一方或者双方声明终止调解程序;

(五)调解期限届满,但当事人同意延期的除外。

第二十一条

语言

本中心调解案件的工作语言为中文。经双方当事人一致请求,本中心也可使用葡文、英文或其他语言作为工作语言。

第二十二条

解释

本调解规则由本中心解释。

澳门世界贸易中心仲裁中心
内部规章*（节选）

第四章
调　解

第一百零五条

定义

调解是指当事人透过调解员协助解决争议的方式，在调解过程中，调解员不得提供任何个人意见或建议方案。

第一百零六条

一般原则

调解程序须遵守当事人自治、公正无私、保密及快捷之原则。

第一百零七条

调解请求

在争议中的任何一方当事人拟向中心提出调解，应把列有当事人身份数据、指明程序目标及声请人请求之依据的声请书交予中心。

第一百零八条

对另一方当事人的通知

一、调解声请须通知另一方当事人，并邀请该他方当事人于 10 日期限内知会中心是否接受参与调解程序。

二、被声请方当事人未答复或答复为否定时，中心须知会声请人试行调解未被接受。

---

* 2020 年由澳门世界贸易中心仲裁中心发布，于 2021 年最新修订。——译者注

第一百零九条

接受调解及初次会议

一、调解被接受后,中心须委任调解员。

二、调解员经委任后,如无提出声请回避或任何异议,而第一百一十条第三款所述之期限过后,中心须促成当事人与调解员之初次会议。

三、初次会议中,调解员须作出以下行为:

a)向当事人解释调解程序、程序的过程及技术;

b)要求当事人握要描述争论点及阐述他们的期盼;

c)力求对组织工作日程达成协议,定出当事人以书面阐述各自请求及其依据的期限,并定出他们提交认为必要的与其争议有关的资料及文件的期限。

四、调解员参与初次会议并不赋予收取任何报酬的权利。

第一百一十条

调解员的委任

一、调解员由执行委员会主席从中心之调解员名单内的成员中委任。

二、调解员的委任应通知当事人。

三、自通知之日起10日期限内,当事人得拒绝该委任,并得建议委任另一特定调解员,或从一定组别的调解员中委任一名调解员。

第一百一十一条

调解员的行为及会议

一、调解员自由组织调解程序,但须恪守本规章所定明的道德规范。

二、调解员得在任何阶段,要求当事人提供被认为必须的数据及项目。

三、调解会议应以当事人共同一起进行为首选;如有需要及在当事人同意的情况下,调解员得分别与其中一方当事人进行会议,但须恪守本规章所定明的道德规范;尤其在此情况下,恪守机会平等及保密的义务。

第一百一十二条

保密承诺

当事人接受参与调解程序时,必须对程序保密,并承诺在仲裁程序

或司法程序中,不使用以下事项作为任何性质的论据或证据:

a)他方当事人为可能解决争议所揭示的事实、所作出的陈述及主张的提议;

b)调解员或任一方当事人提出的建议;

c)任一方当事人在调解中表示正接受所提出达成协议之建议的事实。

第一百一十三条

调解完结

一、调解程序在当事人签订和解协议后完结,而该协议须按法律就不同情况所要求的形式作出。

二、当事人的协议具有保密性;但如果当事人另有意愿,或为该协议的适用或执行而必须公开者除外。

三、如争议不能调解,调解程序则由调解员作出有关的书面声明后完结,声明书无须说明理由。

四、调解程序可由任何一方当事人把不继续进行调解的意愿以书面知会调解员后立即完结。

五、当事人签署的和解协议、调解员作出的不能调解声明书、一方或双方当事人不愿意继续试行调解的通知书,均须存放在中心内。

六、调解程序中提交的文件经分析后须归还当事人,而其他文件则按协议销毁或存盘。

第一百一十四条

调解员的回避

一、除双方当事人另有协议外,调解员不得作为仲裁员,亦不得在有关试行调解目标之争议的仲裁程序或司法程序中,协助任何一方当事人作为他的代表或顾问。

二、除当事人另有协议外,当事人不得召唤调解员在任何与调解程序目标之争议有关的仲裁程序或司法程序中阐述意见。

第一百一十五条

程序费用

调解程序之费用须按照本规章附录 2 规定计算,该附表作为本规章之组成部分。

附　　则

欧洲议会及欧盟理事会关于民商事调解若干问题的2008/52/EC指令*(节选)

鉴于

(1)共同体为自身设定目标,维护和发展该地区的自由、安全和正义,保障人员自由流动。为此,除其他事项外,共同体必须在民事司法合作领域采取维护内部市场正常运作所必要的措施。

(2)"接近正义原则"是一项基本原则,为了促进更好地伸张正义,欧盟理事会于1999年10月15日和16日在坦佩雷召开的会议上,呼吁各成员国建立替代性非司法程序。

(3)2000年5月,理事会批准了关于根据民商事法律替代性纠纷解决方法的结论,指出确立该领域的基本原则是使解决民商事纠纷的非司法程序得以适当发展和运作的一项重要步骤,由此简化和改善伸张正义的途径。

(4)2002年4月,委员会提交了民商事替代性纠纷解决方法绿皮书,评估了欧盟替代性纠纷解决方法的现状,并与成员国和有关各方就促进使用调解的可能措施进行了广泛磋商。

(5)作为欧盟建立地区自由、安全和正义政策的一部分,确保更好地实现伸张正义的目标应包括诉诸司法和非司法的纠纷解决方法。本指令应有助于内部市场的正常运作,特别是在提供调解服务方面。

(6)调解可以通过符合各方需求的程序,为民商事纠纷提供经济有效且快速便捷的非司法解决方法。通过调解达成的协议更可能被自愿遵守,更可能保持各方之间友好的、可持续的关系。上述优点在存在跨国因素的情况下更为明显。

(7)为了进一步促进使用调解,并确保诉诸调解的各方能够信赖可

---

* 2008年由欧洲议会及欧盟理事会通过。——译者注

预测的法律框架，有必要引入框架立法，特别是针对民事程序的关键方面。

(8)本指令的规定应仅适用于跨国纠纷调解，但不妨碍成员国将该等规定适用于国内调解程序。

(9)本指令不应以任何方式妨碍在调解过程中使用现代通信技术。

(10)本指令应适用于跨国纠纷的双方或多方当事人出于自愿试图在调解人的协助下就纠纷解决达成友好协议的过程；适用于民商事纠纷，但不应适用于各方根据相关适用法律不能自由决定的权利和义务，该等权利和义务特别常见于家事法和雇佣法中。

(11)本指令不应适用于缔约前谈判或具有裁决性质的程序，如特定司法调解程序、消费者投诉程序、仲裁和专家裁定或由个人或机构发布正式建议的程序，无论其对纠纷解决是否具有法律约束力。

(12)本指令应适用于法院介绍各方进行调解或国内法律规定进行调解的案件。此外，只要法官可以根据国内法律担任调解人，本指令亦应适用于由不负责与争议事项相关的任何司法程序的法官进行的调解。但是，本指令不应扩至法院或受理法官在有关争议的司法程序中为解决争议而做出的尝试，或法院或受理法官请求主管人员提供协助或建议的情况。

(13)本指令规定的调解是自愿程序，即各方当事人自行负责过程、按其意愿组织调解，并可随时终止调解。但是，根据国内法，法院可针对调解过程设定时限。此外，法院可适时提请各方注意调解的可能性。

(14)本指令中的任何内容均不应妨碍国内立法强制使用调解或对其进行奖励或制裁，前提是该立法不得妨碍当事人行使其获得司法救济的权利。本指令任何内容均不得妨碍现有自律性调解制度，只要其针对的是本指令未涉及的方面。

(15)为了提供法律确定性，本指令应指出与确定各方试图通过调解解决纠纷是否为跨国纠纷有关的日期。如无书面约定，视为各方同意在其采取具体行动启动调解程序的时间点使用调解。

(16)为确保在保密性、对时效和除斥期间的影响以及对因调解产生的协议的承认和执行方面存在必要互信，成员国应以其认为适当的方式鼓励对调解人进行培训，并对提供调解服务引入有效的质量控制机制。

(17)成员国应对该等机制予以界定,其中可能包括诉诸基于市场的解决方案,且不应要求在该方面提供任何资金。该等机制应旨在保持调解过程的灵活性和各方的自主权,确保调解以有效、公正及适当的方式进行。调解人应了解《欧洲调解人行为守则》,公众亦可从互联网获取。

(18)在消费者保护领域,委员会通过了一项建议[1],确立了参与协商一致解决消费者纠纷的庭外机构应向其使用者提供的最低质量标准。应鼓励该建议范围内的调解人或组织尊重其原则。为了促进传播该等机构相关信息,委员会应建立庭外机制数据库,该数据库应被成员国认为是尊重该建议原则的。

(19)不能因为对调解产生的协议之遵守将取决于各方的良好意愿,而将调解视为司法程序的较差替代方案。因此,成员国应确保通过调解达成书面协议的各方能够使其协议内容得到强制履行。只有在协议内容违反其法律,包括其国际私法,或者其法律没有规定具体协议内容可强制履行时,成员国才可能拒绝强制履行协议。如果协议中规定的义务因其性质而无法强制履行,就可能出现这种情况。

(20)调解产生的协议之内容在一个成员国得到强制履行的,应根据适用的共同体法律或国内法律,在其他成员国得到承认并宣布可强制履行,例如,《关于民商事管辖权和判决的承认与执行的欧盟理事会条例》(第44/2001号,2000年12月22日)[2]或《关于婚姻和父母责任的管辖权和判决的承认与执行的欧盟理事会条例》(第2201/2003号,2003年11月27日)[3]。

(21)第2201/2003号《欧盟条例》特别规定,当事人之间的协议要在另一成员国可强制履行,其必须在缔结协议的成员国也可强制履行。因此,如果在家事法律事项中调解产生的协议之内容在协议缔结地和要

---

[1] 委员会2001年4月4日关于参与协商一致解决消费者纠纷的庭外机构的原则的第2001/310/EC号建议(OJ L 109,19.4.2001,p.56)。

[2] OJ L 12, 16.1.2001, p.1. 规则最后为欧盟第1791/2006条规则(OJ L 363, 20.12.2006, p.1.)修改。

[3] OJ L 338, 23.12.2003, p.1. 规则最后为欧盟第2116/2004条规则(OJ L 367, 14.12.2004, p.1.)修改。

求强制履行的成员国无法强制履行,本指令不应鼓励当事人通过在另一成员国强制履行其协议而规避协议缔结地和要求强制履行的成员国的法律。

(22)本指令不应影响各成员国关于强制履行调解产生的协议之规则。

(23)调解过程的保密性很重要,因此本指令应针对如何在任何后续民商事司法程序或仲裁中保护调解的保密性,作出与民事诉讼程序具有最低程度兼容性的规定。

(24)为了鼓励当事人使用调解,成员国应确保其关于时效和除斥期间的规则不妨碍当事人在调解尝试失败时诉诸法院或仲裁。成员国应确保实现这一结果,即使本指令没有协调各国关于时效和除斥期间的规则。在成员国实施的国际协定中关于时效和除斥期间的规定,如运输法领域的规定,不应受本指令影响。

(25)成员国应鼓励向公众提供关于如何联系调解人和提供调解服务的组织的信息。其还应鼓励法律从业者告知其客户调解的可能性。

(26)根据《完善法律制定的机构间协定》第 34 条[1],鼓励成员国为自身和共同体的利益起草一览表,尽可能地说明本指令和转换措施之间的相关性,并将其公布。

第 1 条　目的及范围

1. 本指令之目的在于便利当事人适用替代性纠纷解决机制,并通过鼓励使用调解以及确保调解与司法程序之间的平衡关系促成纠纷的妥善解决。

2. 本指令适用于跨国民商事纠纷,除非该纠纷所涉及的权利及义务根据相关适用法律是纠纷当事人所无权处分的。本指令尤其不应被延伸适用于下述领域:税收、关税、行政事项以及国家在行使公权力时的作为或不作为而产生的责任。

第 2 条　跨国纠纷

1. 就本指令而言,"跨国纠纷",指至少有一方当事人定居或惯常居住于与任何其他当事人于下列事项发生时不同的某一成员国:

---

[1] OJ C 321, 31.12.2003, p.1.

(a)各方当事人在纠纷产生之后同意进行调解；

(b)法院命令进行调解；

(c)根据国内法有义务进行调解；或

(d)就第5条而言，向各方当事人发出邀请。

2. 尽管有第1款规定，但就第7条和第8条而言，“跨国纠纷”还包括当事人在进行调解后于某一成员国提起的司法程序或仲裁，该成员国与各当事人于第1款(a)、(b)或(c)项所述日期定居或惯常居住的成员国不同。

3. 就第1款和第2款而言，应根据《欧盟条例》(第44/2001号)第59条和第60条确定“定居”的含义。

第3条　定义

就本指令而言，相关定义如下：

(a)“调解”，指纠纷双方或多方当事人出于自愿自行试图在调解人的协助下针对争议解决达成约定的制度化程序，无论其如何命名或提述。该程序可由当事人，或基于法院建议或命令或某一成员国法律规定而启动。

其包括由不负责与争议事项相关的任何司法程序的法官进行的调解，不包括法院或受理法官在有关争议的司法程序重为解决争议而作出的尝试。

(b)“调解人”，指任何被请求以有效、中立及适当的方式进行调解的第三人，至于该第三人在有关成员国的称谓或职业，以及该第三人的任命或请求其进行调解的方式，均在所不论。

第4条　确保调解的质量

1. 各成员国应采取其认为适当的一切措施，鼓励在调解人以及提供调解服务之机构的调解活动中制定并遵守自愿行为准则，以及其他能对调解服务进行有效质量控制的机制。

2. 各成员国应鼓励为调解人提供初级以及更进一步的培训，以确保调解是以一种有效、中立以及适当的方式针对当事人进行。

第5条　寻求调解

1. 受理诉讼案件的法院，可在适当且考虑到案件所有相关情况的情形下，鼓励当事人以调解方式解决纠纷。如果法院召开使用调解信息交流会议且便于当事人参加,可邀请当事人参加。

2. 本指令并不影响国内立法强制使用调解或对其进行奖励或制裁,无论是在司法程序启动前或启动后,前提是该立法不得妨碍当事人行使其获得司法救济的权利。

第 6 条　调解所产生协议的强制履行

1. 各成员国应确保纠纷各方当事人,或者已取得其他当事人明确同意的一方当事人,得以请求强制履行基于调解而形成的书面协议之内容。该协议的内容应可强制履行,但在争议案件中,协议内容与前述请求作出地的成员国法律相抵触,或该成员国法律并未就该协议的可强制履行性作出规定的除外。

2. 协议内容可由法院或其他适格权力机构根据请求作出地的成员国法律,以判决或决定或以可信文据,赋予可强制履行性。

3. 各成员国应向委员会告知可根据第 1 款和第 2 款受理请求的法院或其他权力机构。

4. 对于适用于在另一成员国承认和强制履行根据第 1 款可强制履行的协议的规则,本条任何规定不影响其效力。

第 7 条　调解的保密性

1. 鉴于进行调解的本意是顾及其保密性,除非各方当事人另行约定,各成员国应确保调解人和参与调解程序管理的相关人员均不得被强制在民商事司法程序或仲裁程序中就产生于调解程序或与之有关的相关信息提供证据,但下列情况除外:

(a)出于有关成员国公共政策的优先考虑,尤其是在为了保护确保儿童最大利益或防止对个人身心健康造成伤害的情况下;或

(b)披露调解所产生的协议之内容对于实施或强制履行该协议确有必要。

2. 第 1 款的任何内容不得妨碍成员国制定更严格的措施以保护调解的保密性。

第 8 条　调解对时效和除斥期间的效力

1. 各成员国应确保选择使用调解解决纠纷的当事人不会因时效或除斥期在调解期间届满后而无法启动司法程序或仲裁。

2. 第 1 款不应影响各成员国作为缔约国的国际条约中时效或除斥

期间相关条款的有效性。

第9条　面向公众的信息

各成员国应支持通过其认为适当的一切方式,尤其是在互联网上,向公众提供调解人和调解服务提供机构的联系信息。

第10条　关于适格法院和权力机构的信息

委员会应通过适当方式,向公众提供成员国根据第6条第3款提供的关于适格法院或权力机构的信息。

第11条　评估

委员会应于2016年5月21日前向欧洲议会、欧盟理事会以及欧洲经济和社会委员会提交一份关于本指令实施情况的报告。该报告应对欧盟范围内调解的发展情况以及本指令对成员国产生的影响进行评估。如有必要,该报告还应附上关于本指令的修正建议。

第12条　转换

1. 各成员国应实施必要法律、规章和行政规定,以在2011年5月21日前符合本指令规定,但第10条除外,可至迟于2010年11月21日前符合该条规定,届时应立即通知委员会。

本指令的规定被各成员国采纳后,相关措施应提述本指令,或在其正式发布时随附该提述。提述方式由各成员国规定。

2. 各成员国应向委员会提交其在本指令所涉领域通过的国内法主要规定之文本。

第13条　生效

本指令应于其在欧盟公报上公布后第20日生效。

第14条　递交对象

本指令递交各成员国。

2008年5月21日于法国斯特拉斯堡完成。

欧洲议会及欧盟理事会关于消费者争议替代性纠纷解决方式并修正欧共体第2006/2004号条例及欧共体第2009/22号指令的第2013/11/EU号指令*

第一章
一 般 规 定

第1条

立法主旨

本指令的目的,在于通过实现高水平的消费者保护,确保消费者可以在自愿的基础上,向提供独立、公正、透明、有效、快速和公平的替代性争端解决程序的实体,提交对贸易商的投诉,从而促进内部市场的正常运作。本指令不妨碍国家立法强制规定参与此类程序,但此类立法不得妨碍当事人行使其诉诸司法系统的权利。

第2条

范围

1. 本指令应适用于在欧盟开业的贸易商与居住在欧盟的消费者之间因销售合同或服务合同而产生的契约义务相关的国内和跨境争议的庭外解决程序,通过替代性纠纷解决实体的干预,提出或实施解决方案,或召集双方当事人,以促进友好解决。

2. 本指令不适用于:

(a)在争议解决实体的程序中,负责争议解决的自然人完全受雇于个体贸易商或从其领取报酬,除非成员国决定允许这种程序作为本指令下的替代性纠纷解决程序,并满足第二章规定的要求,包括第6(3)条规

---

* 2013年由欧洲议会及欧盟理事会通过。——译者注

定的独立性和透明度的具体要求；

(b)贸易商实施的消费者投诉处理系统的程序；

(c)具有普遍利益的非经济服务；

(d)贸易商之间的纠纷；

(e)消费者和贸易商之间的直接谈判；

(f)法官在一项纠纷的司法程序过程中解决该纠纷的尝试；

(g)贸易商对消费者启动的程序；

(h)卫生专业人员为评估、维持或恢复病人的健康状况而提供的保健服务，包括开具、分配和提供医药产品和医疗设备；

(i)继续教育或高等教育的公共提供者。

3. 本指令为替代性纠纷解决实体和替代性纠纷解决程序制定了统一的质量要求，以确保在指令实施后，无论消费者居住在欧盟何处，都能获得高质量、透明、有效和公平的庭外救济机制。成员国可以维持或引入超出本指令规定的规则，以确保更高水平的消费者保护。

4. 本指令承认成员国有权限决定在其领土上设立的替代性纠纷解决实体是否有实施替代性纠纷解决方案的权力。

第 3 条

与其他欧盟法律的关系

1. 除本指令另有规定外，本指令的任何规定与另一欧盟法律中规定的与消费者对贸易商提起的庭外救济程序有关的规定相冲突的，应以本指令的规定为准。

2. 本指令不应影响欧委会第 2008/52/EC 号指令。

3. 本指令第 13 条应不妨碍其他欧盟法律中关于庭外救济程序的消费者信息的规定，该规定应在第 13 条之外适用。

第 4 条

定义

1. 本指令中：

(a)“消费者”是指为其贸易、业务、工艺或专业目的行事以外的任何自然人；

(b)“贸易商”是指任何自然人，或任何法人，无论其为私有或公有，为其贸易、业务、工艺或有关的目的而行事的人，包括任何通过其名义行事的人或代表其行事的人；

(c)“销售合同”是指贸易商向消费者转让或承诺转让商品所有权，消费者支付或承诺支付商品价格的任何合同，包括以商品和服务为目标的任何合同；

(d)“服务合同”是指除销售合同以外的任何合同，根据该合同，贸易商向消费者提供或承诺提供一项服务，而消费者则支付或承诺支付服务价格；

(e)“国内争议”是指由销售或服务合同引起的契约纠纷，在消费者订购货物或服务时，消费者居住在贸易商开业的同一成员国；

(f)“跨境争议”是指由销售或服务合同引起的契约纠纷，在消费者订购货物或服务时，消费者居住在贸易商开业的成员国之外的另一个成员国；

(g)“替代性纠纷解决程序”是指本指令第2条中提到的、符合本指令规定要求并由替代性纠纷解决实体执行的程序；

(h)“替代性纠纷解决实体”是指任何实体，无论其如何命名或如何被提及，它是在长期基础上建立的，提供通过替代性纠纷解决程序解决争端的方法，并且根据第20条第2款列出的条件进行；

(i)“主管机构”是指欧盟成员国为本指令目的而指定的，在国家、地区或地方一级设立的任何公共机构。

2. 贸易商设立在：

该贸易商是自然人的，在其营业所在地，

贸易商是公司或其他法人或自然人或法人协会的，在其注册地、中央管理机构或营业中心地，包括分支机构、代理机构或任何其他机构。

3. 替代性纠纷解决实体建立在：

替代性纠纷解决实体是由自然人经营的，在其进行替代性纠纷解决活动的地方，

该实体由法人或由自然人或法人组成的协会经营的，则在该法人或由自然人或法人组成的协会开展替代性纠纷解决活动的地点，或其注册地，

替代性纠纷解决实体是由主管机构或其他公共机构经营的，则在该主管机构或其他公共机构的所在地。

第二章
对替代性纠纷解决实体和替代性纠纷解决程序的使用和适用要求

第 5 条

替代性纠纷解决实体和替代性纠纷解决程序的使用

1. 成员国应便利消费者使用替代性纠纷解决程序,并应确保本指令所涵盖的、涉及在其各自领土上设立的贸易商的争议可以提交给符合本指令所规定的要求的替代性纠纷解决实体。

2. 成员国应确保替代性纠纷解决实体:

(a)保持网站更新,使各方能够方便地获得有关替代性纠纷解决程序的信息,并使消费者能够在线提交投诉和必要的证明文件;

(b)应当事人的要求,向其提供(a)点中提及的存储于持久性介质中的信息;

(c)在适当的情况下,使消费者能够线下提交投诉;

(d)使双方能够通过电子方式或在适当情况下通过邮寄方式交流信息;

(e)接受国内和跨境争议,包括欧盟第 524/2013 号条例所涵盖的争议;并且

(f)在处理本指令所涵盖的争议时,采取必要措施以确保个人数据的处理符合替代性纠纷解决实体设立的成员国执行欧盟第 95/46/EC 号指令的国家立法中规定的个人数据保护规则。

3. 成员国可以通过确保存在一个存留的替代性纠纷解决实体来履行其在第 1 款下的义务,该实体有能力处理该款中提到的争端,以解决现有的替代性纠纷解决实体没有能力解决的问题。成员国也可以通过依靠在另一个成员国建立的替代性纠纷解决实体来履行这一义务,或者依赖区域性、跨国及泛欧争端解决实体来履行这一义务,在这种情况下,来自不同成员国的贸易商被同一个替代性纠纷解决实体所覆盖,但这不妨碍成员国确保替代性纠纷解决实体全面覆盖和使用的责任。

4. 成员国可自行决定允许替代性纠纷解决实体维持和引入程序性规则,使其能够以下列理由拒绝处理特定争端:

(a)消费者没有第一步尝试与相关贸易商联系,以讨论其投诉和寻求直接与该贸易商解决问题;

(b)争议是无意义的或无理取闹的;

(c)该争议正在或曾经由另一个替代性纠纷解决机构或法院审理的;

(d)索赔的价值低于或高于预先规定的货币门槛的;

(e)消费者未在预先规定的时限内向替代性纠纷解决实体提交投诉的,该时限不应少于消费者向贸易商提交投诉之日起一年;

(f)处理这种类型的纠纷会严重损害替代性纠纷解决实体的有效运作。

如果根据其程序规则,替代性纠纷解决实体无法审查已提交给它的争议,该替代性纠纷解决实体应在收到投诉文件的 3 周内,向双方提供关于不审议该争议的合理解释。

该程序规则不应严重损害消费者对替代性纠纷解决程序的使用,包括在跨境争议的情况下。

5. 成员国应确保,在允许替代性纠纷解决实体设立预先规定的货币门槛以限制替代性纠纷解决程序的使用时,这些门槛的设定水平不应严重损害消费者对替代性纠纷解决实体的投诉处理。

6. 如果根据第 4 款提及的程序规则,替代性纠纷解决实体无法审查提交给它的投诉,则不应要求成员国确保消费者向另一个替代性纠纷解决实体提交其投诉。

7. 处理特定经济部门争端的替代性纠纷解决实体有能力审查,在该部门经营但不是组成或资助该替代性纠纷解决实体的组织或协会的成员的贸易商相关的争端,则该成员国应被视为就该贸易商相关纠纷履行了第 1 款规定的义务。

第 6 条

专业性、独立性和公正性

1. 成员国应确保负责替代性纠纷解决的自然人拥有必要的专业知识,并且是独立和公正的。这应通过确保这些人:

(a)具备消费争议的替代性纠纷解决或司法解决领域的必要知识和技能,以及对法律的一般理解;

(b)被任命足够长的任期,以确保其行动的独立性,且无正当理由不得解除其职责;

(c)不受制于任何一方或其代表的任何指示;

(d)以不与程序结果挂钩的方式获得报酬;

(e)毫不拖延地向替代性纠纷解决实体披露任何可能或可能被视为影响其独立性和公正性的情况,或披露引起与其被要求解决的争端中的任何一方的利益冲突的情况。披露此类情况的义务,应是整个替代性纠纷解决程序中的一项持续义务。该义务不应适用于仅由一个自然人组成的替代性纠纷解决实体。

2. 成员国应确保替代性纠纷解决实体制定程序,以确保在出现第 1 款(e)点所述的情况时:

(a)相关自然人被另一个委托替代性纠纷解决程序的自然人取代;或并非如此的

(b)避免相关自然人进行替代性纠纷解决程序,并且在可能的情况下,替代性纠纷解决实体建议各方将争端提交给另一个有能力处理该争端的替代性纠纷解决实体;或并非如此的

(c)向各方披露有关情况,只有在各方都被告知有关情况及其有反对权利,在各方都没有反对的情况下,才允许有关自然人继续进行替代性纠纷解决程序。

本款应不影响第 9(2)条(a)点的规定。

替代性纠纷解决实体仅由一个自然人组成的,则仅适用本款第一项的(b)和(c)。

3. 成员国决定允许将第 2(2)条(a)点提到的程序作为本指令下的替代性纠纷解决程序的,应确保除第 1 款和第 5 款规定的一般要求外,该程序还应符合以下具体要求:

(a)负责争议解决的自然人由一个合议机构提名,或构成该机构的一部分,该机构由同等数量的消费者组织代表和贸易商代表组成,并通过透明程序进行任命;

(b)负责解决争端的自然人任期至少 3 年,以确保其独立性;

(c)负责争议解决的自然人承诺,在其在争议解决实体的职位结束后 3 年内,不为该贸易商或该贸易商所属的专业组织或商业协会工作。

(d)争议解决实体与贸易商没有任何等级或职能上的联系,并与贸易商的业务实体明确分开,有足够的预算供其支配,与贸易商的一般预算分开,以完成其任务。

4. 负责替代性纠纷解决的自然人完全受雇于贸易商所属的专业组织或商业协会或从其获得报酬的,成员国应确保除第1款和第5款规定的一般要求外,负责替代性纠纷解决的自然人有足够的独立和专用预算供其支配,以完成任务。

本款不应适用于相关自然人组成某合议机构一部分的情况,该合议机构由雇佣该自然人或者给予自然人报酬的专业组织或商业协会代表以及同等数量的消费者组织代表组成。

5. 成员国应确保,在替代性纠纷解决实体中规定有同等数量的消费者利益代表和贸易商利益代表,该替代性纠纷解决实体中,负责争议解决的自然人构成合议机构一部分。

6. 为第1款(a)点之目的,成员国应鼓励替代性纠纷解决实体,为负责替代性纠纷解决的自然人提供培训。提供该培训的,主管当局应根据按照第19(3)条(g)点向其通报的信息,对替代性纠纷解决实体制定的培训计划进行监督。

第7条

透明度

1. 成员国应确保替代性纠纷解决实体在其网站上公开,应要求在耐用储存介质上,以其认为适当的任何其他方式,公开提供关于以下方面的清晰和易于理解的信息:

(a)详细联系方式,包括邮政地址和电子邮件地址;

(b)替代性纠纷解决实体根据第20(2)条被列入名单的事实;

(c)负责替代性纠纷解决的自然人,他们的任命方法和他们的任命期限;

(d)负责替代性纠纷解决的自然人的专业知识、公正性和独立性,在其是完全由交易商雇佣或支付报酬的情况下;

(e)替代性纠纷解决实体网络中的成员资格(如果适用),该网络是促进跨境争端解决的;

(f)有能力处理的争议类型,包括任何适用的门槛;

(g)解决争端的程序规则,以及替代性纠纷解决实体根据第 5(4)条可以拒绝处理特定争端的理由;

(h)语言,即可以向替代性纠纷解决实体提交投诉的语言以及替代性纠纷解决程序实施所适用的语言;

(i)替代性纠纷解决实体可以使用的作为争端解决基础的规则(如法律规定、公平考虑、行为准则);

(j)在启动替代性纠纷解决程序之前,各方可能必须满足的任何初步要求,包括要求消费者尝试直接与贸易商解决该问题;

(k)各方是否可以退出该程序;

(l)当事人应承担的任何费用,包括在程序结束时裁决费用的任何规则;

(m)替代性纠纷解决程序的平均长度;

(n)替代性纠纷解决程序结果的法律效力,包括对各方具有约束力的裁决拒不遵守的惩罚(如果适用);

(o)替代性纠纷解决裁决的可执行性(如果相关)。

2. 成员国应确保替代性纠纷解决实体在其网站上公开,应要求在耐用储存介质上以及通过其认为适当的任何其他方式公开提供年度活动报告。这些报告应包括与国内和跨国界争议有关的下列信息:

(a)受理的争端数量和与之相关的投诉类型;

(b)任何经常发生并导致消费者与贸易商之间发生争端的系统性或重大问题;这些信息可附有关于今后如何避免或如何解决这些问题的建议,以提高贸易商的标准,并促进信息和最佳实践的交流;

(c)替代性纠纷解决实体拒绝处理纠纷比率,以及第 5(4)条中提及的拒绝理由类型的百分比;

(d)就第 2(2)条(a)点提及的程序而言,提出或实施的有利于消费者解决方案的百分比,提出或实施的有利于贸易商的解决方案的百分比,以及由友好解决方案解决争端的百分比;

(e)被终止的替代性纠纷解决程序的百分比,以及知悉的、终止原因的信息;

(f)解决争端所需的平均时间;

(g)裁决遵守率(如知悉),以及提供替代性纠纷解决程序的结果;

(h)在促进解决跨境争端的替代性纠纷解决实体的系统中,替代性纠纷解决实体的合作情况,如适用。

第8条

有效性

成员国应确保替代性纠纷解决程序有效,且应满足以下要求。

(a)替代性纠纷解决程序可供当事人双方使用,并易于在线和离线使用,无论其身在何处;

(b)当事人可以使用该程序,而不必聘请律师或法律顾问,但该程序不应剥夺当事人在程序的任何阶段获得独立咨询或由第三方代表或协助的权利;

(c)替代性纠纷解决程序对消费者是免费的或只收取名义上的费用;

(d)替代性纠纷解决实体在一收到所有包含与投诉有关的信息的文件后,立即通知争议各方;

(e)替代性纠纷解决程序的结果在替代性纠纷解决实体收到完整的投诉文件后的90个日历日内公布。在高度复杂纠纷情况下,负责的替代性纠纷解决实体可以自行决定延长90个日历日的期间。当事人应被告知任何期限延长的情况,以及结束争议所需的预期时间。

第9条

公正性

1. 成员国应确保在替代性纠纷解决程序中:

(a)当事人具有在合理的时间内表达自己的观点,由替代性纠纷解决实体提供另一方提出的论据、证据、文件和事实,以及专家作出的任何陈述和意见,并能够对其进行评论的可能性;

(b)告知当事人没有义务聘请律师或法律顾问,但可在程序的任何阶段寻求独立的建议,或由第三方代表或协助;

(c)将替代性纠纷解决程序的结果,以书面形式或通过耐用储存介质通知各方,并向其说明结果所依据的理由。

2. 在旨在通过提出解决方案,解决争端的替代性纠纷解决程序中,成员国应确保:

(a)当事人对解决程序的履行或运行不满意的,可在任何阶段退出该程序。应在程序开始前告知当事人该权利。国家级规则确定贸易商必须强制参与替代性纠纷解决程序的,本款仅适用消费者。

(b)同意或遵循提议的解决方案前,均应告知当事人:

(ⅰ)当事人可选择是否同意或遵循提议的解决方案;

(ⅱ)参与该程序并不排除通过法院程序寻求补救的可能性;

(ⅲ)建议的解决方案可能与法院适用法律规则确定的结果不同。

(c)当事人在同意或遵循建议的解决方案之前,应告知其同意或遵循该建议的解决方案的法律效力。

(d)当事人对提议的解决方案或友好协议表示同意之前,有合理时间思考。

3. 根据国家法律,替代性争议解决程序规定,一旦消费者接受拟议的解决方案其结果即对贸易商具有约束力的,则第9(2)条应理解为仅适用消费者。

第10条

自由

1. 成员国应确保,消费者与贸易商之间达成的向替代性纠纷解决实体提交投诉的协议,是在争议发生前达成的,且该协议具有剥夺消费者为解决争议而向法院提起诉讼权利效果的,则该协议对消费者不具有法律约束力。

2. 成员国应确保,在旨在通过实施解决方案以解决争议的非诉讼纠纷解决程序中,实施解决方案只有在当事人事先被告知其约束性并明确接受的情况下,才能对当事人产生约束力。国家级立法规定解决方案对交易者有约束力的,则不要求交易者的特定接受。

第11条

合法性

1. 成员国应确保,替代性纠纷解决程序旨在通过在消费者身上施加一个解决方案来解决争议:

(a)在不存在法律冲突的情况下,施加的解决方案不应导致消费者被剥夺成员国对其的保护,该保护是根据消费者和贸易商经常居住地的成员国的法律,而不得通过协议减损;

(b)在涉及法律冲突的情况下,销售或服务合同所适用法律是根据欧盟第593/2008号条例第6(1)~(2)条确定的,替代性纠纷解决实体实施的解决方案不应导致消费者被剥夺其经常居住地成员国法律所规定的不能通过协议减损的条款所提供的保护;

(c)在涉及法律冲突的情况下,销售或服务合同的适用法律是根据1980年6月19日关于契约义务法律适用的《罗马公约》第5(1)~(3)条确定的,替代性纠纷解决实体实施的解决方案不应导致消费者被剥夺其经常居住地成员国法律的强制性规则所提供的保护。

2.就本条而言,"经常居住地"应根据欧盟第593/2008号条例确定。

第12条

替代性纠纷解决程序对时效和时效期限的影响

1.成员国应确保在争端解决的努力中诉诸替代性纠纷解决程序而其结果不具约束力的当事人不因替代性纠纷解决程序期间的时效或时效期满,而无法就该争端启动司法程序。

2.第1款应不影响成员国加入的国际协定中关于时效的规定。

第三章
信息与合作

第13条

贸易商提供的消费者信息

1.成员国应确保在其境内设立的交易商,在承诺使用或有义务使用替代性纠纷解决实体解决与消费者的争议时,向消费者告知该替代性纠纷解决实体,或者告知交易商所涉及的替代性纠纷解决实体。该信息应包括相关的替代性争议解决实体,或交易商所涉及的替代性纠纷解决实体的网站地址。

2.第1款中提及的信息应以清晰、易懂和容易获取的方式在贸易商可能有的网站上提供,并在可能情况下,在贸易商和消费者之间的销售或服务合同的一般条款和条件中确定。

3.成员国应确保,消费者与在其境内设立的贸易商之间的争议,无法在消费者直接向该贸易商提出投诉后得到解决的情况下,该贸易商向消费者提供第1款提及的信息,说明是否利用相关的替代性纠纷解决机构解决该争议。该信息应以纸质或其他耐用储存介质形式提供。

第14条

对消费者的援助

1. 成员国应确保,就跨境销售或服务合同产生的争议,消费者可以获得援助,以使用另一成员国运行的、有能力处理其跨境争议的替代性纠纷解决实体。

2. 成员国应将第1款所述责任赋予其欧洲消费者中心网络的中心、消费者组织或任何其他机构。

第15条

一般信息

1. 成员国应确保替代性纠纷解决实体、欧洲消费者中心网络中心,以及(在适当情况下)根据第14(2)条指定的机构,通过提供与委员会网站的链接,在其网站上公开提供第20(4)条提及的替代性纠纷解决实体名单,并尽可能在其场所的耐用储存介质上公开提供。

2. 成员国应鼓励相关的消费者组织和商业协会,在其网站上,并通过其认为适当的任何其他方式,公开提供第20(4)条提及的替代性纠纷解决实体名单。

3. 欧盟委员会和成员国应确保适当传播本指令涉及的关于消费者如何利用替代性纠纷解决程序解决争端的信息。

4. 委员会和成员国应采取相应措施,鼓励欧盟和国家层面的消费者组织和专业组织,提高对替代性纠纷解决实体及其程序的认识,并促进贸易商和消费者采用替代性纠纷解决方式。还应鼓励这些机构在收到消费者投诉时,向消费者提供适格的替代性纠纷解决实体的信息。

第16条

替代性纠纷解决实体之间的合作和经验交流

1. 各成员国应确保替代性纠纷解决实体在解决跨境争端方面进行合作,并定期交流有关解决跨境和国内争端的最佳实践。

2. 欧盟委员会应支持和促进各国替代性纠纷解决实体之间建立关系网,交流和传播最佳实践和经验。

3. 欧盟内某一特定领域存在促进解决跨境争端的替代性纠纷解决实体网络,成员国应鼓励在该领域处理争端的替代性纠纷解决实体成为该网络成员。

4. 欧盟委员会应公布包含第 3 款中提及的网络名称和联系方式的清单。必要时,委员会应更新该名单。

第 17 条

替代性纠纷解决实体与执行欧盟消费者保护法律行为的国家主管机关之间的合作

1. 成员国应确保替代性纠纷解决实体与负责执行欧盟消费者保护法律行为的国家主管机关之间的合作。

2. 这种合作应特别包括,就消费者多次投诉的特定商业部门的做法进行相互交流。它还应包括由这些国家主管机关向替代性纠纷解决实体提供技术评估和信息,这种评估或信息对于处理个别争端是必要的,并且已经能够获得。

3. 成员国应确保第 1 款和第 2 款中提到的合作和信息交流符合欧盟第 95/46/EC 号指令中关于个人数据保护的规则。

4. 本条应不妨碍适用于专业和商业保密规定,该规定适用于执行欧盟消费者保护法案的国家主管机关。替代性纠纷解决实体应遵守其设立的成员国立法中规定的专业保密规则或其他同等的保密义务。

第四章

适格的主管机关和欧盟委员会的作用

第 18 条

主管机关的任命

1. 每个欧盟成员国应指定一个主管机关,履行第 19 条和第 20 条规定的职能。每个成员国可指定一个以上的主管机关。成员国指定一个以上主管机关的,应确定所指定的主管主管机关中哪个是欧盟委员会的单一联络点。每个成员国应将其指定的主管机关,或在适当情况下,将包括其指定的单一联络点的主管机关,通报给欧盟委员会。

2. 欧盟委员会应制定一份主管机关的名单,该名单在适当情况下包括根据第 1 款规定向其通报的单一联络点,并在《欧洲联盟公报》上公布该名单。

第 19 条

争端解决实体应向主管机关通报的信息

1. 成员国应确保在其境内设立的争议解决实体,如有意获得本指令规定的替代性纠纷解决实体的资格,并根据第 20(2)条被列入名单的,应向主管机关通报以下内容:

(a)名称、联系方式和网站地址;

(b)关于其组织结构和资金的信息,包括负责争议解决的自然人、报酬、任期以及受聘单位的信息;

(c)程序性规则;

(d)可能的费用;

(e)争端解决程序的平均长度;

(f)可用哪种或哪几种语言提交投诉和进行争端解决程序;

(g)关于争端解决程序所涉及的争端类型的说明;

(h)争端解决实体可根据第 5(4)条拒绝处理某一特定争端的理由;

(i)关于该实体是否符合本指令范围内的替代性纠纷解决实体的资格,是否符合第二章规定的质量要求的合理说明。

如上述(a) ~ (h)点提及的信息发生变化,替代性纠纷解决实体应毫不迟延地将该变化通知主管机关。

2. 如成员国决定允许第 2(2)条(a)点提及的程序,应确保适用此类程序的替代性纠纷解决实体除了向主管机关通报第 1 款提及的信息和声明外,还应通报必要的信息,以评估其是否符合第 6(3)条规定的关于独立性和透明度的具体附加要求。

3. 成员国应确保替代性纠纷解决实体每两年向主管机关通报以下信息:

(a)收到的争议数量和与之相关的投诉类型;

(b)在达成结果之前就中止的替代性纠纷解决程序的百分比;

(c)处理收到的纠纷所需的平均时间;

(d)对已知的替代性纠纷解决程序结果的遵守率;

(e)任何经常发生并导致消费者和贸易商之间发生纠纷的系统性或重大问题。在通报该等信息时,可同时提出关于今后如何避免或解决此类问题的建议;

(f)在适用的情况下,评估其在促进解决跨国界争端的替代性纠纷解决实体网络中的合作效果;

(g)在适用情况下,根据第6(6)条向负责替代性纠纷解决的自然人提供的培训;

(h)对替代性纠纷解决实体提供的替代性纠纷解决程序的有效性,以及对改善其性能的可能方法进行评估。

第20条

主管机关和委员会的作用

1. 每个主管机关应特别根据其按照第19(1)条收到的信息,评估向其通报的争议解决实体是否符合本指令范围内的替代性纠纷解决实体的资格,以及是否符合第二章和实施本指令的国家规定中规定的质量要求,包括超出本指令要求的国家规定,以符合欧盟法律。

2. 各主管部门应在第1款所述评估的基础上,列出已向其通报并符合第1款规定条件的所有替代性纠纷解决实体。

该清单应包括以下内容:

(a)第一项中提到的替代性纠纷解决实体的名称、联系方式和网站地址;

(b)可能的费用;

(c)提交投诉和进行替代性纠纷解决程序所使用的一种或多种语言;

(d)替代性纠纷解决程序所涉及的争议类型;

(e)每个替代性纠纷解决实体所涉及的部门和争端类别;

(f)当事人或其代表是否需要亲自到场(如适用),包括替代性纠纷解决实体关于替代性纠纷解决程序是口头或书面程序或能够以口头或书面程序进行的说明;

(g)该程序结果的约束性或非约束性;以及

(h)替代性纠纷解决实体可根据第5(4)条拒绝处理某一特定争端的理由。

每个主管机关应将本款第一项中提到的名单通知欧盟委员会。如根据第19(1)条第2项的规定向主管机关通报任何变化的,则应及时更新该名单,并将相关信息通报给委员会,不得无故拖延。

如根据本指令被列为替代性纠纷解决实体的争议解决实体不再符合第1款提及的要求,相关主管机关应联系该争议解决实体,说明该争议解决实体未能遵守的要求,并要求其立即确保遵守。如该争议解决实体在3个月后仍未满足第1款所述的要求,主管机关应将该争议解决实体从本款第一项所述的名单中删除。该名单应及时更新,并将相关信息通报给欧盟委员会,不得无故拖延。

3. 如成员国指定了一个以上的主管机关,第2款中提到的名单及其更新应由第18(1)条中提到的单一联络点通知欧盟委员会。该名单及更新应涉及在该成员国设立的所有替代性纠纷解决实体。

4. 欧盟委员会应建立一份根据第2款向其通报的替代性纠纷解决实体的名单,并在向其通报变化时更新该名单。欧盟委员会应在其网站和耐用储存介质上公开该名单及其更新。委员会应将该名单及其更新信息转发给主管机关。如成员国根据第18(1)条指定了单一联络点的,委员会应将该名单及其更新信息转发给该单一联络点。

5. 每个主管机关应在其网站上公开第4款提及的替代性纠纷解决实体的综合名单,并提供一个与委员会相关网站的链接。此外,各主管部门应将该综合名单以耐用储存介质的形式公开提供。

6. 在2018年7月9日之前及此后每4年,各主管部门应公布一份关于替代性纠纷解决实体的发展和运作的报告,并向欧盟委员会提交。该报告应尤其:

(a)确定替代性纠纷解决实体的最佳做法;

(b)酌情指出阻碍国内和跨国界争端替代性纠纷解决实体运作的缺点,并辅以统计数据;

(c)酌情就如何改进替代性纠纷解决实体的有效和高效运作提出建议。

7. 如成员国根据第18(1)条指定了一个以上的主管机关,本条第6款中提到的报告应由第18(1)条中提到的单一联络点公布。该报告应涉及在该成员国设立的所有替代性纠纷解决实体。

第五章
最 终 条 款

第 21 条

处罚

成员国应制定违反各成员国国家规定所适用的处罚规则,特别是根据第 13 条通过的国家规定,并应采取一切必要措施,确保该规则得到执行。所规定的处罚应是有效的、适当的和具有威慑力的。

第 22 条

对欧盟第 2006/2004 号条例的修订

欧盟第 2006/2004 号条例附件中,增加了以下内容:

"20. 欧洲议会和欧盟理事会 2013 年 5 月 21 日关于消费者争议的替代性争议解决方案的第 2013/11/EU 号指令(OJ L 165, 18. 6. 2013, p. 63):第 13 条。"

第 23 条

对欧盟第 2009/22/号指令的修订

在欧盟第 2009/22 号指令附件一中,增加了以下一点:

"14. 欧洲议会和欧盟理事会 2013 年 5 月 21 日关于消费者争议的替代性争议解决方案的第 2013/11/EU 号指令(OJ L 165, 18. 6. 2013, p. 63):第 13 条。"

第 24 条

通报

1. 在 2015 年 7 月 9 日之前,成员国应向委员会通报:

(a)适当情况下,根据第 14(2)条指定的机构的名称和联系方式;以及

(b)根据第 18(1)条指定的主管机关,包括在适当情况下指定的单一联络点。

成员国应将这些信息的任何后续变化通知欧盟委员会。

2. 在 2016 年 1 月 9 日之前,成员国应向欧盟委员会通报第 20(2)条中提到的第一份名单。

3. 欧盟委员会应将第 1 款(a)点提及的信息发给成员国。

第 25 条

转换

1. 成员国应在 2015 年 7 月 9 日前使符合本指令的必要法律、法规和行政规定生效。他们应立即向欧盟委员会通报这些规定的文本。

成员国通过这些规定时,应当提及本指令,或在其正式出版时附带提及本指令。应由成员国决定如何提及本指令。

2. 成员国应向欧盟委员会通报其在本指令所涉领域内通过的国家法律主要条款的文本。

第 26 条

报告

在 2019 年 7 月 9 日前,以及此后每 4 年,欧盟委员会应向欧洲议会、理事会和欧洲经济与社会委员会提交一份关于本指令适用情况的报告。该报告应考虑替代性纠纷解决实体的发展和使用,以及本指令对消费者和贸易商的影响,特别是对消费者的认识和贸易商的采纳程度。该报告应酌情附带本指令的修正建议。

第 27 条

生效

本指令应于其在欧盟官方公报上公布后的第 20 日生效。

第 28 条

递交对象

本指令递交每个成员国。

2013 年 5 月 21 日于法国斯特拉斯堡完成。

2011年跨境调解(欧盟指令)条例*(节选)

第一部分
总　　则

名称、生效、适用与范围

1. 本条例在援用时可以被称作《跨境调解(欧盟指令)法规2011》。

2. 受限于条例第3条和第4条之规定,本条例于2011年5月20日生效。

3. 本条例仅适用于2011年5月20日及其之后开始的有关争端的调解。

4. 为第3条之目的,调解开始于:

(a)除有关第16~18条的规定外,在当事各方与调解员订立调解协议之日;和

(b)与第16~18条之下,以《2011年跨境调解(苏格兰)条例》第1(3)条所述之日期为准。[1]

5. 本条例第1部分,包括本条,扩展适用于整个英国。

6. 本条例第2部分(调解证据)扩展适用于英格兰和威尔士。

7. 本条例之其余部分与修订之条款具有相同的适用范围。

解释

8. 本条例中,

(a)"《调解指令》"指欧盟议会和欧盟理事会于2008年5月21日就民事和商事调解事项的特定方面所通过的2008/52/EC号指令;

(b)"跨境争端"的含义根据《调解指令》第2条确定;

---

* 2011年由欧洲议会通过。——译者注

[1] S. S. I. 2011/234.

(c)“调解”的含义根据《调解指令》第 3(a)条确定;

(d)“调解行政官”指参与调解过程之管理的个人;

(e)“调解证据”指调解过程所产生或与调解过程相关的证据;

(f)“调解和解”指一项调解和解协议的内容;

(g)“调解和解协议”指相关争端之调解产生的书面协议;

(h)“调解员”的含义根据《调解指令》第 3(b)条确定;

(i)“相关争端”指一项《调解指令》所规定的跨境争端。

第二部分
调 解 证 据

调解证据

9. 受制于第 10 条,调解员或调解行政官有权拒绝民事或商事司法程序或仲裁中的调解证据。

10. 法院可以命令调解员和调解行政官在下列情形下提供或公开调解证据:

(a)调解各当事方同意提供或披露调解证据;

(b)提供或披露调解证据是根据《调解指令》第 7(1)(a)条规定,出于公共政策之优先考量之必要;或

(c)调解和解相关的调解证据,以及提供或披露调解和解是履行或执行调解解决协议之必要。

第三部分
特定跨境争端之调解的期限延长:在先立法之修改

《1832 年时效法》之修改

11.《1832 年时效法》作如下修改。

12. 第 8 部分之后,插入——

“在特定跨境争端中因调解而中断时效

8A. (1)在本条中:

(a)‘《调解指令》’指欧盟议会和欧盟理事会于 2008 年 5 月 21 日就民事和商事调解事项的特定方面所通过的 2008/52/EC 号指令;

(b)‘调解’的含义根据《调解指令》第3(a)条确定;
(c)‘调解员’的含义根据《调解指令》第3(b)条确定;
(d)‘相关争端’指《调解指令》第8(1)条适用之特定的跨境争端。

(2)若本法就相关争端之全部或部分内容指示了期限,则就相关争端之调解开始后的任何时间均应被排除出该期限之计算,但需满足——
(a)根据第4条之规定期限必须终止的时间点在调解结束之前或结束之后8周内;
(b)关于相关争端之进一步调解于在先调解结束之后8周内开始,则根据第4条之规定,期限须终止的时间点处于该调解结束之前或其结束8周内。

(3)任何在第(2)分段之下被排除的期限也应在第8条所载(诉求被登记的期限)之第二个3年期的计算。

(4)为本条之目的,调解应在各当事方和调解员达成进行调解之协议的日期开始。

(5)为本条之目的,调解应在以下情形发生之日期结束:
(a)各当事方就解决相关争端达成协议;
(b)当事一方向另一当事方作出撤回调解之通知;
(c)收到有效调解请求的当事方在请求之日起14日内没有作出回应;
(d)当事方在接到调解员任命终止(死亡、辞职或其他)的通知后没有在14日内寻求任命替代调解员;
(e)调解因进行调解之协议的规定而终止。

(6)为第(5)分段之目的,有效之请求指当事一方所作出的,向当事各方确认其将继续调解的请求。

(7)在任何相关争端的情形下,本条所指之调解是与该争端相关的调解,本条所指之当事方也作同样解读。”

欧洲调解员行为准则*（节选）

本行为准则为调解员个体确定了一系列自愿履职的原则，旨在规范民商事调解行为。

提供调解服务的机构，可要求其调解员在该机构主持下，承诺遵守该行为准则。调解机构可利用培训、评估、监督等方式，不失时机向调解员宣传机构相关措施，支持调解员遵守准则。

本准则中，调解是指成员国双方或多方同意指定第三方（以下简称调解员）帮其达成一致，解决争议，无须司法审判，无论各成员国如何称谓的程序。

遵守本准则，不受成员国调整各自职业的立法规则的影响。

提供调解服务的机构可从实际出发，依照调解不同类别，针对家事调解、消费者调解等特定领域，制定更为详尽的行为准则。

1. 调解员的资格能力与指定

1.1 调解员的资格能力

调解员应熟悉并胜任调解程序，包括与调解标准或认证相关的适当培训、继续教育和调解实务。

1.2 调解员的指定

调解员与调解当事人商定合适的日期进行调解。调解员接受调解之前，应具备主持调解所需的专业背景和资格能力。经要求，还应向当事人披露专业背景和调解经验等相关情况。

1.3 调解员服务广告促销

调解员可职业、真实、有尊严地就调解业务进行广告促销。

---

* 2004年发布。——译者注

2. 调解的独立性与公正性

2.1 调解的独立性与中立性

调解员在披露任何可能或视为影响其调解独立性或利益冲突的情形之前,不得准备主持或主持过调解。前述披露义务持续调解全过程。该情形包括:

- 与当事人一方存在私人关系或业务关系;
- 与调解结果直接或间接存在经济利益或其他利益;
- 调解员或所在机构成员以调解员之外身份代理过一方当事人。

在此情形下,为确保公正性,调解员接受并开展的调解,仅限于有能力独立、中立开展且当事人明确同意其主持的调解。

2.2 公正性

无论何时,调解员应对当事人公正无私,致力于整个调解过程中平等为当事人提供调解服务。

3. 调解协议、调解程序、和解和收费

3.1 程序

调解员尤其应确保调解启动前,当事人已理解并明确就调解协议条款达成一致,尤其包括相关调解员和当事人保密义务的约定。

经当事人请求,调解协议应以书面形式订立。

调解员应考虑权力失衡、法治、当事人意愿及迅速解决争议需求等案件实际,采取适当方式,主持调解。当事人可依照系列规则或其他规定,就调解采取的方式,自主与调解人达成一致。

调解人认为有用的,可分别听取当事人意见。

3.2 程序的公正性

调解员应确保当事人在各方调解程序中,均享有充分机会。

在下列情形下,调解员应妥善告知当事人,且可终止调解:

- 在调解员看来,考虑到案件实际情况和作出评估的调解员资格能力,正在达成的和解非法或不具可执行性,或
- 调解员认为继续调解将无望达成和解。

3.3 调解程序的结束

调解员应采取各种可能措施,确保通过知悉和经告知的同意,当事人各方已达成理解,当事人各方理解协议条款的内容。

当事人可随时撤回调解。

调解员可应当事人请求,在能力范围内,告知当事人如何正式确定协议以及促使协议具有可强制执行的可能性。

3.4 费用

尚无规定的,调解员须就希望采取的酬金模式,一贯充分地告知当事人。相关当事人接受取酬原则之前,不得接受调解委托。

4. 保　　密

除非法律或公共政策要求,因调解产生的或与调解相关的所有信息,调解员应予保密。其中包括准备调解或已经调解的事实。除非当事人允许或法律要求,不得将一方当事人向调解员披露的任何保密信息向其他当事人披露。

联合国关于调解所产生的国际和解协议公约*

(2018 年 12 月 20 日联合国大会决议)

[根据第六委员会的报告(A/73/496)通过]

大会,

回顾其 1966 年 12 月 17 日第 2205(XXI)号决议设立联合国国际贸易法委员会,其任务是促进国际贸易法的逐渐协调和统一,并在这方面念及各国人民,尤其是发展中国家人民在国际贸易广泛发展中的利益,

又回顾其 2002 年 11 月 19 日第 57/18 号决议注意到,委员会通过了《国际商事调解示范法》,[1]并表示深信《示范法》以及大会 1980 年 12 月 4 日第 35/52 号决议所建议使用的委员会《调解规则》[2]大大有助于建立用于公平和高效解决国际商事关系中产生的争议的统一法律框架,

认识到调解作为一种友好解决国际商业关系中产生的争议的方法所具有的价值,

深信通过一部可为法律、社会和经济制度不同的国家接受的关于调解所产生的国际和解协议的公约将补充现行国际调解法律框架,并将有助于发展和谐的国际经济关系,

注意到委员会决定并行拟订一部关于调解所产生的国际和解协议的公约和《国际商事调解示范法》修正本,其目的是顾及不同司法管辖区在调解方面的经验参差不齐并为各国提供关于跨境执行调解所产生的国际和解协议的一致标准,同时不对有关国家将通过其中一项文书确

---

* 2018 年由联合国大会通过。——译者注

〔1〕 第 57/18 号决议,附件。

〔2〕 《大会正式记录,第三十五届会议,补编第 17 号》(A/35/17),第 106 段;另见《联合国国际贸易法委员会年鉴》,第十一卷:1980 年,第三部分,附件二。

立任何预期，[1]

满意地注意到委员会就拟订公约草案进行了适当审议，而且公约草案受益于与各国政府以及有关政府间组织和非政府组织的协商，

表示注意到委员会第五十一届会议决定将公约草案提交大会审议，[2]

表示满意地注意到委员会核准的公约草案，[3]

表示赞赏新加坡政府主动提出在新加坡主办《公约》签署仪式，

1. 赞扬联合国国际贸易法委员会拟订关于调解所产生的国际和解协议公约草案；

2. 通过本决议附件所载《联合国关于调解所产生的国际和解协议公约》；

3. 授权于2019年8月7日在新加坡举行《公约》开放供签署仪式，并建议将《公约》称为《新加坡调解公约》；

4. 促请希望加强国际争议解决法律框架的各国政府和区域经济一体化组织考虑成为《公约》当事方。

2018年12月20日

第62次全体会议

附件

（《联合国关于调解所产生的国际和解协议公约》正文）

序言

本公约当事方，

认识到调解作为一种商事争议解决办法对于国际贸易的价值，争议当事人籍此办法请求第三人协助其设法友好解决争议，

注意到国际和国内商业实务越来越多地使用调解替代诉讼，

考虑到使用调解办法产生显著益处，例如，减少因争议导致终止商业关系的情形，便利商业当事人管理国际交易，并节省国家司法行政

[1] 《大会正式记录，第七十二届会议，补编第17号》(A/72/17)，第238和239段；另见A/CN.9/901，第52段。

[2] 《大会正式记录，第七十三届会议，补编第17号》(A/73/17)，第49段。

[3] 同上，附件一。

费用，

深信就调解所产生的国际和解协议确立一种可为法律、社会和经济制度不同的国家接受的框架，将有助于发展和谐的国际经济关系，

兹商定如下：

第1条　适用范围

1. 本公约适用于调解所产生的、当事人为解决商事争议而以书面形式订立的协议（“和解协议”），该协议在订立时由于以下原因而具有国际性：

(a)和解协议至少有两方当事人在不同国家设有营业地；或者

(b)和解协议各方当事人设有营业地的国家不是：

(一)和解协议所规定的相当一部分义务履行地所在国；或者

(二)与和解协议所涉事项关系最密切的国家。

2. 本公约不适用于以下和解协议：

(a)为解决其中一方当事人（消费者）为个人、家庭或者家居目的进行交易所产生的争议而订立的协议；

(b)与家庭法、继承法或者就业法有关的协议。

3. 本公约不适用于：

(a)以下和解协议：

(一)经由法院批准或者系在法院相关程序过程中订立的协议；和

(二)可在该法院所在国作为判决执行的协议；

(b)已记录在案并可作为仲裁裁决执行的协议。

第2条　定义

1. 在第1条第1款中：

(a)一方当事人有不止一个营业地的，相关营业地是与和解协议所解决的争议关系最密切的营业地，同时考虑到订立和解协议时已为各方当事人知道或者预期的情形；

(b)一方当事人无营业地的，以其惯常居住地为准。

2. 和解协议的内容以任何形式记录下来即为“书面形式”。电子通信所含信息可调取以备日后查用的，该电子通信即满足了和解协议的书面形式要求。

3."调解"不论使用何种称谓或者进行过程以何为依据,指由一名或者几名第三人("调解员")协助,在其无权对争议当事人强加解决办法的情况下,当事人设法友好解决其争议的过程。

第3条　一般原则

1.本公约每一当事方应按照本国程序规则并根据本公约规定的条件执行和解协议。

2.如果就一方当事人声称已由和解协议解决的事项发生争议,公约当事方应允许该当事人按照本国程序规则并根据本公约规定的条件援用和解协议,以证明该事项已得到解决。

第4条　对依赖于和解协议的要求

1.当事人根据本公约依赖于和解协议,应向寻求救济所在公约当事方主管机关出具:

(a)由各方当事人签署的和解协议;

(b)显示和解协议产生于调解的证据,例如:

(一)调解员在和解协议上的签名;

(二)调解员签署的表明进行了调解的文件;

(三)调解过程管理机构的证明;或者

(四)在没有第(一)目、第(二)目或者第(三)目的情况下,可为主管机关接受的其他任何证据。

2.符合下列条件的,即为在电子通信方面满足了和解协议应由当事人签署或者在适用情况下应由调解员签署的要求:

(a)使用了一种方法来识别当事人或者调解员的身份并表明当事人或者调解员关于电子通信所含信息的意图;并且

(b)所使用的这种方法:

(一)从各种情况来看,包括根据任何相关的约定,对于生成或者传递电子通信所要达到的目的既是适当的,也是可靠的;或者

(二)其本身或者结合进一步证据,事实上被证明具备前述(a)项中所说明的功能。

3.和解协议不是以寻求救济所在公约当事方正式语文拟订的,主管机关可请求提供此种语文的和解协议译本。

4. 主管机关可要求提供任何必要文件,以核实本公约的要求已得到遵守。

5. 主管机关审议救济请求应从速行事。

第 5 条　拒绝准予救济的理由

1. 根据第 4 条寻求救济所在公约当事方的主管机关可根据寻求救济所针对当事人的请求拒绝准予救济,唯需该当事人向主管机关提供以下证明:

(a) 和解协议一方当事人处于某种无行为能力状况;

(b) 所寻求依赖的和解协议:

(一) 根据当事人有效约定的和解协议管辖法律,或者在没有就此指明任何法律的情况下,根据在第 4 条下寻求救济所在公约当事方主管机关认为应予适用的法律,无效、失效或者无法履行;

(二) 根据和解协议条款,不具约束力或者不是终局的;或者

(三) 随后被修改;

(c) 和解协议中的义务:

(一) 已经履行;或者

(二) 不清楚或者无法理解;

(d) 准予救济将有悖和解协议条款;

(e) 调解员严重违反适用于调解员或者调解的准则,若非此种违反,该当事人本不会订立和解协议;或者

(f) 调解员未向各方当事人披露可能对调解员公正性或者独立性产生正当怀疑的情形,并且此种未予披露对一方当事人有实质性影响或者不当影响,若非此种未予披露,该当事人本不会订立和解协议。

2. 根据第 4 条寻求救济所在公约当事方主管机关如果作出以下认定,也可拒绝准予救济:

(a) 准予救济将违反公约该当事方的公共政策;或者

(b) 根据公约该当事方的法律,争议事项无法以调解方式解决。

第 6 条　并行申请或者请求

如果已经向法院、仲裁庭或者其他任何主管机关提出了与一项和解

协议有关的申请或者请求,而该申请或者请求可能影响到根据第 4 条正在寻求的救济,寻求此种救济所在公约当事方的主管机关可在其认为适当的情况下暂停作出决定,并可应一方当事人的请求下令另一方当事人适当具保。

第 7 条　其他法律或者条约

本公约不应剥夺任何利害关系人可依寻求依赖和解协议所在公约当事方的法律或者条约所许可的方式,在其许可限度内,援用该和解协议的任何权利。

第 8 条　保留

1. 公约当事方可声明:

(a) 对于其为一方当事人的和解协议,或者对于任何政府机构或者代表政府机构行事的任何人为一方当事人的和解协议,在声明规定的限度内,本公约不适用;

(b) 本公约适用,唯需和解协议当事人已同意适用本公约。

2. 除本条明确授权的保留外,不允许作出任何保留。

3. 公约当事方可随时作出保留。在签署时作出的保留,必须在批准、接受或者核准时加以确认。此类保留应在本公约对有关公约当事方生效时同时生效。批准、接受或者核准本公约或者加入本公约时作出的保留,或者在根据第 13 条作出声明时作出的保留,应在本公约对公约有关当事方生效时同时生效。保留书在公约对公约该当事方生效后交存的,于交存日后 6 个月生效。

4. 保留书及其确认书应交存保存人。

5. 根据本公约作出保留的公约任何当事方可随时撤回保留。此种撤回书应交存保存人,并应于交存后 6 个月生效。

第 9 条　对和解协议的效力

本公约以及任何保留或者保留的撤回仅适用于在本公约、保留或者保留的撤回对公约有关当事方生效之日后订立的和解协议。

第 10 条　保存人

兹指定联合国秘书长为本公约保存人。

第 11 条　签署、批准、接受、核准、加入

1. 本公约于 2019 年 8 月 7 日在新加坡开放供各国签署,此后在纽约联合国总部开放供各国签署。

2. 本公约须经签署国批准、接受或者核准。

3. 本公约对自开放供签署之日起未签署本公约的所有国家开放供加入。

4. 批准书、接受书、核准书或者加入书应交存保存人。

第 12 条　区域经济一体化组织的参与

1. 由主权国家组成并对本公约所管辖的某些事项拥有管辖权的区域经济一体化组织同样可以签署、批准、接受、核准或者加入本公约。在这种情况下,区域经济一体化组织享有的权利和承担的义务应与公约当事方相同,但仅限于该组织对本公约所管辖事项拥有管辖权的范围。当涉及本公约下公约当事方数目时,区域经济一体化组织内的成员国为公约当事方的,该区域经济一体化组织不能算作一个公约当事方。

2. 区域经济一体化组织应在签署、批准、接受、核准或者加入时向保存人提出声明,指明对本公约所管辖的哪些事项的管辖权已由其成员国转移给该组织。根据本款提出声明后,如果管辖权分配发生任何变化,包括管辖权新的转移,区域经济一体化组织应迅速通知保存人。

3. 本公约中,对"公约一当事方"、"公约当事方"、"一国"或者"各国"的任何提及,必要时同等适用于区域经济一体化组织。

4. 对于区域经济一体化组织的规则,无论此种规则在本公约之前或者之后通过或者生效:(a)如果向此种组织一成员国的主管机关寻求第 4 条下的救济,并且第 1 条第 1 款下涉及的所有国家均为此种组织的成员;或者(b)涉及区域经济一体化组织成员国之间承认或者执行判决的,本公约与此种规则发生冲突时不得优先。

第 13 条　非统一法律制度

1. 公约一当事方拥有 2 个或者多个领土单位,各领土单位对本公约所涉事项适用不同法律制度的,可在签署、批准、接受、核准或者加入时声明本公约延伸适用于本国的全部领土单位或者仅适用于其中的一个或者数个领土单位,并可随时通过提出另一声明修正其所作的声明。

2. 此种声明应通知保存人,且明确指出适用本公约的领土单位。

3. 公约一当事方拥有 2 个或者多个领土单位,各领土单位对本公约所涉事项适用不同法律制度的,

(a)凡提及一国的法律或者程序规则,应被解释为在适当情况下指有关领土单位的有效的法律或者程序规则;

(b)凡提及一国的营业地,应被解释为在适当情况下指有关领土单位的营业地;

(c)凡提及一国的主管机关,应被解释为在适当情况下指有关领土单位的主管机关。

4. 公约一当事方未根据本条第1款作出声明的,本公约延伸适用于该国的全部领土单位。

第14条　生效

1. 本公约应于第三份批准书、接受书、核准书或者加入书交存后六个月生效。

2. 一国在第三份批准书、接受书、核准书或者加入书交存之后批准、接受、核准或者加入本公约的,本公约应于该国交存批准书、接受书、核准书或者加入书之日后六个月对其生效。对于根据第13条延伸适用本公约的领土单位,本公约应于通知该条所提及的声明后六个月对其生效。

第15条　修正

1. 公约任何当事方均可对本公约提出修正案,将其提交联合国秘书长。秘书长应立即将所提修正案转发公约各当事方,请其表示是否赞成召开公约当事方会议,以对该修正提案进行审议和表决。如果自通报之日起四个月内至少有三分之一公约当事方赞成召开此种会议,秘书长应在联合国主持下召集公约当事方会议。

2. 公约当事方会议应尽一切努力就每项修正案达成协商一致。如果竭尽一切努力而未达成协商一致,作为最后手段,该修正案须有出席会议并参加表决公约当事方的三分之二多数票方可通过。

3. 通过的修正案应由保存人提交给公约所有当事方,请其批准、接受或者核准。

4. 通过的修正案应在第三份批准书、接受书或者核准书交存之日后六个月生效。修正案一经生效,即对已经表示同意受其约束的公约当事方具有约束力。

5. 在第三份批准书、接受书或者核准书交存后,如果公约一当事方批准、接受或者核准了一修正案，该修正案于公约该当事方交存批准书、接受书或者核准书之日后六个月对其生效。

第 16 条　退约

1. 公约当事方得以书面形式正式通知保存人，宣布其退出本公约。退约可限于某些适用本公约的、非统一法律制度的领土单位。

2. 退约应于保存人收到通知后十二个月生效。通知中指明退约生效需更长期限的，退约应于保存人收到通知后该更长期限期满时生效。本公约应继续适用于退约生效前订立的和解协议。

本公约正本一份，阿拉伯文、中文、英文、法文、俄文和西班牙文文本同为作准文本。

贸易法委员会国际商事调解和调解所产生的国际和解协议示范法*

第1节 总　　则

第1条 本法适用范围和定义

1. 本法适用于国际商事[1]调解[2]和国际和解协议。

2. 在本法中,"调解员"指独任调解员或者两名或者多名调解员,视情形而定。

3. 在本法中,"调解"指当事人请求一名或者多名第三人("调解员")协助其设法友好解决合同关系或者其他法律关系所产生的或者与之相关的争议的过程,而不论此种过程以调解或者类似含义的措词称谓。调解员无权将解决争议的办法强加于当事人。

第2条 解释

1. 在解释本法时,应考虑到本法的国际渊源,并应考虑到促进统一适用本法和遵守诚信的必要性。

2. 与本法所管辖事项有关的问题,在本法中未明确解决的,应按照本法所依据的一般原则加以解决。

---

* 2018年发布,修正2002年《贸易法委员会国际商事调解示范法》。——译者注

〔1〕 对"商事"一词应作广义解释,以涵盖由于一切商业性质关系而发生的事项,无论这种关系是否属于合同关系。商业性质关系包括但不限于下列交易:供应或者交换货物或者服务的任何贸易交易;销售协议;商业代表或者代理;保理;租赁;工程建造;咨询;工程技术;发放许可;投资;融资;银行业务;保险;开发协议或者特许权;合营企业和其他形式的工业或者商业合作;航空、海路、铁路或公路客货运输。

〔2〕 贸易法委员会在其先前通过的法规和相关文件中使用的术语是"调解"("conciliation"),但有一项理解,即术语"conciliation"和"mediation"可以互换。在拟订本《示范法》过程中,委员会决定改用术语"mediation"("调解"),是为了因应这些术语的实际用法和惯常用法,并期望这一改变将有助于增进和提高《示范法》知名度。术语的这一改变没有任何实质性或概念性影响。

第 2 节　国际商事调解

第 3 条　本节适用范围和定义

1. 本法适用于国际[1]商事调解。

2. 调解有下列情形的为“国际”调解：

(a) 达成进行调解的约定时，各方当事人的营业地在不同国家；或者

(b) 当事人设有营业地的国家不是：

(一) 商业关系中相当一部分义务履行地所在国；或者

(二) 与争议事项关系最密切的国家。

3. 在第 2 款中：

(a) 一方当事人有不止一个营业地的，与调解约定关系最密切的营业地为营业地；

(b) 一方当事人无营业地的，以其惯常居住地为准。

4. 当事人约定调解是国际调解或者约定适用本节的，本节还适用于商事调解。

5. 当事人可自行约定排除适用本法。

6. 在不违反本条第 7 款规定的前提下，本节均予适用，而不论进行调解以何为依据，包括以当事人在争议发生之前或者之后达成的约定为依据，以法律规定的义务为依据，或者以法院、仲裁庭或者政府主管实体的指示或者建议为依据。

7. 本节不适用于：

(a) 法官或者仲裁员在司法程序或者仲裁程序过程中试图促成和解的情形；及

(b) [……]。

第 4 条　经由协议变更

除第 7 条第 3 款的规定外，当事人可约定排除或者变更本节的任何规定。

---

[1] 各国如希望颁布本节，将其适用于国内调解和国际调解，似宜考虑对案文作以下修改：
- 删除第 1 条和第 3 条第 1 款中的“国际”一词；及
- 删除第 3 条的第 2 款、第 3 款和第 4 款，并相应修改提及之处。

第 5 条 启动调解程序〔1〕

1. 对于所发生的争议,调解程序自该争议各方当事人同意参与调解程序之日开始。

2. 一方当事人邀请另一方当事人参与调解,自邀请函发出之日起 30 日内或者在该邀请函规定的其他期限内未收到对该邀请函的接受函的,可决定将此作为拒绝调解邀请处理。

第 6 条 调解员的人数和指定

1. 调解员应为一人,除非当事人约定应有两名或者多名调解员。

2. 当事人应尽力就一名调解员或者多名调解员达成约定,除非已约定不同指定程序。

3. 当事人可在指定调解员方面寻求机构或个人的协助。特别是:

(a) 一方当事人可请求上述机构或个人推荐适合担任调解员的人选;或者

(b) 当事人可约定由上述机构或者个人直接指定一名或者多名调解员。

4. 在推荐或者指定个人担任调解员时,上述机构或者个人应考虑到可确保指定一名独立和公正调解员的各种因素,情况适当的,还应考虑是否适宜指定一名不属于各方当事人国籍的调解员。

5. 可能被指定为调解员的人,应在与此指定有关的洽谈中披露可能对其公正性和独立性产生正当怀疑的任何情形。调解员应自其被指定之时起,并在整个调解程序期间,毫无延迟地向各方当事人披露任何此种情形,除非此种情形已由其告知各方当事人。

第 7 条 调解的进行

1. 当事人可通过提及一套规则或者以其他方式,自行约定进行调解的方式。

2. 未约定调解进行方式的,调解员可以其认为适当的方式,在考虑

---

〔1〕 下述案文是对拟采纳时效期限中止条款的国家提出的:

第 X 条 时效期限的中止

1. 构成调解事项的请求的时效期限自调解程序启动之时起暂停计算。

2. 调解程序未达成和解协议而终止的,时效期限自调解未达成和解协议而终止之时起恢复计算。

到具体案情、各方当事人可能表达的任何意愿以及迅速解决争议的必要性的情况下进行调解程序。

3. 在任何情况下，调解员进行程序都应力求公平对待各方当事人，并应为此考虑到具体案情。

4. 调解员可在调解程序任何阶段提出解决争议的建议。

第 8 条　调解员与当事人之间的联系

调解员可同时与各方当事人会面或者联系，也可与其中一方单独会面或者联系。

第 9 条　披露信息

调解员收到一方当事人关于争议的信息时，可向调解的其他任何当事人披露该信息的实质内容。但是，一方当事人向调解员提供任何信息附有必须保密的特定条件的，该信息不得向调解的其他任何当事人披露。

第 10 条　保密

除非当事人另有约定，与调解程序有关的一切信息均应保密，但按照法律要求或者为了履行或者执行和解协议而披露信息除外。

第 11 条　其他程序中证据可采性

1. 调解程序的一方当事人、调解员或者任何第三人，包括参与调解程序管理的人在内，不得在仲裁程序、司法程序或者类似程序中依赖于下列任何一项、将其作为证据提出或者就其提供证言或者证据：

(a) 一方当事人关于参与调解程序的邀请，或者一方当事人曾经愿意参与调解程序的事实；

(b) 一方当事人在调解中对可能解决争议的办法所表示的意见或者提出的建议；

(c) 一方当事人在调解程序过程中作出的陈述或者供述；

(d) 调解员提出的建议；

(e) 一方当事人曾表示愿意接受调解员提出的和解建议的事实；

(f) 完全为调解程序而准备的文件。

2. 不论本条第 1 款所述及信息或者证据的形式如何，本条第 1 款均适用。

3. 仲裁庭、法院或者其他政府主管机关不得下令披露本条第 1 款所述及的信息,违反本条第1款提供这类信息作为证据的,该证据应作为不可采信处理。尽管如此,在法律规定的限度内或者为了履行或者执行和解协议,可披露或者作为证据采信这类信息。

4. 不论仲裁程序、司法程序或者类似程序是否与调解程序目前或者曾经涉及的争议有关,本条第1款、第2款和第3款的规定均适用。

5. 仲裁程序、司法程序或者类似程序中可予采信的证据,不违反本条第1款所规定限制的,不因其曾在调解中使用转而不予采信。

第12条　调解程序的终止

调解程序在下列情形下终止:

(a)当事人订立了和解协议的,于协议订立日终止;

(b)调解员与当事人协商后声明继续进行调解已无必要的,于声明日终止;

(c)当事人向调解员声明终止调解程序的,于声明日终止;或者

(d)一方当事人向另一方或者几方当事人以及已指定的调解员声明终止调解程序的,于声明日终止。

第13条　调解员担任仲裁员

除非当事人另有约定,否则调解员不应担任与调解程序曾经或者目前涉及的争议有关的仲裁员,或者担任与同一合同关系或者法律关系或者任何相关合同关系或者法律关系所引起的另一争议有关的仲裁员。

第14条　诉诸仲裁程序或者司法程序

当事人同意调解并明确承诺不在具体规定的期限内或者具体规定的事件发生前对现有或者未来争议提起仲裁程序或者司法程序的,仲裁庭或者法院应承认此种承诺的效力,直至所作承诺的条件实现为止,但一方当事人认为维护其权利需要提起程序的除外。提起此种程序,其本身不应视为对调解约定的放弃或者调解程序的终止。

第15条　和解协议的约束力和可执行性

当事人订立争议和解协议的,该和解协议具有约束力和可执行性。

第3节　国际和解协议[1]

第16条　本节适用范围和定义

1. 本节适用于调解所产生的、当事人为解决商事争议而以书面形式订立的国际协议（"和解协议"）。[2]

2. 本节不适用于以下和解协议：

(a) 为解决其中一方当事人（消费者）为个人、家庭或者家居目的进行交易所产生的争议而订立的协议；

(b) 与家庭法、继承法或者就业法有关的协议。

3. 本节不适用于：

(a) 以下和解协议：

（一）经由法院批准或者系在法院相关程序过程中订立的协议；和

（二）可在该法院所在国作为判决执行的协议；

(b) 已记录在案并可作为仲裁裁决执行的协议。

4. 和解协议有下列情形之一的为"国际"和解协议：在订立该协议时，[3]

(a) 和解协议至少有两方当事人在不同国家设有营业地；或者

(b) 和解协议各方当事人设有营业地的国家不是：

（一）和解协议所规定的相当一部分义务履行地所在国；或者

（二）与和解协议所涉事项关系最密切的国家。

5. 在第4款中：

(a) 一方当事人有不止一个营业地的，相关营业地是与和解协议所解决的争议关系最密切的营业地，同时考虑到订立和解协议时已为各方当事人知道或者预期的情形；

(b) 一方当事人无营业地的，以其惯常居住地为准。

6. 和解协议的内容以任何形式记录下来即为"书面形式"。电子通

---

[1] 一国可考虑颁布本节，使之适用于争议和解协议，而不论协议是否产生于调解。然后须对有关条款作出调整。

[2] 一国可考虑颁布本节，使之仅在和解协议各方当事人同意适用本节的情况下适用本节。

[3] 一国可考虑为扩大"国际"和解协议定义的范围而在第4款增列一分项如下："产生于第3条第2款、第3款和第4款所界定的国际调解的和解协议也为'国际'和解协议。"

信所含信息可调取以备日后查用的,该电子通信即满足了和解协议的书面形式要求。

第 17 条　一般原则

1. 应按照本颁布国的程序规则并根据本节规定的条件执行和解协议。

2. 如果就一方当事人声称已由和解协议解决的事项发生争议,该当事人可按照本颁布国的程序规则并根据本节规定的条件援用和解协议,以证明该事项已得到解决。

第 18 条　对依赖于和解协议的要求

1. 当事人根据本节依赖于和解协议,应向本颁布国主管机关出具:

(a) 由各方当事人签署的和解协议;

(b) 显示和解协议产生于调解的证据,例如:

(一) 调解员在和解协议上的签名;

(二) 调解员签署的表明进行了调解的文件;

(三) 对调解进行管理的机构的证明;或者

(四) 在没有第(一)目、第(二)目或者第(三)目的情况下,可为主管机关接受的其他任何证据。

2. 符合下列条件的,即为在电子通信方面满足了和解协议应由当事人签署或者在适用情况下应由调解员签署的要求:

(a) 使用了一种方法来识别当事人或者调解员的身份并表明当事人或者调解员关于电子通信所含信息的意图;并且

(b) 所使用的这种方法:

(一) 从各种情况来看,包括根据任何相关的约定,对于生成或者传递电子通信所要达到的目的既是适当的,也是可靠的;或者

(二) 其本身或者结合进一步证据,事实上被证明具备前述 (a) 项中所说明的功能。

3. 和解协议不是以本颁布国正式语文拟订的,主管机关可请求提供此种语文的和解协议译本。

4. 主管机关可要求提供任何必要文件,以核实本节的要求已得到遵守。

5. 主管机关审议救济请求应从速行事。

第19条　拒绝准予救济的理由

1. 本颁布国主管机关可根据寻求救济所针对当事人的请求拒绝准予救济,唯需该当事人向主管机关提供以下证明:

(a)和解协议一方当事人处于某种无行为能力状况;

(b)所寻求依赖的和解协议:

(一)根据当事人有效约定的和解协议管辖法律,或者在没有就此指明任何法律的情况下,根据主管机关认为应予适用的法律,无效、失效或者无法履行;

(二)根据和解协议条款,不具约束力或者不是终局的;或者

(三)随后被修改;

(c)和解协议中的义务:

(一)已经履行;或者

(二)不清楚或者无法理解;

(d)准予救济有悖和解协议条款;

(e)调解员严重违反适用于调解员或者调解的准则,若非此种违反,该当事人本不会订立和解协议;或者

(f)调解员未向各方当事人披露可能对调解员公正性或者独立性产生正当怀疑的情形,并且此种未予披露对一方当事人有实质性影响或者不当影响,若非此种未予披露,该当事人本不会订立和解协议。

2. 本颁布国主管机关如果作出以下认定,也可拒绝准予救济:

(a)准予救济将违反本颁布国的公共政策;或者

(b)根据本颁布国法律,争议事项无法以调解方式解决。

第20条　并行申请或者请求

如果已经向法院、仲裁庭或者其他任何主管机关提出了与一项和解协议有关的申请或者请求,而该申请或者请求可能影响到根据第18条正在寻求的救济,本颁布国主管机关可在其认为适当的情况下暂停作出决定,也可应一方当事人的请求下令另一方当事人适当具保。

贸易法委员会调解规则*

第 1 条 《规则》的适用

1. 凡各方当事人约定,相互之间的争议应根据《贸易法委员会调解规则》提交调解的,本《规则》应予适用。不论是否以合同为依据进行调解,本《规则》均可适用。

2. 在本《规则》中,调解系当事人请求一名或多名第三人("调解员")协助其设法友好解决其争议的过程,而不论此种过程以调解这一术语或类似含义的表述指称。调解员无权将解决争议的办法强加于当事人。

3. 除非调解各方当事人已约定适用《规则》某一特定版本,否则应推定其援用了调解启动之日现行有效的《规则》。

4. 当事人可随时协议排除或变更《规则》的任何规定。

5. 本《规则》任何规定,凡与调解所适用的某项法律规定相抵触,且当事人又不得削减的,包括任何适用的文书或法院令,应以该项法律规定为准。

第 2 条 调解的启动

1. 对于所发生的争议,调解的启动应视为于该争议各方当事人同意参与调解之日开始,除非另有约定。

2. 一方当事人邀请另一方当事人参与调解,自其以任何可留有传输记录的手段发出邀请函之日起 30 日内或在该邀请函规定的其他期限内未收到对该邀请函的接受函的,该方当事人可决定将此作为拒绝调解邀请处理。

第 3 条 调解员的人数和指定

1. 调解员应为一人,除非另有约定。调解员不止一人的,各位调解员应共同行事。

---

* 2021 年发布。——译者注

2. 各方当事人应当尽力通过协议指定一名调解员,除非适用一种不同的指定程序。当事人可随时协议替换调解员。

3. 当事人可寻求一个机构或一人协助指定调解员。

4. 在推荐或选择个人担任调解员时,该机构或该人应考虑到:

(a) 未来调解员的专业知识和资格、担任调解员的经验和进行调解的能力;

(b) 由公认的专业调解标准机构授予未来调解员的任何相关认证书和(或)资格证明;

(c) 调解员能否到任司职;以及

(d) 可确保指定一名独立和公正调解员的各种考虑因素。

5. 如果各方当事人拥有不同国籍,该机构或该人经与各方当事人协商后,还可考虑是否适宜指定一名不属于各方当事人国籍的调解员。此外,该机构或该人应在推选中考虑到候选人的地域多样性和性别。

6. 可能被指定为调解员的人,应在与此指定有关的联系中披露可能对其公正性或独立性引起正当怀疑的任何情形,包括详细披露任何可能影响争议结果的个人利益、专业利益、经济利益或其他利益。调解员应自其被指定之时起,并在整个调解期间,毫不延迟地向当事人披露所发生的任何此种情况。

7. 在接受任命之前,未来调解员应确保其能够到任司职,得以勤勉、高效地进行调解。

8. 万一调解员不能履行其职能,各方当事人应根据第 2、第 3、第 4 和第 5 款所述程序指定一名替补调解员。

第 6 款和第 7 款适用于新指定的调解员。

第 4 条　调解的进行

1. 当事人可就进行调解的方式达成一致。否则,调解员可与当事人协商,在考虑到具体案情、各方当事人可能表达的任何意愿以及迅速解决争议的需要的情况下,确定如何进行调解。

2. 调解员应保持公平对待各方当事人,并应为此考虑到具体案情。

3. 为便利调解的进行:

(a) 当事人和调解员可在早期阶段召开会议,商定调解安排;

(b) 当事人,或调解员经当事人同意,可安排由适当机构或人员

提供行政协助;以及

(c)当事人,或调解员经当事人同意,可指定专家。

4. 在进行调解时,调解员可与各方当事人协商并考虑到争议的情节,利用其认为适当的任何技术手段,包括与各方当事人沟通和举行远程会议。

5. 一方当事人可由其选择的一人或多人出任代表或给予协助。此类人员的姓名、地址和职能,应在调解之前或毫不延迟地通知所有当事人和调解员。该通知还应说明授权范围,以及所作指定的目的是担任代表还是提供协助。

第 5 条　当事人与调解员之间的联系

1. 调解员可同时与各方当事人会面或联系,也可与其中一方单独会面或联系。

2. 当事人可在调解的任何阶段提交关于争议的材料,例如,说明争议的一般性质和争议点的陈述书,以及任何被认为适当的佐证文件或补充材料。这些材料还可包括关于当事人目标、利益、需要和动机的说明以及任何相关文件。

3. 当调解员收到一方当事人关于争议的材料时,调解员应当对此种材料保密,除非该方当事人表示该材料不附带保密条件,或者表示同意向调解的另一方当事人披露此种材料。

第 6 条　保密

除非当事人另有约定,否则与调解有关的一切材料——相关情况下包括和解协议,均应由参与调解的人员保密,但法律要求的披露或第 8 条第 4 款中述及的披露除外。

第 7 条　在其他程序中提出证据

1. 除非当事人另有约定,否则调解的一方当事人、调解员或任何第三人,包括参与管理调解的人员,不得在仲裁程序、司法程序或其他解决争议程序中依赖于下列任何一项、将其作为证据提出或就其作证:

(a)一方当事人的参与调解邀请,或一方当事人曾经愿意参与调解的事实;

(b)一方当事人在调解中对可能解决争议的办法所表达的意见或提出的建议;

(c)一方当事人在调解过程中作出的陈述或供述;

(d)调解员或当事人提出的建议;

(e)一方当事人曾表示其愿意接受调解员或其他当事人提出的和解办法建议(或其中一些部分)的事实;以及

(f)主要为调解目的而准备的文件。

2. 不论第1款述及的信息或证据为何形式,第1款均适用。

3. 不论仲裁程序、司法程序或其他解决争议程序是否与某一调解目前或曾经涉及的争议有关,第1款和第2款均适用。

4. 仲裁程序、司法程序或其他解决争议程序中本可采信的证据,不违反第1款所规定限制的,不因其曾在调解中被使用或被披露而不予采信。

第8条　和解协议

1. 一旦当事人通过调解就解决全部或部分争议的和解条款达成协议,即应拟订并签署一项和解协议。如果当事人提出请求,并且调解员认为适当,调解员可在拟订和解协议时向当事人提供支持。

2. 除非当事人另有约定,否则调解员或调解机构得在和解协议上签字和盖章,或者提供其他证据证明该协议是调解产生的结果。

3. 在下列情况下,就电子通信而言,即为满足了关于各方当事人应签署和解协议的要求:

(a)使用了一种方法来识别当事人并表明当事人对电子通信所载信息的意图;

(b)使用的该方法:

(一)根据所有情形来看,包括任何相关的协议,对于生成或传送电子通信而言既适当又可靠;或者

(二)其本身或连同进一步证据证明事实上已完成了以上(a)项所述的职能。

4. 当事人签署和解协议,即为同意和解协议可用作关于其是由调解所产生的证据,并可据此根据适用法律寻求救济。

第9条　调解的终止

调解应在下列情况下终止:

(a)当事人订立了和解协议的,于协议订立日终止,或按当事人

在和解协议中约定的其他日期终止;

(b)当事人向调解员声明终止调解的,于声明日终止;

(c)一方当事人向对方当事人以及可能指定的调解员声明其不再希望进行调解的,于声明日终止;

(d)调解员与当事人协商后声明已无必要继续进行调解的,于声明日终止;

(e)第11条第5款述及的情况下调解员与当事人协商后声明的,于声明日终止;或者

(f)于适用的国际文书、法院令或强制性法规的任何强制性期限期满时终止,或根据当事人的约定终止。

第10条　仲裁程序、司法程序或其他解决争议程序

1. 不论是否已经提起仲裁程序、司法程序或其他解决争议程序,均可随时根据《规则》进行调解。

2. 当事人已同意调解,且明确承诺不在规定期限内或不在规定的事件发生前对现已存在或未来的争议提起仲裁程序、司法程序或其他解决争议程序的,此种承诺应得到遵守,但一方当事人认为维护其权利所必需者除外。提起此类诉讼本身不应被视为放弃调解协议或作为调解过程的终止。

第11条　费用和费用交存

1. 当事人和调解员应当尽早在调解过程中商定调解费用的确定方法。调解终止时,调解员应确定应是合理数额的调解费用,并将此以书面通知当事人。"费用"一词仅包括:

(a)调解员的收费;

(b)调解员的旅费和其他开支;

(c)调解员经当事人同意后征询专家意见的费用;

(d)根据《规则》第3条第3款和第4条第3款提供任何协助的费用;以及

(e)调解过程可能产生的任何其他开支,包括与口笔译服务有关的开支。

2. 除非当事人另有协议,第1款中述及的费用由各方当事人平均分担,在多当事人调解中,该费用按比例分担。一方当事人发生的所有其

他开支由该方当事人承担。

3. 调解员经任命后,可要求每一方当事人交存相等数额的款项,作为第 1 款所述费用的预付金,除非当事人与调解员另有约定。

4. 在调解过程中,调解员可要求每一方当事人补缴相等数额的交存款,除非当事人与调解员另有约定。

5. 如果当事人均未在调解员确定的合理期限内缴齐第 3 款和第 4 款规定的交存款,调解员可暂停程序,或可根据第 9 条(e)项宣布终止调解。

6. 调解终止后,已收到交存款的,调解员应向当事人交出交存款收款账目,并将任何未用款退还当事人。

第 12 条　调解员在其他程序中的作用

1. 除非当事人另有约定,否则调解员不得就以往或当前调解的争议和相同或相关的合同或法律关系引起的争议而担任仲裁员。

2. 在针对以往或当前调解的争议和相同或相关的合同或法律关系引起的争议而进行的任何仲裁程序、司法程序或其他解决争议程序中,调解员不得担任一方当事人的代表或律师。

3. 当事人不得提出由调解员作为任何此类程序中的证人。

第 13 条　免责

除故意不当行为外,在适用法律允许的最大限度内,当事人放弃以与本调解有关的任何作为或不作为为由,向调解员提出任何索赔。

附件

调解条款示范样本

仅限于调解

任何争议、争执或索赔请求,凡由于本合同而引起的或与之有关的,或由于本合同的违反、终止或无效而引起的或与之有关的,均应按照《贸易法委员会调解规则》诉诸调解。

注:当事人应当考虑增列:

(a)《规则》版本的通过年份;

(b)当事人约定,[在调解协议签订后 30 日内,]将由当事人经协议指定一名调解员,当事人未能达成协议的,应由[有关

的推选机构]选择调解员;

(c)调解语言应为……;

(d)调解所在地应为……。

多层次条款

任何争议、争执或索赔请求,凡由于本合同而引起的或与之有关的,或由于本合同的违反、终止或无效而引起的或与之有关的,均应按照《贸易法委员会调解规则》诉诸调解。

注:当事人应当考虑增列:

(a)推选机构应为……(机构名称或人名);

(b)调解语言应为……;

(c)调解所在地应为……。

如果争议或其任何部分未在请求根据本《规则》调解后[(60)天]内得到解决,则当事人同意根据《贸易法委员会仲裁规则》通过仲裁解决任何余留事项。

注:当事人应当考虑增列:

(a)指定机构应为……(机构名称或人名);

(b)仲裁员人数应为……(一名或三名);

(c)仲裁地应为……(国家和城市);

(d)仲裁语言应为……。

披露声明示范样本

无情况披露

尽本人所知,过去、现在均不存在可能对本人公正性或独立性产生有正当理由怀疑的任何情形。本案调解期间随后一旦出现可能引起本人注意的任何此种情形,本人当迅速通知各方当事人。

有情况披露

谨此附上一则声明:(a)关于本人过去、现在与各方当事人在专业、业务和其他方面的关系,以及(b)关于其他任何有关情形。[列入声明。]本人确认,这些情形不影响本人的独立性和公正性。本案调解期间随后一旦出现可能引起本人注意的任何此种进一步的关系或情形,本人当迅速通知各方当事人。

可到任履职声明示范样本

本人确认,根据本人目前掌握的信息,本人可以投入必要的时间主持调解。